광덕스님 시봉일기 · 6

佛光香風 6

광덕스님 시봉일기 6
—새 물줄기—

지은이 · 松庵至元
펴낸이 · 김인현
펴낸곳 · 도서출판 도피안사

2003년 8월 25일 1판 1쇄 발행
2006년 9월 30일 1판 2쇄 발행

영업 · 혜국 정필수
관리 · 법해 김대현, 혜관 박성근, 원명 안영희
인쇄 및 제본 · 동양인쇄(주)

등록 · 2000년 8월 19일(제19-52호)
주소 · 경기도 안성시 죽산면 용설리 1178-1
전화 · 031-676-8700
팩시밀리 · 031-676-8704
E-mail · dopiansa@kornet.net

ⓒ 2006, 송암지원

ISBN 89-90223-15-6 04220
　　　89-951656-0- x (세트)

眞理生命은 깨달음(自覺覺他)에 의해서만 그 모습(覺行圓滿)이 드러나므로
도서출판 도피안사는 '독서는 깨달음을 얻는 또 하나의 길'이라는 믿음으로 책을 펴냅니다.

佛光香風
6

광덕스님 시봉일기 6

새 물줄기

글·송암지원 외

DOPIANSA 到彼岸社

獻　辭

일생을 보현행자로 살았고 반드시 이 땅에 환생하여
반야바라밀결사 구국구세운동을 다시 이을 것을 서원하신
金河堂 光德大禪師의 환생 후신전에
삼가 이 책을 바칩니다.

傳　法　五　誓

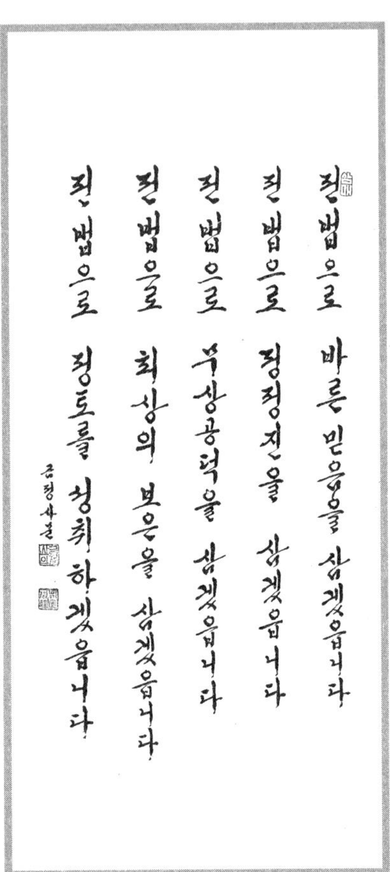

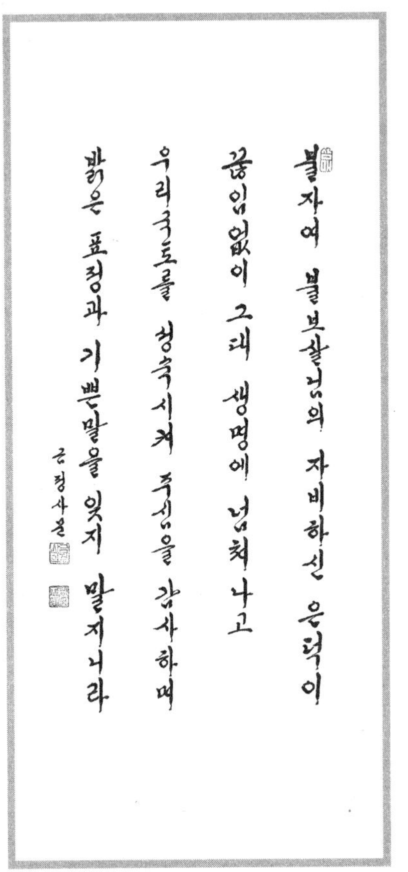

글씨 / 석주(1986년 作)

왼쪽은 先師께서 매월 포살 때 대중에게 다짐받은 포살 계목 중의 하나이고,

오른쪽은 매주 법회 때마다 동참 대중이 함께 다짐한 傳法五誓임.(필자)

그림 / 석정

普賢身相如虛空　　　보현보살　미묘한몸　형상이없어

依眞而住非國土　　　어느 때나　법신광명　두루 비추네.

隨諸衆生心所欲　　　일체중생　원하는바　이루기위해

示現普身等一切　　　보현원왕　일체처에　현전하시네.

'보현행원으로 보리 이루리!'

"보현행원 수행하는 보살들이여"

1. 모-든- 부처님께 예경할지라
2. 일체여래 모든공덕 찬탄할지라
3. 시방세계 일체불께 공양할지라
4. 무시이래 지은업장 참회할지라
5. 모든여래 지은공덕 기뻐할지라
6. 일체불께 설법을- 청할지로다
7. 일체제불 주세간을 청할지로다
8. 어느때나 여래따라 배울지로다
9. 온갖형상 일체중생 수순할지라
10. 중생에게 모든공덕 회향할지라

'허공계가 다하고 중생 다하고
중생의 번뇌가 다할지라도
보살의 행원은 다하지 않아.'

보현행원은 나의 진실생명의 문을 엶이어라

　　　　무량위덕 발휘하는 생명의 숨결이어라

보현행원은 나의 영원한 생명의 노래

　　　　나의 영원한 생명의 율동

　　　　나의 영원한 생명의 환희

　　　　나의 영원한 생명의 위덕

　　　　체온이며 광휘이며 그 세계이어라.

내 이제 목숨 바쳐 서원하오니

삼보 자존이시여 증명하소서

보현행원을 수행하오리

보현행원으로 불국이루리

보현행원으로 보리이루리

나무마하반야바라밀

나무대행보현보살마하살

그림 / 소공

울려서 법계를 진동하여 천
위산이 밝아지고 잠잠해서 겁
전봄소식이 겁후에 찬란해라
일찍기 형상으로 몰형상을
떨쳤으니 금정산이 당당하여
그의 소리 영원하리

금하광덕대선사열반송을쓰다

기묘년봄 법진정웅호

글씨 / 법진

眞　　跡

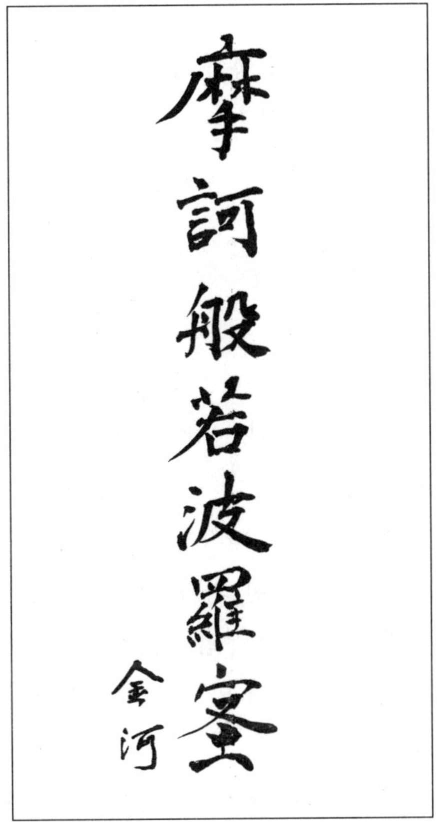

1990년 7월, 갈매리 보현사에서 쓰신 유일한 붓글씨

金河堂 光德大禪師는

1927년 4월 4일(정묘년 3월 3일) 경기도 화성에서 출생.

1950년 가을, 24세 때 부산 범어사 입산. 그 이후 오직 爲法忘軀 傳法度生으로 이 시대의 횃불이 되다.

1999년 2월 27일 오후 2시경 불광사 법주실에서 세수 73세,

법랍 48세로 사바 세연을 조용히 거두고 대원적 무상(無相) 삼매에 들다.(연보는 뒷면)

- 門人 松菴至元 謹抄

용생룡(龍生龍)이요, 봉생봉(鳳生鳳)이라

無住淸華 | 성륜사 조실 · 조계종 원로

금하당(金河堂) 광덕 큰스님은 한국불교사에서 찬연히 빛나는 불멸의 횃불이시다.

큰스님은 복잡한 서울, 그 한가운데서 문수의 투철한 반야지혜(般若智慧)와 보현의 훈훈한 자비행원(慈悲行願)을 몸소 실천하신 대비보살이셨음은 비단 우납(愚衲)만의 찬탄이 아닌, 모든 불자의 위대한 의호(依怙)로서 앙모(仰慕)해 마지않는 불세출(不世出)의 선지식이시다.

큰스님 유별(有別)의 청수(淸秀)하고 고결(高潔)한 풍모와 이십여 성상을 두고 불광지를 통해 베풀어주신 시기상응(時機相應)한 사자후는 모든 불교인들의 가슴에 뜨거운 감격으로 오래오래 메아리치게 될 것이다.

고인(古人)의 격담(格談)에 용생룡(龍生龍)이요 봉생봉(鳳生鳳)이라 했는데, 큰스님의 문하에 수많은 용상대덕들이 나오신 가운데 특히 송암당(松庵堂) 지원화상은 철두철미(徹頭徹尾) 지성일관(至誠一貫)하여 은법사(恩法師)인 광덕 큰스님의 고매한 유지를 받들어 『광덕스님 시봉일기』라는 책을 펴냈을 뿐만 아니라, 도피안사의 대작불사를 발원 진행중이시니 실로 사자상승(師資相承)의 귀감으로서 우리 불가의 희유한 수범(垂範)이 아닐 수 없다.

본시 우납은 평소 도회은거(韜晦隱居)로 지내왔기에 광덕 큰스님과 배면(拜面)의 연(緣)은 없었으나 큰스님의 출천고풍(出天高風)은 이심전심으로 경모해 마지않았다.

이번 송암화상의 간곡하신 부탁을 과분하게 생각하며 다만 성긴 말 몇 마디를 보태어 추천사를 대신하는 바다.

辛巳年 부처님 오신 날을 앞두고
聖輪寺 禪窓에서

無住 淸華 合掌

기도하면서 썼고, 쓰면서 기도한 스승 존경의 길잡이

원성 김종서(圓成 金宗西) | 문학박사·서울대 명예교수

불과 얼마 전에 있었던 일이다. 내가 교직생활을 처음 시작할 무렵에 가르쳤던 제자 십여 명과 오랜만에 저녁식사를 같이 했다.

그때 그들 중 몇 명이 방밖 출입이 잦았다. 아마도 담배를 피우기 위해 드나드는 것 같아서 나는 이를 눈치채고 "담배를 밖에서 피우지 말고 여기서 피우지"라고 말했더니 그들은 "스승님 앞에서 어떻게 담배를 피웁니까?"라고 대답하는 것이었다. 그때 나는 "지금 몇 살이나 되었지" 하고 다시 물었더니 머리를 긁적이며 "일흔셋입니다"라고 말하는 것이었다.

이것이 원래 우리의 '스승과 제자' 관계였다. 그러나 최근에 와서 이러한 전통적인 관계는 땅에 떨어지고 스승이 체벌을 한다고 학부모나 학생이 선생님을 고발하고 심지어는 폭행까지 하는 현상까지 나타나고 있으니….

아, 이 어찌된 일인가?

'군사부일체(君師父一體)'니 '스승의 그림자는 밟지도 않는다'는 말은 이미 옛말이 되고 말았는가? 참으로 비감(悲感)한 생각마저

드는구나!

이때, 홀연히 한줄기 희망의 빛이 비쳤으니 바로 송암지원(松庵至元) 스님이 지어낸 『광덕스님 시봉일기』다. 이 책은 스승과 제자의 관계를 올바르게 정립하는 지침서며 시금석(試金石)이기도 하다.

살펴보면 오늘날의 사회는 급격히 변하고 있다. 이 급변하는 사회에 사는 현대인은 두 가지의 가치관(價値觀)을 동시에 추구해야 한다. 그 하나는 변하는 사회에 적응하기 위한 '변하는 가치관'의 추구며, 다른 하나는 사회가 아무리 변해도 변해서는 안 되는 '항구적 가치관'의 추구다. 스승 존경의 가치관은 후자에 속한다. 왜냐하면 사제지간의 올바른 관계의 설정이 이 사회를 발전시키는 근간이고 원동력이 되기 때문이다.

인류가 쌓아 놓은 문화유산의 전달자는 스승이며 이를 전수받은 제자는 이를 보다 확대 발전시켜 다음 세대를 위한 전달자가 되어야 한다. 이러한 스승 존경의 훌륭한 전통은 특히 우리 불교에서 더욱 뚜렷이 나타나고 있다.

도(道)를 구하기 위해 자신의 팔을 끊어 스승인 달마대사(達磨大師)에게 바쳤던 혜가(慧可) 스님의 이야기는 비록 불자가 아니라고 해도 모르는 사람이 없을 정도로 널리 알려져 있다. 이리하여 '역대전등 제대조사(歷代傳燈 諸大祖師)'가 부처님 가르침의 정법(正法)을 면면히 이어나가고 있다.

송암스님이 쓴 이 책, 『광덕스님 시봉일기』는 스승을 어떻게 받들어야 하는지를 우리의 마음과 몸속에 깊숙이 스며들도록 제시하고 있다. 또 이 책은 저자인 송암스님이 다년간에 걸친 관찰과 체험과 감동을 통해 스승이신 광덕대선사의 불교사상과 수행 실천의 모습을 실상 그대로 예리한 필봉으로 부드럽게 표현한 스승 존경의 길잡이 책이다. 여기에는 저자가 평소 스승이신 광덕스님을 얼마나 절대시했고 존경했으며, 진심으로 받들었는지 구구절절이 잘 나타나 있다.

특히 시봉일기 중에서 처음 두 권은 저자가 스승께서 입적하신 뒤 백일 추모재를 올리는 날, 제1권을 상재(上梓)하고 바로 티베트 수미산과 인도 부처님 성지(聖地)를 돌며 스승의 환생기도를 올렸다고 했다. 그때 깨닫는 바가 있어 스승의 1주기 재를 올리는 날, 천일기도를 입재하고 그날부터 집필에 들어가 정확히 367일 만에 제2권을 세상에 내놓았다. 이제 또 저자는 집필에 착수하여 천일기도가 끝날 무렵 나머지 책을 마저 출간할 예정이라고 한다.

즉, 이 책은 저자인 송암스님이 천일기도를 하면서 썼고, 쓰면서 기도했기 때문에 글 하나 하나가 살아 있어서 책을 읽는 독자의 피부를 뚫는 느낌을 받게 된다.

아무쪼록 이 책이 스님들은 말할 것도 없고, 학교 교육자, 사회 교육자, 학부모, 사회인, 학생 등 모든 사람들에게 널리 읽혀 스승과 제자의 본래 면목을 각기 되찾아 스승 존경의 풍토가 이 사회에 다시 가득 차기를 바라는 간절한 마음에서 이 책을 추천한다.

2001년 스승의 날을 앞두고

圓成居士 金東西 합장

차례

제 1 장

새 물줄기

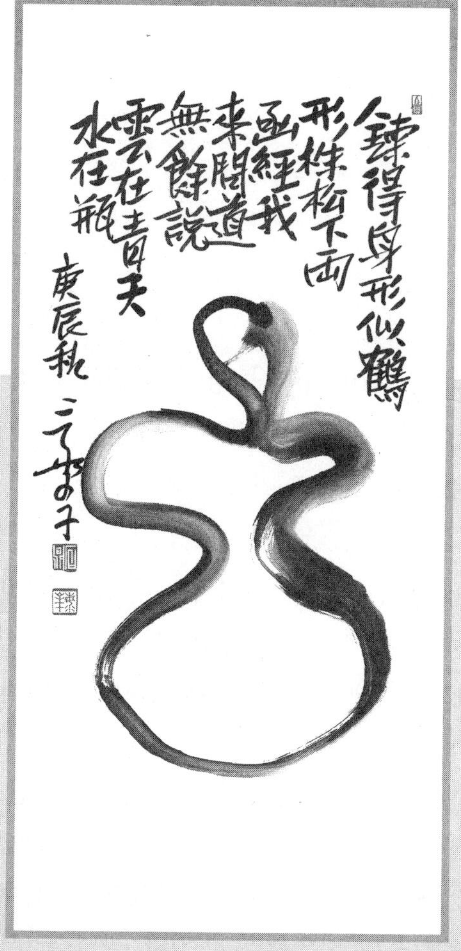

錬得身形似鶴形	수행하신　그 — 모습	학같으시고
千株松下兩函經	소나무 — 그늘아래	경책뿐일세.
我來問道無餘說	도를묻는　나에게 —	다른말없고
雲在靑天水在瓶	구름은 — 　푸른하늘	물은물병에.

불광운동의 사상과 실천

─ 총괄적 조명 ─

대천 김영태(大千 金煐泰) | 동국대 명예교수

1. 법회의 인유(因由) ─ 불광 연기담(緣起談)

1) 정명(淨名)의 보살행

세상의 모든 일은 반드시 그렇게 될 수 있는 원인과 조건이 앞서 있는 법이다. 그러한 연기의 법리는 육안으로 볼 수 없는 미생물에도 해당되는데 하물며 위대한 불사에 있어서야 말할 나위가 있겠는가.

일대사인연(一大事因緣)을 위해 세상에 출현하신 부처님[1]께서도 셀 수 없는 과거세에 큰 서원을 세우시고 한량없는 수행(難行苦行)과 중생 구제의 보살행을 거듭하셨다. 중생 세간의 불사 중에서 보살행보다 더 중요한 일은 없다. 광덕스님의 한평생 보살

---

1) 『妙法蓮華經』 권1, 「方便品」 제2〔大正新修大藏經(이하 大正藏) 9, p.7上〕. "諸佛世尊 唯以一大事因緣故出現於世."

행은 이제 불광운동으로 결과되어 약동하고 있다.

모든 불사에는 원인〔因〕과 조건〔緣〕이 있듯이 불광의 대불사를 이룩한 주인공인 오늘의 광덕대선사에게도 과거 인지(因地)의 본서원력(本誓願力)이 없지 않았을 것으로 본다. 물론 모든 불보살이 다 그러하듯이 진여일심(眞如一心)의 본각불(本覺佛)을 그 본원의 고장으로 삼았겠지마는 스님이 예토인 사바세계에 태어나서(來生하여) 교화하기 어려운 중생을 제도하고 바라밀 정토를 성취하려는 대원을 세운 출발점〔因地〕이 반드시 있었을 것이다. 광덕스님의 일대불사인 불광운동의 사상과 실천을 총괄적으로 조명해 보기에 앞서, 먼저 그 큰 원력이 어디로부터 비롯되었는가 하는 본서발상(本誓發祥)의 본적지라 할 본원신(本願身)의 내력을 경설을 통해 간략하게 살펴보고자 한다.

말할 것도 없이 ‘보현행원’으로 보리 이룰 것을 주창하시고 몸소 실천하신 금하당(金河堂) 광덕스님이야말로 ‘우리 시대의 보현보살’2)이므로 보현보살의 본원력이 바로 그의 본원처일 것이며, 아울러 그는 보현보살의 분신이며 후신이라고 할 수 있을 것이다. 그러나 무슨 일이든 근거가 있어야 하는데 더구나 보살행의 본원처나 그 연원 및 전신이나 본원신을 추구함에 있어서는 더더욱 부처님의 말씀을 바탕으로 하여 그 근거가 밝혀져야 한다. 곧 불설 경전이 일체 보살 모든 원행(願行)의 원적부(原籍簿)라고 할 수 있기 때문이다.

불경(佛經)에 의하면 보현보살은 널리 부처님의 참 법을 펼치고 무량중생을 제도하기 위해 헤아릴 수 없는 방편의 몸을 나투

---

2) 김재영 편저, 『광덕스님의 생애와 불광운동』(불광출판부, 2000년 6월 30일 재판), p.368의 결론 ‘1. 광덕스님, 우리 시대의 普賢.’

시는 (化現 또는 分身의) 일은 보이고 있으나3) 중생의 업신(業身)으로 다시 태어나서 스스로의 신행과 심원[普賢行願]을 다시금 닦는 수행자가 된다는 이야기는 찾아보기가 어렵다. 단지 그 행원의 실천자[보현행자]는 누구나 가능한 것이다. 그러므로 보현보살을 태어난 몸[胎生身]의 본원신으로 보기는 어렵다고 본다.

그런데 우리는 신기하게도 불경에서 광덕스님의 모습과 닮은 한 분의 보살상을 만나게 된다. 그가 바로 유마힐[毘摩羅詰·無垢稱·淨名] 거사다. 『설무구칭경(說無垢稱經)』4)에서는 이 유마[無垢稱] 거사를 큰 보살[大菩薩]이라 일컫고 있으며, 그는 부처님께서 비야리성(毘耶離城·廣嚴城)의 암라수원(菴羅樹園)에 계실 때 그 성에 살고 있던 장자였다.

경전에 의하면, 유마거사는 일찍이 한량없는 여러 부처님께 공양하여 깊이 선본(善本)을 심어서 무생법인(無生法忍)을 얻었으며, 심오한 법문에 들어가 반야바라밀[智度]을 가장 잘[最善]했고, 방편에 통달하여 큰 원력[大願]을 성취했다고 한다. 그러한 그는 헤아릴 수 없는 방편으로 중생을 이익되게 했으며 그와 같은 방편으로 육신의 병[疾患]을 나투었다고 한다.5) 그는 스스로 말하기를, "모든 중생이 병들었으므로 내가 병이 들었다. 일체

---

3) 實又難陀 역, 『大方廣佛華嚴經』(80華嚴) 권49, 「普賢行品」(大正藏 10 p.259上).
   "爾時普賢菩薩摩訶薩… 欲明大威德 菩薩爲一切衆生現形說法 令其開悟."
   般若 역, 『大方廣佛華嚴經』(40華嚴), 「入不思議解脫境界普賢行願品」 권39
   (大正藏 10, p.840上). "爾時善財瞳子- 見普賢菩薩 -身分-肢節-毛孔 悉有三千
   大千世界…" 등.
4) 唐 玄奘 역, 『說無垢稱經』 권1, 「顯不思議方便善巧品」 2(大正藏 14, p.560中)
   "爾時廣嚴(毘耶離)城中 有大菩薩…".
5) 鳩摩羅什 역, 『維摩詰所說經』 권上, 「方便品」 2(大正藏 14, p.539上~中).
   "已曾供養無量諸佛 深植善本 得無生忍… 入沈法門善於智度 通達方便 大願
   成就. …以如是等無量方便饒益衆生 其以方便現身有疾."

중생의 병이 낫는다면 내 병도 나을 것이다"6)고 했으며, 또 "반야바라밀〔智度·慧度〕은 나(보살)의 어머니이고 방편은 아버지가된다"7)고 했다.

지도(智度), 곧 반야바라밀을 모체로 삼아서 실천 방편에 통달하여 큰 원력〔보현행원〕을 성취했다는 것은 유마보살과 광덕스님의 경우가 너무나 비슷하다고 할 수 있다. 불광법회의 중심사상이 마하반야바라밀〔大智度〕이며 그 행화(行化) 방편의 실천 목표가 '보현행원으로 보리 이루고, 바라밀 국토를 성취하는 것'이기 때문이다. 같은 경전이면서도 앞쪽에서는 "방편에 통달하여 큰 원력을 성취했다(通達方便 大願成就)"고 했고, 뒷 게송에서는 "방편을 아버지로 삼는다(方便以爲父)"고 했는데 이는 효율적인 행화의 실천을 강조한 뜻으로 풀이할 수 있으리라 본다.

그리고 병상에 앉은 채 문수보살을 비롯한 수많은 부처님 제자와 보살들에게 설법한 유마거사와, 병을 앓으면서도 헌신 전법에 앞장섰던 광덕스님의 모습은 너무나도 닮은 데가 많다고 생각한다. 유마힐거사의 이름을 뜻으로 옮겨서 '정명(淨名)-깨끗한 이름'·'무구칭(無垢稱)-때 없는 일컬음'·'멸구명(滅垢鳴)-때를 없애는 울림' 등으로 쓰는데 이는 다같이 '번뇌의 때가 없는 청정〔깨끗〕한 임'이라는 뜻의 이름이다. 이 '번뇌의 때가 없이 맑고 깨끗한' 유마거사의 이름과 광덕스님의 맑고 깨끗했던 상호를 아울러 떠올려보면, 시공을 초월한 하나의 얼굴이 마음 거

---

6) 위의 경 권中, 「文殊師利問疾品」 제5(大正藏 14, p.544中). "…以一切衆生病 是故我病 若一切衆生病滅 則我病滅."
7) 위의 경 권中, 「佛道品」 제8(위의 大正藏 14, p.549下). "…於是維摩詰以偈答 曰智度菩薩母 方便以爲父."(玄奘本에서는 智度를 慧度로 하고 있으나 마찬 가지로 '般若波羅蜜'의 뜻 옮김말 곧 意譯語임.)

울에 그려지게 될 것이다.

맑고 깨끗했던 스님의 생시 모습은 모두 잘 알고 있으므로 여기서는 그 자세한 언급이 새삼스러울 것 같아서 생략하기로 하지만 단지 스님을 뵙지 못한 이와 앞으로의 후학들을 위해, "스님의 얼굴을 보고 깜짝 놀랐습니다. 아니 세상에 저렇게 깨끗한 얼굴도 있는가"8)라고, 술회한 한탑스님의 한마디를 근거로 소개하고자 한다.

이제 대충 살펴본 몇 가지 사례를 통해서도 우리는 옛날 인도 베살리[Vesali, 毘舍離·毘耶離·廣嚴城]에 살았던 정명보살과, 오늘날 대한민국의 서울에서 활동했던 광덕스님이 비록 시대와 장소와 이름은 달라도, 그 두 보살행의 인연을 우연으로 보아 넘기기에는 너무도 닮은 모습을 보여준다고 할 수 있을 것이다. 그래서 어리석은 생각으로는 정명보살, 곧 비말라끼르띠[Vimalakirti, 毘摩羅詰利帝·毘摩羅詰·維摩詰·維摩]를 광덕스님의 전신(前身)으로 볼 수 있지 않을까 싶다.

2) 정명(淨名)의 본원신(本願身) 일행장(日行藏) 보살

광덕스님의 전신으로 볼 수 있는 정명보살은 그대로 그 본원신이 아니고 따로 본신(本身) 보살이 사바 국토 바깥의 타방세계에 상주하고 있는 보살임이 경전에 밝혀져 있다.

『대방등대집경(大方等大集經)』에 의하면 정명, 곧 비마라힐은 동방 무진덕(無盡德) 세계의 일행장보살(日行藏菩薩) 분신이다. 무

---

8) 한탑스님(聞思修 會主), '부처님을 대중 속에 심어주신 큰 별'(「佛光」 특집 〈광덕 큰스님을 기리며〉, 1999년 4월호), p.52

진덕 세계는 무량무변의 항하사 등 여러 불국토를 지난 동쪽에 위치한 첨파가화색여래(瞻波迦華色如來)의 부처님 세계〔佛世界〕 이름이다. 이 무진덕 세계의 첨파가화색부처님은 과거나 미래 부처님이 아니고 현재의 부처님이신데, 석가여래 부처님께서 왕사성(王舍城)에 계시면서 당시의 국왕인 빈바사라(頻婆娑羅) 왕 등을 상대로 설법하셨을 때의 일이다.

그때 일행장보살은 첨파가화색부처님 앞에서 자신이 사바세계의 석가모니부처님 도량에 모인 대중 가운데 한 우바새〔거사〕인 비마라힐(毘摩羅詰, 곧 유마거사)임을 밝힌다. 그는 그 사실을 확인하여 물으시는 첨파가화색여래를 향해,

그러하옵니다. 제가 그 사바세계의 여러 중생들을 교화하고자 함에 있습니다. 그래서 비마라힐이라 이름지었습니다. 그곳의 중생들은 모두 저를 일러 우바새 비마라힐이라 일컫습니다.9)

라고 했다.

이 일행장보살은 스스로의 득력이나 자신의 안락을 돌아보지 않고 오직 일체 중생의 이익을 위해 사바세계에 가서 선설(不爲自身得力自身安樂 當爲利益一切衆生故 往彼宣說)하며, 또 그는 무량아승지 여러 불세계 가운데 중생을 교화하기 위해 갖가지의 여러 몸을 짓는다(我於無量阿僧祇諸佛刹中 爲化衆生作種種身)는

---

9) 隋 那連提耶舍 譯, 『大方等大集經』 권35, 「日藏分 陀羅尼品」(大正藏 13, p.240下) "爾時瞻波迦花色佛 告日行藏菩薩言 善男子 彼娑婆世界釋迦牟尼佛 大集衆中 有一優婆塞名毘摩羅詰 是汝身不. 時日行藏菩薩… 作如是言 如是 如是 我於彼刹爲欲教化諸衆生 故名毘摩羅詰 彼諸衆生皆謂 我是優婆塞毘 摩羅詰."

것이다.

　그리고 또 이 경의 「월장분(月藏分) 본사품(本事品)」에 보면 비마라힐〔日行藏보살〕은 과거세 제31겁 비사부(毘舍浮) 부처님 때에 석가모니불의 전신인 불사야약 대바라문(弗沙耶若大波羅門)의 여덟 명 아우 중에 일곱 번째인 불사비리(弗沙毘離)였다고 한다.[10] 이 불사비리는 여섯째가 되는 바로 형인 불사수(弗沙樹)와 같이 비사부 여래의 법 중에서 부귀영화를 구하지 않고 다만 탐욕을 떠나 중생을 교화하고자 육바라밀을 닦는 것을 낙으로 삼았으므로 그 인연에 따라 석가여래 회상에 참여하게 되었는데, 미륵은 불사수의 후신이고 불사비리는 바로 비마라힐의 전신이었음을 알 수 있다. 다시 말해서 석가여래의 설법교화 당시에 인도 베살리 국에 생존했던 비마라힐〔淨名〕은 동방 무진덕(無盡德) 세계의 일행장보살이 분화한 몸이며, 또한 과거 31겁세에 석가여래의 전신인 불사야약 대바라문의 여덟 아우 중 일곱째로서 형들과 함께 발심 수행했다는 것이다.

　그런데 『유마경』에는 유마힐이 묘희(妙喜) 세계의 무동(無動) 부처님〔阿閦佛〕 나라로부터 사바세계에 와서 태어난 것으로 나와 있다.[11] 이는 앞에서 본 『대방등대집경』에 설한 것과는 그 내용이 크게 다르다고 할 수 있다. 먼저 그 세계의 이름과 부처님의 명호가 다르며, 또 유마힐의 태어난 인연도 전혀 다르고 그 전신이나 본신에 대한 언급도 없다.

　비록 국토나 부처님의 이름이 다르긴 해도 묘희 세계와 무진

---

10) 위의 경 권48, 「月藏分 本事品」(大正藏 13, pp.311下～313下).
11) 『維摩詰所說經』 권下, 「見阿閦佛品」(大正藏 14, p.555中). “是時佛告舍利佛 有國名妙喜 佛號無動 是維摩詰於彼國沒而來生此.”

덕 세계는 다같이 동방에 있는 불국토다. 설령 동일한 국토와 불명(佛名)이라고 하더라도 경전에 따라 다르게 일컬어지는 경우가 없지 않으므로, 세계와 부처님의 명호가 다른 점에서는 그리 큰 문제가 되지 않는다. 그러나 유마힐이 이 사바세계에 내생(來生)한 인연에 관해서는 두 경우가 전혀 다르다.

『대방등대집경』에서는 무진덕 세계의 일행장보살이 현재 그 국토의 첨파가화색여래 앞에 있으면서 그 일부분의 몸〔分身〕이 사바세계에 와서 유마힐이라는 이름으로 중생 교화의 활동을 하고 있다는 것인데, 『유마경』에서는 일행장보살의 이름도 없을 뿐만 아니라 '그 나라에서 수명이 다하고 이 세계에 와서 태어난 것(彼國沒而來生此)'으로 되어 있다. 곧 분신이 와서 태어난〔來生〕 것과 수명이 끝나고〔沒而〕 이 세계에 와서 태어난 것은 전혀 다른데, 그쪽 세계의 생명이 다하고 이곳(사바국토)에 태어났으니까 그 동방 세계에는 본신이 없는 것은 당연한 일이다. 아마도 『유마경』에서는 '와서 태어난' 인연 등을 자세히 언급하지 않고 대충 설명했으므로, 『대집경(大集經)』에서 그와 같이 세계와 불명(佛名)까지도 분명하게 하여 태어난 인연을 구체적으로 밝혔던 것이 아닌가 여겨진다.

어쨌든 『대집경』에 의해 밝혀진 비마라힐의 본원신인 일행장보살과 그 국토인 동방 무진덕 세계의 이름에서도 광덕스님과 스님의 불사법회(佛事法會)인 불광과의 어떤 연계성 같은 것을 발견하게 된다. 우선 동방은 태양이 떠오르는 쪽이며 새로움과 밝음의 빛을 뜻하는 방위인데, 그 세계의 이름인 무진덕(無盡德)은 새롭고 밝은 빛의 덕이 한량없고 다함이 없다는 뜻으로 볼 수 있으니, 그렇다면 그 한량없는 빛의 덕이 부처님의 광명〔佛光〕보다 더함이 있겠는가. 또 일행장은 태양의 운행과 그 덕행이 무궁무진한 보배창고[寶藏]와 같음을 뜻하는 이름으로 볼 수 있는데, 그 또한 태양과도 같은 부처님 광명의 크나큰 덕[光德]을 표현한 말이 아닌가 싶다.

그와 같이 본다면 동방 무진덕(無盡德)은 불광과 통하고 일행장(日行藏)은 광덕과 연결지어진다. 그러나 구태여 그렇게 나누어 견주지 않더라도 서로가 뜻으로는 똑같이 통하는 이름으로 볼 수 있을 것이다. 그리고 또 스님의 법호인 '금하(金河)'도 진금색신인 부처님의 광명이 강물의 흐름처럼 무궁무진하여 끊임이 없다는 뜻으로 볼 수 있으니, 그렇다면 무진덕 및 일행장과도 상통하는 바가 전연 없지는 않다고 할 것이다.12)

그러한 이름들은 일부러 또는 억지로 맞추어 그렇게 지었을 리는 만무하다고 본다. 물론 우연일 수는 더더욱 없을 것이며, 불가사의한 본원력의 인연의 힘에 의해 그와 같이 드러난 것으로 볼 수 있다. 다시 말해서 전혀 인위적이 아닌 본원력의 꾸밈 없는 인연법과 연기의 자연스런 힘의 결과라고 할 수 있을 것이다.13)

---

12) 스님의 本願身에 대한 연기담은 지난해 도솔산 도피안사 주지 송암스님의 초청을 받아 반야바라밀 결사 도량에서 잠깐 이야기[談說] 형식으로 愚說한 바가 있었으나 佛經상의 근거를 구체적으로 제시하지 못했기 때문에, 이 기회에 출전을 밝혀서 문자로 간략하게 재정리해 본 것이다.

13) 스님의 법명과 법호에 관한 백운스님의 글을 여기에 참고로 옮겨본다.
"스님의 법명이 빛 '光'자 큰 '德'자인데, 이걸 해석하자면 '덕을 빛낸다,' '광명의 덕'입니다. 우리가 반야를 말할 때 반야광명이라고 하지요. 광명은 반야, 반야광명의 덕이다, 이런 뜻이지요. 먼 훗날입니다만, 고암스님이 종정으로 계실 때, 법호를 쇠 金자를 써서 '金河'라고 받았어요. 금은 광명을 상징합니다. 세상에 우연이란 없어요. 금강경을 가지고 반야바라밀을 선양하고 다니신 분이 반야광명이라고 광자를 넣은 이름을 받더니만, 또 고암스님께 그러므로 오늘의 불광운동 진리의 모임〔法會〕은 그처럼 구원 (久遠)한 연유와 깊고도 현묘한 크신 보살(마하사뜨바·摩訶薩)님 의 거룩한 원력(또는 행원)에 의해 이루어진 불사라고 할 수 있다. 그러한 까닭에 감당할 수 없는 무게를 실감하면서도 경건한 마 음으로 조심스럽게 이 일대불사의 중심사상과 전법(傳法) 행화의 실천에 관해 총괄적으로 조명해 보려고 한다.

2. 중심사상

불광회(운동)의 중심사상을 편의상 '반야바라밀 사상'과 '무한 생명 사상'의 두 갈래로 나누어 살펴보기로 한다. 가급적이면 객 관적 입장에서 불설(佛說) 경교(經敎)에 근거하여 각각의 갈래 내 용을 조명해 볼 생각이다.

1) 반야바라밀 사상

『광덕스님의 생애와 불광운동』에는 스님의 반야바라밀 사상 에 관해 다음과 같이 간명하게 정리하고 있다.

광덕스님의 깨달음은 궁극적으로 마하반야바라밀의 개안(開眼) 이다. 스님의 사상은—이론과 실천의 체계는 마하반야바라밀—

여러 형제들의 법호를 받았는데, 스님은 금하라는 법호를 받았어요. 금색 광 명이 나는 큰 하천, 이름과 법호가 전부 반야의 뜻을 갖게 되었는데, 우연이 아니지요. 따져보면 전부 인과지요."
(월간 「불광」 1999년 6월호, p.26 ; 『광덕스님의 생애와 불광운동』 pp.102~ 103).

반야바라밀로써 그 강요(綱要)를 삼고 있다. 반야바라밀에서 출발하여 반야바라밀로 회향된다. 반야에서 시작하여 바라밀로 돌아온다. 따라서 광덕스님의 사상은 실로 반야바라밀 사상이라고 말할 수 있을 것이다.[14]

더할 수 없이 간결하게 불광운동, 곧 그 개창주(開創主)인 광덕스님의 중심사상을 단적으로 드러낸 말이라고 할 수 있다. 이 단원에서는 마하반야바라밀의 개안자(開眼者)인 스님의 반야바라밀 사상을 ① 깨침의 선언 ② 본체론(本體論) ③ 공덕론 ④ 구경론(究竟論)의 네 분단으로 나누어서 살펴보고, 그 끝에 불설 경교(佛說經敎)의 대표적 조술(祖述)이라 할 수 있는 용수보살의 『대론(大論)』에서 보이고 있는 마하반야바라밀의 해석을 풀어 옮겨서 그 논증으로 삼고자 한다.

(1) 마하반야바라밀 깨침의 선언

스님은 스스로의 저술인 『반야심경 강의』의 '맺는 말'에서 다음과 같이 강조하고 있다.

마하반야바라밀을 바로 알자. 항상 마하반야바하밀을 염하자. 마하반야바라밀에서 일체 장애와 재앙이 즉시 소멸되며 일체 불보살의 위신력이 자신에게 충만한다. 일체 불보살과의 거리가 없어지기 때문이다.

마하반야바라밀을 생각하는 곳에 불보살의 위덕과 은혜는 넘

---

14) 앞의 주 2)와 같은 책, 제1편 3장 〈반야바라밀의 사상체계와 실천원리〉의 '1. 반야바라밀의 논리구조와 사상적 의의', p.104.

쳐나고 일체 소망은 성취된다. 마하반야바라밀을 생각하며 나의
생명의 바라밀 실상을 관하자. 환희와 용기는 넘쳐나고 끝없는
조화와 창조는 힘있게 펼쳐진다.

　항상 마하반야바라밀을 생각하자. 바라밀 실상이 현전하는 것
을 생각하며 감사하고 환희하며 용기를 내자. 태양보다 밝고 저
물 줄 모르는 진리의 태양을 부처님은 이미 우리에게 주신 것을
보게 되며 쓰게 된다.15)

　간명하게 정리된 이 짤막한 글은 앞에서 전제한 그대로 스님
의 저술 『반야심경 강의』 맺는 말에 있는 말씀이다. 한 저서의
맺음글이라기보다는 스님의 깨쳐 얻은〔悟得〕 경지를 활짝 열어
보인 법열(法悅)의 찬탄이요, 마하반야바라밀의 실상을 체득 요
달(體得了達)한 외침이라 할 수 있다. 또한 생활 속의 바라밀 실상
을 밝혀낸 참 목소리요, 마하반야바라밀 구현(具現)의 힘찬 선언
(宣言)이라 할 수 있을 것이다.

　『반야심경』 강의를 마치면서 스님은 "마하반야바라밀을 바로
알자"로 시작하여, "마하반야바라밀에서 일체 장애와 재앙이 즉
시 소멸되며 일체 불보살의 위신력이 자신에게 충만한다. … 마
하반야바라밀을 생각하는 곳에 불보살의 위덕과 은혜는 넘쳐나
고 일체 소망은 성취된다"고, 스스로의 오득(悟得)한 심경을 활짝
열어놓는다. 그리하여, "마하반야바라밀을 생각하며 나의 생명의
바라밀 실상을 관하자. 환희와 용기는 넘쳐나고 끝없는 조화와
창조는 힘있게 펼쳐진다"고, 그 실상을 체득하고 요달한 법열을

---

15) 광덕 지음, 『반야심경 강의』(불광출판부, 2000년 재판 13쇄), p.173. 여기에 옮
　긴 이 부분은 이 책의 '4. 맺는 말'에서 맨 아랫단의 마지막 한 구절을 제외
　한 전문에 해당한다.

외치며 찬탄하고 있다. 또 이어서, "항상 마하반야바라밀을 생각하자. … 태양보다 밝고 저물 줄 모르는 진리의 태양을 부처님은 이미 우리에게 주신 것을 보게 되며 쓰게 된다"고 하여, 생활 속에 현전(現前) 약동하는 바라밀 실상을 밝혀서 마하반야바라밀의 구현을 선언하고 있다.

그렇기 때문에 스님은 일찍이,

우리들의 믿음의 기초는 마하반야바라밀이며 믿음의 실천 또한 마하반야바라밀입니다. 즉 믿음의 전부가 마하반야바라밀입니다.[16]

라고 하여, 참으로 당당하게, 그리고 단호하고도 명확하게 바라밀 신앙 세계의 확립을 천명하고 있다. 이 또한 마하반야바라밀을 확연하게 요달하여 깨친 이의 신앙·실천적 체험에서 울려나온 참 목소리라고 할 수 있다. 따라서 마하반야바라밀 바른 믿음의 선언이라고도 할 수 있을 것이다.

그리고 스님의 깨달음의 노래가 파동치고 또 스님의 반야바라밀 사상이 농축되어 있는 불광의 보전(寶典)이라 할[17] 「한마음 헌장」에는,

한마음, 한마음,
공덕묘용 넘쳐나고

---

16) 광덕스님, 설법 제2집 『만법과 짝하지 않는 자』(불광출판부, 1997년 초판 4쇄), p.140.
17) 앞의 주 2)·14)와 같은 책, p.100.

마하반야바라밀, 마하반야바라밀,
자재해탈 일체 성취 확연히 성취된다.

마하반야바라밀, 마하반야바라밀,
나무 마하반야바라밀.

이라 마무리하고 있다.[18)

한마음, 곧 마하반야바라밀 깨달음의 세계, 여기에 또 무슨 말
이 더 필요하겠는가. 넘쳐나는 공덕묘용(功德妙用), 자재해탈(自在
解脫) 일체성취(一切成就), 가득찬 환희, 원만무애(圓滿無碍)한 그
법열(法悅)의 세계. 그래서 금하당 광덕스님은 오직 한마디 '나무
마하반야바라밀'로 「한마음 헌장」을 끝맺고 있다.

(2) 반야바라밀 본체론(本體論)

스님은 『반야심경 강의』에서 마하반야바라밀을 다음과 같이
풀이하고 있다.

'마하'는 대개 대(大), 다(多), 수승(殊勝) 등 여러 뜻을 가진다.
그러나 실지에서는 그런 말이 마땅하지 않다. '마하'란 본심,
즉 불성의 일면을 말한 것이기 때문이다. 원래 본심은 대·다·
수승으로 표현되기 이전 자이니 이는 절대 비할 데 없는 무한자
며 무비자(無比者)라. 이 형언을 절(絶)한 대(大)를 마하라 한다.
반야(Prajna)는 흔히 지혜로 번역한다. 이는 우리가 진실생명지

____

18) 앞의 책, p.422.

(地)에 도착했을 때에 드러나는 구극적 예지다. 진실생명을 전성적(全性的)으로 투시하고 분별하고 현전시켜 인식하는 근본지(根本智)다. 여기서 분별지(分別智, Vijnana)와 구별된다.

이와 같이 마하(摩訶)와 반야(般若)를 설명한 스님은 반야에 이르러 소항목을 따로 하여 반야에 관해 서술하고 있는데, 요긴한 대목만을 뽑아 옮겨 본다.

반야는 인간 진실생명에 본래로 갖추어 있는 지혜의 빛이다. 그러므로 참된 자기를 완성한, 즉 성불하는 데는 이 반야의 개명(開明)이 무엇보다 앞선다.

동시에 반야는 인간 실상 본구(本具)의 대위덕(大威德) 대자재(大自在)의 실질(實質)을 현발하는 관건이다.

반야지(智)에서 드러난 진실절대(眞實絶對)의 실상을 실상반야라 하는데 이것은 무상자성(無相自性)의 자기조파(自己照破)다.

반야는 본시 근본지(根本智)며 자성견(自性見)이며 본분광명(本分光明)이므로 반야의 전개를 통한 대행(大行)의 전개는 바로 네 가지 반야(實相 · 觀照 · 方便 · 文字)의 유감없는 발휘를 의미하는 것이다.

여기에서 일단 『반야심경 강의』 본설 경제(經題) 두 번째 항목에 있는 '2) 반야의 양면'은 끝내고, 세 번째 항목 '3) 인간실상(人間實相)으로서의 바라밀(波羅蜜)'에서 바라밀을 주제로 다루고 있다. 바라밀에 관한 전문을 여기에 옮겨 본다.

'바라밀(波羅蜜 – paramita)'은 완전에 도달한(parami) 상태(ta)를

의미한다.

　종래 도피안(到彼岸) 또는 도무극(度無極)이라 번역했다.

　반야에 의하여 현전한 절대의 경계를 말한다 하겠다. 즉 진리의 세계를 의미하며 우리의 본래실상(本來實相), 진여법성(眞如法性)에 도달하고 무한공덕이 구전(俱全)한 대해탈(大解脫)의 상태다. 그러므로 바라밀을 '피안(param)에 이른(ita)다'는 의미로 해석하는 것은 바라밀의 내포(內包)를 충분히 말한 것이 못 되는 것이다.

　실로 바라밀의 경계는 실상경계(實相境界)다. 대해탈(大解脫), 대자유(大自由), 무한능력(無限能力), 대조화(大調和)가 원만구족(圓滿具足)한 진리 본연의 경계다. 우리의 생명이 연원(淵源)하고 있는 본원경지(本源境地)다. 그러므로 바라밀은 인간에게 있어 구극의 이상향이며 구원생명(久遠生命)의 본 고향이다. 진실생명의 원형(原型)인 것이다.

　바라밀이야말로 우리가 마땅히 이르러야 할 곳이며 생명이 근거하고 있는 근본 소지(素地)다. 그러므로 우리는 바라밀이 바로 인간 본분임을 명념하고 염념(念念)히 바라밀의 주체성을 파악하고 그 본의를 발휘하여야 하겠다.19)

이상은 『반야심경 강의』에서 스님이 풀이한 '마하반야바라밀'의 뜻이다. 스님은 여기에서 마하반야바라밀의 사전적 해석까지도 빠트리지 않고 있지만, 판에 박힌 듯한 경론(經論)의 풀이에만 의존해 마하반야바라밀을 진열장 안에 모셔둔 문화재처럼 일정한 틀 속에 가두지 않고 있다. 비록 경전에서 말씀하신 뜻과 다름이 없다고 하더라도 그것을 넘어서서 마하반야바라밀을 투득

---

19) 위의 책, pp.41~45.

(透得)하여 확연히 깨친 이의 체험적 설명이라고 하겠다.

그러기 때문에 스님은 또 마하반야바라밀을 다음과 같이 설법하고 있다.

부처님은 진리의 몸이시고 법신입니다. 이 부처님을 우리는 반야바라밀이라고도 합니다. 진리 전체가 반야바라밀입니다. 그렇기 때문에 부처님의 본체는 반야바라밀입니다. 일체의 부처님은 반야바라밀에서 나왔고 그래서 반야바라밀은 모든 부처님의 어머니라고 하는 것입니다.[20]

삼세제불이 무엇이냐 마하반야바라밀입니다. 절대성이 근원적인 진리로 나타나는 분이 삼세의 제불입니다. 과거의 모든 부처님은 이 마하반야바라밀이라고 하는 절대성이 부처님이라고 하는 상대적 화신으로 나타나는 것입니다. 일체 제불이 마하반야바라밀에서 나옵니다. 그래서 마하반야바라밀이 삼세 모든 부처님의 어머니라고 그러는 것입니다.[21]

완전한 지혜의 성취를 바라밀이라고 합니다. 마하는 크다는 뜻이요, 반야는 지혜입니다. 그러니까 마하반야바라밀은 대지혜를 완전히 이룬 상태를 말합니다. 우리가 이 몸을 가지고 육체와 환경 가운데 살고 있되 육체와 환경이라는 한계에 갇혀 있는 동물적인 인간이 아니라 시간과 공간을 초월하고 무한 영원의 광명, 무한 영원한 생명을 사는 것, 이것이 마하반야바라밀입니다.[22]

---

20) 광덕스님 설법 제1집 『메아리 없는 골짜기』(불광출판부, 1999년 초판 5쇄), p.239.
21) 위의 책, p.303.
22) 위의 책, p.297.

마하반야바라밀이 우리가 보기에는 우리 밖에 따로 있어서 그것과 접촉을 하면 은혜를 입고 상서가 있는 것 같으나 허망한 경계를 깨고 보면 본래로 있는 것이 바로 그것입니다. 구름 속에 있다가 구름이 걷히면 본래로 푸른 하늘과 빛나는 태양이 거기 있듯이 항상 반야바라밀로 빛나고 있는 것, 이것이 원래의 모습입니다. 구름이 있든 없든 관계없이 원래로 태양이 빛나고 있는 것과 같이 육체에 가려 늙고 병들고, 유식·무식에 관계없이 원래로 완성된 인간의 참모습이 바라밀입니다.[23]

이 바라밀이라고 하는 세계, 저 언덕의 세계, 일체 성취의 세계, 이 세계는 바로 나의 참 생각의 세계입니다. 이것은 나의 참 생명이고 일체 만법의 근원입니다. 이것은 이것 밖에 딴 물건이 없기 때문에 이 물건을 가로막을 것도 한계 지을 것도 없습니다. 무한자재 해탈의 경계입니다. 또 무한창조의 근원이기도 합니다.[24]

여기에 이르러 마하반야바라밀은 설명이나 뜻풀이의 차원을 초월하고 있음을 알 수 있다. 이는 바로 광덕스님의 마하반야바라밀 정관(正觀)이요, 마하반야바라밀을 몸소 체득 요달(體得了達)한 깨친 이가 밝힌 마하반야바라밀의 당체(當體) 그것이며, 진진여여(眞眞如如)한 참모습〔眞面目〕이라고 할 수 있다. 이를 굳이 제목 붙인다면 스님의 마하반야바라밀 본질관(本質觀) 또는 본체론(本體論)이라 일컬을 수 있을 것이다.

---

23) 위의 책, p.298.
24) 위의 책, p.160.

(3) 반야바라밀 공덕론(功德論)

스님의 설법집인 『만법과 짝하지 않는 자』에는 다음과 같은 법문이 설해져 있다.

반야바라밀은 바로 깨달음의 지혜인 까닭에 이 지혜의 눈으로 볼 때 모든 사람은 반야바라밀 지혜 밖에 딴 것이 없다는 것을 밝혀줍니다. 그래서 우리는 반야바라밀의 법문이 최상의 법문이라고 하는 것입니다. 이 반야바라밀 법문을 떠나서는 부처님의 진리 세계를 알 수 없는 것입니다. 우리 수행의 기초는 반야바라밀을 근거로 해서 우리 생명이 무엇인가를 바르게 보고, 우리 생명 밑바닥이 부처님의 진리 광명이라는 사실을 확신하고, 그 진리 광명대로 우리의 생활을 열어감으로 해서 우리 한 사람 한 사람이 진리를 구현하고 우리의 생활을 진리로 장엄하는 것입니다. 반야바라밀이 가르치는 세계는 부처님의 진리 자체인 까닭에 무한공덕 세계입니다. 그래서 누구나 반야바라밀 수행을 하면 부처님의 무한공덕을 함께하는 것입니다.[25]

이렇게 '반야바라밀을 배울지니라' 하고 반복해서 말씀하신 내용(『大品般若經』「照明品」의 부처님과 사리불 대화)을 보면 모두가 부처님의 공덕 세계를 말씀하시고 계십니다. 부처님이 갖고 있는 일체 자재를 성취하고 신통력을 성취하고 대지혜를 성취하고, 시방국토 모두를 살릴 수 있는 지혜를 성취하고 생활에 필요한 모든 것을 성취하고 부처님 세계의 그 모두를 성취하고자 하거든 마땅히 '반야바라밀'을 배우라고 말씀하시고 계십니다.

---

25) 『만법과 짝하지 않는 자』, pp.76~77.

자신에게 있는 부처님 공덕을 쓰자.

저도 경을 약간 읽었습니다만 어떤 경 어떤 법문도 이와 같이 끝없이 말씀하셔도 다함이 없는 법문은 『반야바라밀경』 말고는 못 보았습니다. 부처님이 지니고 있는 온갖 공덕 세계를 다 이루고자 하거든 '반야바라밀을 배워야 한다' 이 말씀입니다. 중생으로부터 성문·연각·천상·열반지를 얻어 불국토에 이르기까지의 수많은 공덕을 이루려면 반드시 반야바라밀을 배워야 한다는 부처님의 말씀입니다.[26]

스님은 여기에서 반야바라밀의 공덕을 경전을 근거로 해서 역설하고 있다. 그야말로 마하반야바라밀 공덕 원론(原論)이라 할 수 있다.

나의 모든 위신력은 부처님의 공덕 가운데서 나왔다, 나는 원만 구족한 자다, 불신력을 함께 쓰는 자다, 나에겐 항상 희망과 용기와 성취만이 있다는 사실을 아셔야 할 것입니다. 반야에서 볼 때 아무도 이 공덕 아닌 자가 없기 때문에 반야가 보는 바 참된 모습을 긍정하는 것입니다. 이것이 우리 불교가 가지는 특징적인 것입니다.[27]

이 대목은 스님의 '마하반야바라밀 공덕 본론'의 맺음말이라고 할 수 있을 것이다. 물론 바라밀 공덕에 관한 스님의 언설(言說)이 이 밖에도 적지 않지만 '마하반야바라밀 공덕론'이 성립될 만한 중요한 부분만을 몇 대목 뽑아 옮겨 보았을 따름이다.

---

26) 위의 책, p.80.
27) 위의 책, p.91.

그와 같이 마하반야바라밀의 공덕을 밝힌 스님은, "예경, 감사, 환희, 찬탄, 보시, 공양 이 여섯 가지 요목은 우리 일상 생활 가운데서 바라밀 공덕을 내어 쓰는 방법입니다"[28]라고 하여, 바라밀 공덕의 일상 생활 속의 활용방법을 제시하고 있다. 이에 관한 본문은 여기에서 생략했지만, 이는 마하반야바라밀 공덕의 실제방법론이라고 할 수 있다. 또 스님은,

자기 자신에 넘쳐 있는 부처님의 무한공덕을 믿고 일심으로 관하고 염송해 갈 때, 저절로 그 사람의 생각과 표정 가운데에 일체와 화합하고 일체와 하나가 되는 그러한 결과를 가져옵니다. 왜냐하면 죄와 번뇌와 악이 본래 없는 부처님의 무한공덕성을 믿고 관하고 일심 염불하는 데서 밝은 공덕이 표출되기 때문입니다.[29]

라고, 마하반야바라밀 공덕의 생활화를 당부하며 권하고 있다. 여기에서 스님의 반야바라밀 공덕론은 일단 매듭이 지어진다고 볼 수 있다.

(4) 반야바라밀 구경론(究竟論)

『반야심경 강의』에서 스님은 다음과 같이 서술하고 있다.

반야는 중생의 미혹으로 야기된 현상계의 속박을 타파하고 진리 본구(本具)의 완전 원만성(圓滿性)을 현실 위에 구현시키는 데

---

28) 위의 책, p.83.
29) 위의 책, p.177.

근본 의의가 있다. 그러므로 우리는 반야를 통하여 정견(正見)을 세우며, 정견에 의하여 굳건한 믿음과 명확한 이해로써 현실적 행동의 구체적 지표가 제시된다. 여기서 반야는 진리의 행동화라는 구체성을 지니는 것이다. 그러므로 반야는 진리의 뒷받침이 된 대행(大行)의 전개를 의미한다. 이것이 반야행이며 창조행이다. 거듭 말해서 대행이 즉 반야의 내용이라는 것이다.[30]

이와 같이 일념(一念)이나 일호(一毫)의 들거나 나거나 얻음이 없는 반야바라밀다는 필경 반야바라밀 자체도 있음이 없는 것이니, 여기에 진실 바라밀의 현장이 노정(露呈)된다. 여기에서는 일체가 반야바라밀일 수밖에 없다. 모두가 자성의 본분활동(本分活動)이며 반야대행(般若大行)이다. 이와 같이 반야바라밀다는 행하는 것이다. 만약 반야바라밀다를 닦고 들어감에 일동(一動)·일정(一靜)·일념(一念)이라도 있다면 이는 사법(邪法)이다. 반야가 아니다.

일언이폐지(一言而蔽之)하면 본래 본심대로의 안립(安立)이 반야바라밀다를 행하는 것이며, 자성실상(自性實相)의 개현이 반야바라밀다를 운용하는 것이며, 청정본심(淸淨本心)을 현발(現發)하는 것이 반야바라밀다를 수행하는 것이며, 일체 경계에 상이 없는 무진만행(無盡萬行)을 전개하는 것이 반야바라밀다를 궁진(窮盡)하는 것이다.[31]

바라밀다가 가지는 내포(內包), 즉 공능(功能)은 실(實)로 이언설(離言說), 절사량처(絶思量處)로서 이것을 우리는 다만 무한(無

---

30) 앞의 『반야심경 강의』, pp.28~29.
31) 위의 책, p.53~54.

限), 무극(無極), 절대원만자재(絶對圓滿自在)라고만 한다. 또는 무 또는 공이라고도 한다. 그리고 이것은 구극의 완성이며 본연실상 이다. 이것은 반야에서 현출하며 반야의 근원이다. 삼세제불의 진제가 이것이며 일체 중생의 본성향(本性鄕)이 이곳이다.

그리고 이와 같은 절대완성은 취사(取捨)에서 오거나 수증(修證)에서 오거나 조건에서 오는 것이 아닌 본래불변진상(本來不變眞相)의 현출인 까닭에 일체 중생을 직하(直下)에 입지성불(立地成佛)하는 도리인 것이다. 지옥을 즉시에 연화지(蓮花池)로 만드는 것이며, 업보계박신(業報繫縛身)을 즉시에 해탈자재신(解脫自在身)으로 바꾸는 것이니 가히 제불의 어머니며 만성(萬聖)의 근(根)이며 일체 성취의 원(源)이라 할 것이다.[32]

이와 같이 『반야심경 강의』를 통해 마하반야바라밀의 구경처(究竟處)를 밝힌 스님은 또 다음과 같은 말씀을 남기고 있다.

반야바라밀 공부 외에 따로 더할 것이 없는 것입니다. 최고 최상승의 법문입니다. 그런데 만약 이 반야바라밀이 부처님의 전유물이고 부처님만 배워서 성취할 수 있는 것이라면 아마 부처님은 위에서와 같이 반야바라밀을 배워라 하고 말씀하시지 않으셨을 겁니다. 반야바라밀을 닦고 배우라는 말씀은 바로 부처님의 무한 공덕 세계가 우리들 생명 속에 주어져 있어서 자신 가운데 있는 이것을 보고 발굴해서 쓰라고 하시는 말씀이기 때문입니다. 우리는 이점을 깊이 생각해서 아침 저녁으로 반야바라밀 염송을 일심으로 하여야 하겠습니다. 그래서 반야바라밀행으로 우리 생활을 장엄하도록 하여야 하겠습니다.[33]

---

32) 위의 책, p.148.

마하반야바라밀의 법에 의지해서 참으로 내 생명 깊이에 있는 무한 진리의 공덕 세계를 생각하는 까닭에 그리고 그 공덕 세계가 자신의 것으로서 솟아나고 있기 때문에 일체 장애가 없습니다. 일체 고난이 없습니다. 일체가 이루어지는 그런 공덕의 나무가 되는 것입니다. 어떠한 바람도 어떠한 재난도 그 공덕의 나무를 흔들리게 하지 못합니다. 안전한 생애가 있을 뿐입니다.[34]

이 밖에도 마하반야바라밀의 구경처(究竟處) 구경행(究竟行)에 대한 설법이 없지 않으나, 이쯤에서 스님의 반야바라밀 구경론을 매듭지을까 한다.

(5)『대론(大論)』을 통한 입증(立證)

『마하반야바라밀경』(大品般若經)을 자세히 풀이했을 뿐만 아니라 대승불교의 백과사전으로까지 알려져 있는 용수(龍樹) 보살이 지은『대지도론(大智度論)』(智度論·大論)은 여기에서 새삼스레 설명할 필요가 없을 만큼 유명한 논서다. 이『대론』에서는『대품반야경』의 "일체의 법에 집착하지 않으므로 반야바라밀을 구족하게 된다(於一切法不著故 應具足般若波羅蜜)"[35]의 대목을 풀이하면서 반야바라밀에 대한 해석이 시작되고 있다.

"어떠한 것을 일러 반야바라밀이라 합니까?"라는 물음을 실마리로 하여 문답 형식으로 해석이 전개된다. 용수보살의 반야바라밀에 대한 풀이 모두를 다 옮길 수 없으므로 읊음글로 반야바

---

33)『만법과 짝하지 않는자』, p.81
34) 위의 책, p.180.
35) 後秦 鳩摩羅什 역,『摩訶般若波羅蜜經』권제1,「序品」제1(大正藏 8, p.219).

라밀을 찬탄하여 설명(讚般若波羅蜜偈說)한 부분의 전반부만을 우
리 글로 풀어서 옮겨보기로 한다.

반야바라밀은 실다운 법이라 뒤바뀌지(顚倒되지) 않는다.
염(念)·상(想)·관(觀)이 없어졌고
언어(言語)의 법이 또한 소멸했으며,
무량한 뭇 죄업은 사라져서
청정한 마음 항상 한결같아라.
그와 같이 존귀하고 훌륭한 사람은
곧 능히 반야를 보게 되리라.
흡사 허공이 물들지 않듯
희론(戱論)도 없고 문자도 없다.
능히 그와 같이 관하게 된다면
이는 곧 부처님을 뵙게 되니라.
그같이 법답게 부처님과 반야와 열반을 보면
이 세 가지는 곧 한 모습이니
그 실상은 다름이 없다.
제불과 보살이 능히 일체를 이익되게 하니
반야를 어머니로 삼고 태어나 양육되었네.
부처님은 중생의 아버지며
반야가 부처님을 나게 했으니,
이(반야)는 곧 일체 중생의 할머니〔祖母〕다.
반야의 이 한 법을 부처님은 가지가지 이름으로
모든 중생 힘에 따라 다른 이름자를 붙이셨네.
반야를 얻게 된 이는 의론의 마음〔議論心〕 모두 사라지고
흡사 해가 떠오르면 아침이슬이

일시에 없어지는 것과 같으니라.
반야의 위덕(威德)은 능히 두 갈래 사람을 움직이게 하니
지혜 없는 이는 두려워[恐怖]하고
지혜로운 이는 기뻐[歡喜]한다.
반야를 얻은 사람은 바로 반야의
주인이라(若人得般若 卽爲般若主)
반야 가운데 집착하지 않으니
하물며 다른 법에 끄달리겠는가.36)(후반부 생략)

나머지 후반부의 게송이 끝난 다음에 장을 달리하여 「석반야상의(釋般若相義)」에서 마하반야바라밀에 관해 다음과 같이 문답 형식으로 풀이하고 있다.

어째서 오직 반야바라밀에만 마하(摩訶)라 하고 다섯 바라밀에는 일컫지 않는가? 답하기를, 마하는 크다[大]는 말이며, 반야는 지혜[慧]라는 말이고 바라밀은 도피안(到彼岸)이라는 말이다. 이는 능히 지혜로써 대해의 저 언덕(彼岸)에 도달하며 모든 일체의 지혜로 가장자리를 다한 그 지극함에 이르기 때문에 도피안(到彼岸)이라 이름한다.

일체 세간 가운데 시방삼세의 모든 부처님이 제일 크며[大], 다음에 보살과 벽지불과 성문이 있다. 이 네 가지 대인[四大人]은 모두가 반야바라밀의 가운데로부터 나기 때문에 일컬어 대(大)라고 한다. 또한 중생에게 큰 과보[大果報]가 무량 무진하여 언제나 변하지 않는 이른바 열반(涅槃)을 얻게 한다. 다른 다섯 바

---

36) 龍樹菩薩 造 鳩摩羅什 譯, 『大智度論』 권18, 般若波羅蜜 제29(大正藏 25, p.190上~下)

라밀은 그러지 못하니, 보시(布施) 등은 반야바라밀을 떠나 단지 세간의 과보를 얻게 할 뿐이므로 크다[大]는 이름을 얻지 못한다.

반야바라밀은 일체의 지혜를 섭수(攝受)한다. 왜냐하면 보살이 불도(佛道)를 구함에 응당 일체 법을 배워 일체의 지혜를 얻기 때문이다.[37]

반야바라밀에 관하여 자세하고도 방대한 『대론(大論)』의 해석 가운데서 요긴하다고 생각되는 극히 일부분을 옮겨보았을 뿐이다. 이를 통해서도 반야바라밀이 어떠한 것이며, 여섯 바라밀[六波羅蜜] 중에서 앞쪽의 다섯 바라밀에는 붙이지 않은 마하(摩訶)를 유독 반야바라밀에만 붙여서 쓰는 까닭을 알 수 있다. 『대론』에서 해석하고 있는 곧 『마하반야바라밀경』에서 설해진 반야바라밀과 앞에서 이미 살펴본 광덕스님의 반야바라밀 관(觀)이 서로 다르지 않은 똑같은 반야바라밀임을 의심할 여지가 없다.

스님은 『반야심경 강의』에서 반야를 실상반야(實相般若)·관조반야(觀照般若)·방편반야(方便般若)·문자반야(文字般若)의 네 가지[38]로 나누어,

반야지(智)에서 드러난 진실절대(眞實絶對)의 실상을 실상반야라 하는데 이것은 무상자성(無相自性)의 자기조파(自己照破)다. 반야지로 진실절대한 자성내실(自性內實)을 조명(照明)하는 것을 관

---

37) 위의 論 같은 권, 釋般若相義 제30(p.191上).

38) 元曉 撰, 『大慧度經宗要』(『韓國佛敎全書』 1책, p.480中)에는 "반야에 세 가지가 있다"고 하여, "一文字波若 二實相波若 三觀照波若," 즉 文字·實相·觀照波若(般若와 같음)의 세 가지 반야(三種般若)를 들고 있다.

조반야라 하는데 이는 자성공덕(自性功德)의 자기긍정(自己肯定)
이다. 무상자성을 구동(驅動)하여 무량공덕을 시현(示現)하는 지
혜를 방편반야라고 한다. 실상반야와 관조반야를 선설(宣說)하신
경전이나 말씀을 문자반야라 할 것이다.39)

라고 했는데, 그러한 네 가지 반야를 모두 포괄하고 있는 반야바
라밀을 경전과 『대론(大論)』에서 설하고 있는 바와 마찬가지로
스님도 설법이나 문자를 통해 충분히 드러내고 있다. 그러나 스
님은 경론(經論)이나 언설문자(言說文字)를 통해 드러나 있는 반야
바라밀 그 자체에 갇혀 있지 않은 반야바라밀의 대자재(大自在)
세계를 개현했다.

경전이나 논서(論書) 상에 씌어 있는 실상반야나 관조반야나
방편반야(實相·觀照·方便般若)는 결국 문자로 표기되어 있으니
모두가 문자 반야에 속한다고 할 수 있다. 그것을 체득하고 요달
(了達)하여 그대로(如如히) 현전(現前)케 하여야만 비로소 실상반
야는 실상반야답게 살아 움직이고, 관조(觀照)와 방편도 제 구실
을 다할 수 있게 된다. 스님은 마하반야바라밀을 체달 요득(體達
了得)하여 여여(如如)히 깨쳤으므로 『대론』에서 읊은(若人得般若
卽爲般若主) 그대로 어김없는 반야의 주인이 된 것이다. 그렇다.
금하당 광덕스님은 오늘날 우리 시대를 살았던 반야의 주인(般若
主)이었다.40) 그러나 참 반야의 주인은 자기 스스로만이 반야주

---

39) 앞의 『반야심경 강의』, p.43.
40) 스님은 『메아리 없는 골짜기』, p.156에 '나는 바라밀의 주인, 불행은 없다'는
    소제목을 붙였으며, p.157에서 "자기가 바로 바라밀이라는 것을 알아야 합니
    다. 내가 바라밀의 주인이어서 내가 바라밀의 지배를 받는 것이 아니라 쓰고
    있는 것입니다"라고 했다.

로 군림하는 것이 아니기 때문에 모든 이들을 반야의 주인이 되
게 하고자 이 세상에 마하반야바라밀행을 구현(具現)하지 않으면
안 된다. 바로 그러한 반야바라밀 구현의 실천이 불광운동이요,
마하반야바라밀 구현 실천의 본부〔根本道場〕가 불광회(佛光會)라
고 할 수 있는데, 여기에 스님의 마하반야바라밀 사상의 독특함
과 실다움이 있다.

2) 무한생명 사상

스님의 생명사상을 한마디로 요약해서 '내 생명 부처님 무량
공덕 생명'41)이라 할 수 있다. 스님은 또 "반야바라밀은 나의 참
생명 부처님 무량공덕 생명"42)이라 정리하기도 했다. 여기서도
편의상 ① 무량공덕 생명의 원천 ② 내 생명 부처님 무량공덕 생
명 ③ 바라밀 실상생명의 세 갈래로 나누어서 간략하게 보고자
한다.

(1) 무량공덕 생명의 원천

「한마음 헌장」에서 스님은 다음과 같이 읊고 있다.

또 (부처님은) 말씀하신다.
나는 실로
성불이래 무량 백천만억 겁.

---

41) 『만법과 짝하지 않는 자』, p.172 ; 『광덕스님의 생애와 불광운동』, p.142 등.
42) 『만법과 짝하지 않는 자』, p.85에는 '반야바라밀은 나의 참 생명 부처님 무량
　　공덕 생명'이란 단원의 제목을 붙여 놓았다.

그로부터 항상

이 사바세계에서

설법 교화 중생을 인도하고

수명은

무량 아승지겁(阿僧祇劫)

상주불멸(常住不滅)

중생들을 위하여

방편으로 열반을 보이나

실로는 멸하지 않고

언제나 법을 설한다.43)

이 대목은 『묘법연화경』「여래수량품(如來壽量品)」의 게송 가운데 앞부분(自我得佛來 所經諸劫數 … 而實不滅度 常住此說法)44)에 해당되는데, 스님은 독특한 가락으로 멋있게 뜻을 살려 우리말로 옮겨 읊었다. 그리고 스님은 『메아리 없는 골짜기』에서 "무량수 무량광이 아미타불입니다. 무량수는 시간 밖입니다. 몇만 년이고 몇억 년이고 시간에 관계없이 시간 저 너머입니다. 영원한 수명뿐만 아니라 영원한 광명이십니다"45)라고 설법했다.

이 말씀대로면 무량한 수명〔無量壽〕과 무량한 광명〔無量光〕은 아미타부처님에게만 해당되는 것처럼 보인다. 그러나 스님의 다음 설법을 통하여 아미타 한 부처님에만 국한되지 않음을 알 수 있다.

---

43) 『광덕스님의 생애와 불광운동』, pp.405~406.
44) 鳩摩羅什 역, 『妙法蓮華經』 권제5, 「如來壽量品」 제16(大正藏 9, p.43中)
45) 『메아리 없는 골짜기』, p.297.

석가모니불은 진리 자체이십니다. 진리에는 두 진리가 없고, 진리이신 부처님은 두 부처님이 없습니다. 일체불이 석가모니 부처님이시고, 석가모니불이 지금 현재하시며 설법 교화하시고 일체 제불로 나투시기도 합니다. 그러므로 불자들은 언제나 석가모니 부처님의 대자대비하신 위신력을 받고 있는 것을 알며 감사하는 것입니다.[46]

그래서 김재영 거사는, '불타관(佛陀觀)―무량공덕 생명의 원천이신 부처님'이라는 소제목 아래에 '무량수 무량광 석가모니부처님'이라 항목명을 붙였으며,[47] 또 '부처님, 무량한 생명의 원천'이란 항목에는 다음과 같이 적고 있다.

무량수(無量壽) 무량광(無量光)으로 중생을 제도하시는 석가모니부처님― 우리는 여기서 부처님의 무량공덕 생명을 발견한다. 무량공덕 생명이 발휘하는 크나큰 위신력과 공능(功能)을 발견한다. 부처님의 무량공덕 생명은 일체 시공의 변제와 한계를 여읜 영원 불멸의 광휘(光輝)임을 깨닫는다.[48]

그리고 또 그는 말한다.

스님은 유난히 생명을 강조하고 있다. 죽음이란 어디에도 없는 것이며 오로지 생명 그것만이 존재하는 것이라고 소리 높여 일깨우고 있다. 스님의 언어와 저술과 몸과 마음은 온통 생명의 감흥이 넘쳐

---

46) 광덕스님, 『생의 의문에서 그 해결까지』(불광출판부, 1997), p.65.
47) 『광덕스님의 생애와 불광운동』, p.130.
48) 위의 책, pp.132~133.

흐르고 생명의 빛이 솟아나고 있다. 광덕 사상은 생명사상이고 광덕 스님은 생명의 전도사라 해도 좋을 것이다. 그만큼 스님은 생명을 갈구했고, 그만큼 이 시대의 대중들은 진정한 생명의 빛을 갈망한 때문일까?

스님이 구가하는 저 무한 절대한 생명은 곧 한마음 생명이고 바라밀 생명이며, 불성 생명―부처님 공덕 생명이다. 여기서 주목되는 것은, 스님이 저 장엄 찬란한 생명의 원천을 부처님 무량공덕 생명에서 구하고 있다는 것이다. 모든 생명은 부처님의 생명으로부터 생명되어 나오는 것이라고 규정하고 있는 것이다.[49]

다시 무슨 할 말이 더 있겠는가. 한마디로 말해서 스님은 생명의 원천을 부처님의 무량공덕 생명에다 두고 있음을 알 수 있다. 곧 모든 생명은 장엄한 무량공덕 생명으로부터 나온다는 것이다.

(2) 내 생명 부처님 무량공덕 생명

앞에서 본 김재영 거사의 말처럼 광덕스님의 사상은 생명사상이라 해도 과언이 아니며, 스님은 참 생명의 전법사(傳法師)라고 할 수 있을 것이다.

스님은 다음과 같이 생명을 구가하고 있다.

생명
궁겁을 꿰뚫은 생명
우주를 덮고

---

49) 위의 책, p.134,

유무에 사무친 생명.
피고 무성하고 낙엽 지고
몇만 번을 반복하고
우주가 생성하고 머물고 허물어지고
다시 티끌조차 있고 없고
그는
유무에 생성에 변멸에 괴공(壞空)에 무관한
영원한 생명.
그는 활활자재 영겁 불멸성을
이 무상변멸(無常變滅)과
생성과 괴공과 유무로 보이니
이것이 무한 생명, 영원 생명, 절대의 생명.
그에게는 멸(滅)이란 없다.
무한을 자재로 생멸할 줄만을 안다.
그는 생명이기 때문이다.
생명에는 생명밖에 없는 것.
빛에는 어둠이 공존할 수 없는 것.
활(活)에는 활밖에 없는 것.
몇만 번 천지가 반복되고
생명이라는 명상(名相)이 있고 없고
생명은 푸른 하늘처럼
출렁이는 바다의 끝없는 물결처럼
영원히 영원히 거기 살아 있다.
이것이 한마음의 수명이며 양상(樣相).50)

---

50) 위의 책, pp.413~415.

그리고 스님은 『보현행원품 강의』에서 또 다음과 같이 강설하고 있다.

경전의 말씀에는 "일체 여래의 모든 공덕을 찬탄하여 영원토록 끊이지 아니하며 허공계가 다하고 중생계가 다하고 무궁토록 찬탄을 끊이지 아니한다" 했으니, 이것은 실로 우리의 생명과 더불어 찬탄은 영원하다는 말씀이다. 여기서 우리는 등한히 넘어가서는 안 된다. 우리의 생명이 '불성'이요, 우리의 본성이 바라밀일진대 우리의 본성 생명은 무궁토록 진동하며 무한자재로 자약(自若)하다. 이 영원자재 자약한 우리 본성 생명을 입을 통해 표현하는 것이 바로 찬탄이므로 우리의 생명이 영원하듯이, 우리의 본성이 영원하듯이, 우리의 찬탄이 영원할 수밖에 없는 것이다.[51]

무한자재하고 영원한 생명을, 그리고 그 생명의 환희를 「한마음 헌장」에서 찬탄하며 노래했던 스님은, 여기서도 일체 여래의 모든 공덕을 찬탄하는 것을 계기로 우리의 본성 생명이 무궁하고 무한자재하며 영원하다는 것을 밝히고 있다.

그런 스님이므로 '생명은 진리를 먹고 큰다,'[52] '청정광명 넘치는 생명'[53]이라 했으며, 또한 "부처님이 주시는 생명의 길, 부처님의 공덕의 길에 우리의 생명과 마음을 빈틈없이 연결하여야 합니다. 나무의 원줄기와 가지가 틈이 벌어지면 시들고 죽듯이 우리의 생명도 마찬가지입니다." "개인주의와 물질주의는 큰 생

---

51) 광덕 지음, 『보현행원품 강의』(불광출판부, 1989), pp.46~47.
52) 『만법과 짝하지 않는 자』, p.12.
53) 위의 책, p.169.

명선으로부터 자기를 끊어버립니다. 마음을 수행하는 데 있어서도 항상 부처님이 가르치시는 생명의 원리 그것을 자기 생명으로 받아 써야 하는 것입니다"[54] 했고, 또 "부처님의 큰 생명에 자기를 연결시킴으로써 자기 생명이 바로 부처님의 생명과 하나로 이어져 있다는 생각을 꾸준히 잊지 아니하는 것이 건강과 행복과 부를 가져오는 것"[55]이라고 강조했다.

그리고 또 "부처님 위신력이 바로 내 생명이다. 나의 모든 위신력은 부처님의 공덕 가운데서 나왔다"[56]고 했으며, "우리의 원래 생명의 참모습은 이와 같이 본래 스스로 해탈한 것입니다. 일체의 막힘이 없는 자재한 것이며 위신력이 구족한 것입니다"[57]라고 했다.

스님은 또 "생명의 본래 모습이 마니주 광명이 충만하고 법신 부처님의 대자비가 넘치는 것"[58]이라 했으며, 이어서 "우리는 해바라기처럼 우리 눈의 초점을 참 생명인 본래의 마니주, 부처님의 무한한 공덕성, 법신 부처님의 대자비 위신력에 맞추고 진리 생명대로 살려고 성실하고 노력해야 합니다"[59]라고, 참으로 절실하게 일깨워주고 있다. 그래서 스님은,

내 생명이 부처님의 무량공덕 생명이라는 이 가르침은 부처님의 깨달음에 대한 철저한 신앙이 아니고는 생각하기 어렵습니다. 모두가 죄와 장애와 업보와 고난, 이런 것이 첩첩으로 덮인 중생

---

54) 위의 책, p.87.
55) 위의 책, p.89.
56) 위의 책, p.91.
57) 『메아리 없는 골짜기』, p.160.
58) 위의 책, p.197.
59) 위의 책, p.198.

을 생각하고 있지, 그런 것이 아예 없는, 그런 것이 미칠 수 없는 근원적인, 생명자리의 청정을 말하는 사람은 많지가 않습니다.[60]

라고 하여, '내 생명이 부처님의 무량공덕 생명'이라는 사실을 다시금 환기시키고 있다. 그리고는,

> 우리는 참된 진리생명을 쓰는 사람답게 항상 행복하게 삽시다. 우리들 생명이 겉으로 보기엔 무능하고 죄가 있는 듯 보여도 우리 생명의 뿌리는 부처님의 공덕생명이고, 그 무량공덕을 항상 받아 쓰고 사는 것입니다.[61]

라고 하여, 지친 생활인들에게 참 삶의 희망과 격려를 주고 있다. 또 스님은,

> 우리는 무엇보다도 불자로서의 긍지와 사명감을 갖고 타오르는 용기로써 하루 하루를 살아가야 할 것입니다. 바로 내 생명에 진리의 크신 물줄기가 지금 넘치고 있다, 이것이 내 참 생명의 현실이다. 이렇게 확고히 알고 믿어야 하겠습니다.[62]

라고, 긍지와 사명감의 신념을 강하게 다짐하고 있다. 이 대목이야말로 '내 생명 부처님 무량공덕 생명'의 맺음말에 해당된다고 할 것이다.

---

60) 『만법과 짝하지 않는 자』, p.172.
61) 위의 책, p.173.
62) 위의 책, p.174.

(3) 바라밀 실상생명

『반야심경 강의』에서 스님은 다음과 같이 서술하고 있다.

> 바라밀다로 갖추어진 우리 생명의 고귀한 덕성은 이것이 구체적인 활동상이었다. 끊임없이 살아 움직이는 것, 이것이 바라밀인 우리의 실상생명이다. 끊임없이 진실 일자(一字)를 행동하여야 한다. 거기에는 오온의 어두운 그림자가 깃들 수 없는 것이다. 정진하지 않을 때 오온의 뜬구름은 자성의 태양을 가리게 마련이다. 항상 자신을 돌이켜 구석구석 바라밀 광명을 비춰야 한다. 일체 업장 죄업 등이 부지할 수 없게 되고 바라밀의 빛나는 생명이 빛날 뿐이다. 여기에 이르면 죄업이며 오온이 본래 없음을 알게 된다.63)

스님의 생명관(生命觀)은 여기에서 바라밀 실상생명사상의 단계에 이르게 된다. 그래서 스님은 설법의 제목을 '내 생명 반야바라밀'·'반야바라밀은 나의 참 생명 부처님 무량공덕 생명'이라 붙이기도 했다.64) 이 말씀이야말로 스님의 마하반야바라밀 체득의 마음 깊은 곳에서 울려나온 참 목소리요, 반야바라밀 주인〔般若主〕이 된 이의 바른 외침이라고 할 수 있다.

스님은 자신만이 아니고 모든 불자들이 다같이 바라밀의 주인이 되기를 바랐기 때문에, "나의 생명의 본 얼굴인 바라밀 세계를 보고 그것을 써야 합니다." "저 언덕이라고 하는 바라밀의 세

---

63) 앞의 『반야심경 강의』, pp.171~172.
64) 『만법과 짝하지 않는 자』, pp.73·85·88.

계, 참 깨달음의 세계, 참 생명의 세계"[65]라고 했으며, 또 "이 바라밀이라고 하는 세계, 저 언덕의 세계, 일체 성취의 세계, 이 세계는 바로 나의 참 생각의 세계입니다. 이것은 나의 참 생명이고 일체 만법의 근원입니다"[66]라고 자신있게 설파했다. 그리고 또 스님은,

> 반야는 없는 것을 없다고 가르쳐주고 참으로 있는 것을 내어 쓰도록 만드는 것이기 때문에, 반야는 무(無)다 공(空)이다 라고 주장하는 데 의의가 있는 것이 아니고, 참으로 있는 것을 알아서 진리생명 그대로 살고 행동해서, 진리의 생명으로 역사를 꾸며가게 하는 데에 그 뜻이 있습니다.[67]

라고 하여, 반야 진리생명의 진실한 의의(意義)를 간요하게 밝혔다. 그리고 나서 또 다음과 같이 설법하고 있다.

> 우리가 이 몸을 가지고 육체와 환경 가운데 살고 있되, 육체와 환경이라는 한계에 갇혀 있는 동물적인 인간이 아니라, 시간과 공간을 초월하고 무한 영원의 광명, 무한 영원한 생명을 사는 것, 이것이 마하반야바라밀입니다. ─ 시간적으로 무한하며 공간적으로 무한한 것, 이것이 무량수 무량광의 아미타불이며, 이것이 반야바라밀입니다.[68]

---

65) 『메아리 없는 골짜기』, pp.156 · 157.
66) 위의 책, p.160.
67) 위의 책, p.200.
68) 위의 책, p.297.

여기서는 시공(時空)을 초월한 무한 영원의 광명과 무한 영원의 생명을 사는 것을 마하반야바라밀이라 했고, 더 나아가서 무량수(無量壽) 무량광(無量光)의 아미타불(阿彌陀佛)이 반야바라밀이라고 했다. 스님은 또,

반야바라밀은 글자 그대로 대지혜의 완성, 완전 성취, 부처님의 진리기 때문에 내 생명에 직접 연결되어서 불가사의한 일이 나올 수밖에 없는 것입니다. 원래로 인간 생명은 불가사의입니다. 불가사의 무한공덕입니다.[69]

라고 했다. 끝으로 스님의 바라밀 생명 구현의 수행관(修行觀)이라고 할 만한 설법 부분을 여기에 옮겨 본다.

우리가 항상 공부하는 바라밀은 우리들이 이기주의가 되고, 개인주의가 되어서 큰 생명으로부터 동떨어지고 부처님의 공덕생명인 큰 나무로부터 떨어져 나가는 것을 막는 결정적인 약이 되는 것입니다. '우리는 물질적인 환경 속에서 외롭게 사는 조그마한 생명이다' 하는 잘못된 생각을 깨어버리고 바라밀을 염송해야 합니다. 이 바라밀 염송은 우리의 생명을 부처님의 큰 생명에 연결시켜 우리 생명 밑바닥에 바다와 같은 부처님의 큰 공덕생명이 넘치고 있고 부어져 있다는 것을 알고 쓰게 만듭니다. 이 바라밀 염송은 우리의 생명을 싱싱하게 만들고 우리 생명 가운데 피어나는 꽃과 과실을 무성하게 만드는 큰 힘입니다.
이 바라밀 염송은 천만 번을 하여도 부족합니다. 바라밀을 혹

69) 『만법과 짝하지 않는 자』, p.69.

시 모르시는 분이 계시면 『반야심경』을 공부해서 마하반야바라
밀의 뜻을 알고 '내가 바로 부처님의 원만구족한 위신력을 이어
받은 생명이다. 그래서 마하반야바라밀이 부처님 생명이고 내 생
명이다' 이렇게 생각하고 열심히 염불하시기 바랍니다. 이렇게
할 때 우리들 한 사람 한 사람은 어떠한 폭풍우에도 흔들리지 아
니하는 견고한 꽃이 되고 과실이 되어 큰 나무의 생명을 결실시
킬 것입니다.[70]

이 대목은 바라밀 공부를 통해 부처님의 무량공덕 큰 생명과
우리의 생명이 하나가 되는 방법에 관한 설명이라 할 수 있다.
이리하여 스님은 다시금,

바라밀 수행으로써 부처님의 무량공덕이 현실로 우리 생명에
넘치고 있다는 사실을 증명하는 사람이 됩시다. 우리는 밝게 살
고 기적을 이루어가는 불자가 되어서 우리 생명이 진리생명이고
부처님의 무한 위신력이 충만한 생명이란 사실을 증명합시다.[71]

라고 바라밀 곧 진리생명, 부처님 무량공덕 생명의 증명자가 될
것을 간곡하게 권하고 당부했다. 이 두 대목은 '바라밀 실상생명'
의 맺음말일 뿐만 아니라 이 '무한생명 사상' 전체의 결구(結句)
가 된다고 할 수 있다.

이상에서 대충 본 바와 같이 스님의 생명관(觀)인 '무한생명 사
상'은 세 단계로 구성되어 있다고 할 수 있다. 곧 앞의 소제목 그
대로 첫째 무량공덕 생명의 원천인 부처님, 둘째 내 생명 부처님

---

70) 위의 책, pp.88~89.
71) 위의 책, p.172.

의 무량공덕 생명, 셋째가 바라밀 실상생명이라고 할 수 있다. 그러한 세 단계를 통하여 광덕스님의 생명 철학, 곧 마하반야바라밀 무량공덕 생명사상이 잘 드러나 있다고 하겠다.

3. 행화(行化)의 실천

'불광운동'이란 일컬음 그 자체가 실천 불교의 표방이기도 하지만 광덕스님은 특히 행동불교[72]를 주창한 선각자다. 불광회의 실천이념이며 스님의 신행실천에 관하여 여기에서는 ① 보현행원 실천 ② 바라밀 대행(大行) ③ 불국토 성취 ④ 법등전법 실천의 네 갈래로 나누어 조명해 보려고 한다.

1) 보현행원 실천

『보현행원품 강의』 앞머리에서 스님은 다음과 같이 서술하고 있다.

출신 신분이야 어떻든 오늘의 행동이 문제다. 사람은 행동으로 자기를 실현하며 자기를 형성해 간다. 필경 행위로써 성인도 되고 범부도 되고 오늘의 성공도 미래의 역사도 열려 간다.
이점에서 보현행원은 과연 원왕(願王)이다. 부처님의 한량없는 공덕을 성취하는 결정적 행이기 때문이다. 보현행원을 통해서 제

---

72) 『보현행원품 강의』 머리말에 "행동주의 불교의 선봉인 보현행자의 정진을 찬양하는 마음"이라 했고, 강의의 첫머리의 소제목을 '행동불교 행원'이라 붙였다.

불여래가 출현하고 정불국토가 열려 간다. 보현행원을 통해서 부처님을 이루고 불국토를 이루거늘 그 밖의 것이야 말해 무엇하겠는가.

이처럼 보현행원은 일체를 이루는 불가사의의 방망이다. 가정의 평화를, 사회의 번영을, 국토의 안녕을, 역사의 광휘를 그리고 필경 성불하는 대도인 것이다. 어째서 그럴까. 보현행원은 그 본질이 법성신(法性身)의 윤리며 법성신의 전일적 자기실현 방식이기 때문이다.[73]

스님은 여기서 신행행위(행동)의 중요성과 보현행원의 진가를 단적으로 드러냈다. 그리고 강의 본문에 들어가면서 스님은,

열 가지 행원 하나 하나는 보살행을 완성시키는 최고 최상의 행일 뿐만 아니라, 바로 제불여래와 함께 쓰는 일진 법계(一眞法界)의 현발이며 자성의 묘용인 것이다. 그러므로 불법을 지식으로 알려 하거나 이론으로 알려 하는 사람은 또 모르거니와 불법을 행동으로 실천하여 불법의 무상공덕을 자신의 생활과 환경에서 실현하고자 하는 사람이라면, 불가불 보현행원을 배우지 않을 수 없는 것이다.

실로 인간은 구체적 실현을 통하여 체득이 있는 것이며 불법은 이론이나 관념에 있는 것이 아니고 현실적이며 구체적인 행에 있는 것이다. 참으로 살아 있는 참된 자신의 진실행을 전개함으로써 인간은 자성의 청정을 확인하는 것이며, 생활과 환경을 조화와 번영으로 전개하는 것이며, 나아가 인류 역사를 평화와 환희의 평원으로 펼쳐 가는 것이다.

---

73) 위의 책, 머리말.

만약 불법이 아무리 교학이 정연하고 그 세계가 찬란하기 비할 데 없고 그 사상이 원대하고 착실하더라도 그 진리를 현실에 굴리는 구체적인 창조행이 없다면 그것은 한낱 타방세계의 화려한 장엄에 그칠 것이다.[74]

라고 하여, 보현행원을 배워야 할 필요성과 그 의의를 밝혔다. 그리고 나서,

우리는 보현행원에서 오늘의 현실에 영원을 실현하며 낱낱 행에 완전무결한 진리를 창조하여 필경 정불국토로 나아가는 대법을 배워야 할 것이다. 보현행원품을 읽고 배우고 행하며 오늘의 인류세계를 평화와 번영의 영원한 보살국토로 바꾸기를 기약하여야 할 것이다.[75]

라고, 보현행원 공부의 당위성을 강조했다. 그리하여 스님은,

보현보살께서 말씀하신 십종행원은 부처님의 무량공덕을 우리의 현실 위에 발휘하는 최상의 지혜행입니다. 행원을 실천하는 데서 우리의 가정과 우리의 사회 위에 생명의 참가치가 구현되며, 우리 국토 위에 불국토의 공덕장엄이 구현됩니다. 보현행원은 부처님의 무량공덕 세계를 여는 열쇠입니다.
열 가지 문은 하나로 통해 있습니다. 한 가지를 행하여도 부처님의 온전한 공덕은 넘쳐 나옵니다. 행원의 실천은 우리가 자기 생명의 문을 여는 일입니다. 나의 생명 가득히 부어져 있는 부처

---

74) 위의 책, pp.14~15.
75) 위의 책, p.15.

님 공덕을 발휘하는 거룩한 기술입니다. 나의 생명을 부처님 태양 속에 바로 세우는 일이며, 내 생명에 깃든 커다란 위력을 퍼내는 생명의 숨결이며 박동(拍動)입니다.[76]

라고 하여, 보현보살의 열 가지 행원을 더할 수 없는 숭앙의 마음으로 극구 찬양하고 있다. 여기에서 말하고 있는 '십종행원(十種行願)'이나 '열 가지 문'은 말할 것도 없이 『화엄경』(40권본)에서 보현보살이 설한 열 가지 넓고도 큰 행원(十種廣大行願)이다.[77] 곧 첫째는 모든 부처님께 예배하고 공경하는 것(一者 禮敬諸佛), 둘째는 부처님을 찬탄하는 것(二者 稱讚如來), 셋째 널리 공양하는 것(三者 廣修供養), 넷째 업장을 참회하는 것(四者 懺悔業障), 다섯째 남이 짓는 공덕을 기뻐하는 것(五者 隨喜功德), 여섯째 설법해 주시기를 청하는 것(六者 請轉法輪), 일곱째 부처님께 이 세상에 오래 계시기를 청하는 것(七者 請佛住世), 여덟째 항상 부처님을 따라 배우는 것(八者 常隨佛學), 아홉째 항상 중생을 수순하는 것(九者 恒順衆生), 열째 지은 바 모든 공덕을 널리 회향하는 것(十者 普皆廻向)이다.[78] 이 10종 행원을 고려 초의 균여대사(923~973)가 당시의 우리말인 향가(鄉歌)로 읊은 '보현십종원왕가(普賢十種願王歌)'[79] 11수는 국문학 연구 자료로도 유명하다. 스님은 또,

---

76) 위의 책, 부록 〈보현행자의 서원〉 1. 서분(序分), pp.186~187 ; 『지송보현행원품』, pp.101~102.

77) 唐 般若 역, 『華嚴經』「入不思議解脫境界普賢行願品」 권40(大正藏 10, p.844中).

78) 열 가지 행원의 번역 명칭은 스님의 『보현행원품 강의』, p.20에 따른 것이다.

79) 均如의 '普賢十種願王歌'는 현재 『韓國佛教全書』 4책, pp.513~514 등 여러 곳에 수록되어 있다.

그렇기 때문에 행원에는 목적이 없습니다. 어떠한 공덕을 바라거나, 부처님의 은혜를 바라거나, 이웃이 알아주기를 바라거나, 내지 성불하기를 바라지 않습니다. 행원 자체가 목적입니다. 행원은 나의 생명의 체온이며 숨결인 까닭에 나는 나의 생명껏 행원으로 살고 기뻐하는 것뿐입니다.

라고 하여, 행원에는 목적이 없고 바람〔希願〕도 없으며 오직 행원 자체가 목적이라고 했다. 그리고 행원은 우리들 생명의 체온이며 숨결이므로 생명껏 행원으로 살며 기뻐할 따름이라고 했다. 이어서,

행원으로 나의 생명은 끝없는 힘을 발휘합니다. 출렁대는 바다의 영원과 무한성을 생명에 받으며 무가보(無價寶)가 흐르는 복덕의 대하(大河)가 생명에 부어집니다. 나의 참 생명의 파동이 행원인 까닭에 나의 생명이 끝이 없고 영원하듯이 나의 행원도 끝이 없고 영원합니다. 허공계가 다하고 중생계가 다하고, 중생의 업이 다하고, 중생의 번뇌가 다하더라도 나의 생명 행원은 다함이 없습니다.

라고 행원의 무궁 영원함을 찬탄했다. 다시 이어서,

보현행원은 나의 영원한 생명의 노래며, 나의 영원한 생명의 율동이며, 나의 영원한 생명의 환희며, 나의 영원한 생명의 위덕이며, 체온이며, 광휘며, 그 세계입니다.[80]

---

80) 『보현행원품 강의』, p.187 ; 『지송보현행원품』, p.102.

라고 하여, 모든 어휘를 다 동원하여도 부족할 만큼 환희와 감탄의 찬사를 아끼지 않고 있다. 스님은 또 '행원은 진실생명의 표현'이라는 소제목 아래 다음과 같이 말하고 있다.

행원이 바로 그러한 참 자기, 거짓되고 허망한 자기를 벗어나서, 그 자기의 내면을 그대로 내어 쓰는 것입니다. 내가 진리광명인 까닭에 진리광명을 토하는 것이고, 내가 끝없는 사랑인 까닭에 식을 수 없는 사랑의 체온, 사랑의 향기가 그냥 퍼져나가는 것이며, 내가 태양 같은 지혜인 까닭에 지혜를 태양같이 쏟고 살아가는 것입니다. 내가 영원한 생명 그것인 까닭에 그러한 밝음도 지혜도 사랑도 끝없이 주고 또 주고 세상이 다하고 허공이 다할지언정 나의 생명이 가지고 있는 끝없는 표현은 다할 날이 없는 것입니다.

「보현행자의 서원」은 보현행자들만의 서원이 아니고 우리들 자신의 생명의 목소리요, 외침일 것입니다. 우리 불교인의 특징이라면 긍정적인 것을 전면 내세우는 것이라 하겠습니다.[81]

그와 같이 스님은 진실생명의 표현이 행원(行願)이며, 그 행원은 우리들 자신 생명의 목소리요, 외침이며 무한 긍정의 세계임을 밝히고 있다. 그래서 김재영 거사는 다음과 같이 스님을 찬양하고 있다.

우리는 모두 보현행자
그대는 보현행자

---

81) 『만법과 짝하지 않는 자』, pp.128~129.

나는 보현행자

보현행원으로 보리 이루리.

보현행원을 이렇게 우리들 자신, 모든 사람들 자신으로부터 출발한 것은 스님의 탁견이라고 생각한다. 이것이야말로 반야지견의 산물로 보인다. 스님은 '보현행원'을 난해한 한문 경전에서 살려냈을 뿐만 아니라, 고고한 불보살의 무진행으로부터 우리 범부들의 일상의 삶으로, 삶의 빛으로 다시 한번 살려냈다. 따라서 우리들의 보현행원은, 우리들 「보현행자의 서원」은 거룩한 부처님으로 향하는 것과 동시에, 보다 더 깊이 우리들의 일상적인 삶의 현장으로, 평범한 우리 이웃들로 향하고 있다. 「보현행자의 서원」은 거룩한 부처님께 바치는 찬탄인 동시에, 가까이 우리 가족, 우리 형제, 우리 동포들에 주는 따뜻한 '사랑과 찬탄의 노래'라고 할 것이다. 그런 의미에서 「보현행자의 서원」은 「한마음 헌장」에 이어 또 하나의 '불광보전(佛光寶典)'이라고 할 수 있을 것이다.

평범한 우리 형제들에게 주는 따뜻한 '사랑의 찬가'.

보현행원 십대원은 사랑과 찬탄의 노래로 일관하고 있다. 「보현행자의 서원」 열 마디는 이 따뜻한 사랑과 찬탄의 노래로 가득 넘치고 있다.[82]

이 글은 스님의 보현행원 현실화, 곧 생활화와 보현행원의 세계 그 실상을 바르게 밝혀 찬탄한 「보현행자의 서원」에 관해 그 진가를 간요하게 드러낸 찬사라고 할 수 있겠다.

스님은 「보현행자의 서원」의 서분(序分)에서 다음과 같이 서원

---

82) 『광덕스님의 생애와 불광운동』, pp.193~194.

하고 있다.

나는 이제 불보살님 전에 나의 생명 다 바쳐서 서원합니다. 보현행원을 실천하겠습니다. 보현행원으로 보리를 이루겠습니다. 보현행원으로 불국토를 성취하겠습니다. 대자대비 세존이시여, 저희들의 이 서원을 증명하소서.[83]

물론 여기서의 나는 스님 혼자만의 나가 아니고 우리 모두의 나며 곧 보현행자 모두를 일컫는 나다. 그리고 이 서원에 나오는 '보현행원으로 불국토를 성취하겠습니다'는 다음 다음 장의 불국토 성취에서 다루려고 한다. 또 스님은 이 「보현행자의 서원」의 마지막인 '회향분(廻向分)'에서 다음과 같이 회향하여 '열 가지 행원'의 끝을 맺고 있다.

저 모든 중생들이 무시겁래 지어 쌓은 악업으로 인하여 한량없는 고초를 받게 되었거든 제가 다 대신 받겠사옵니다. 바라옵나니 저 모든 중생이 모두 해탈하여 무상보리를 성취하여지이다. 제가 지은 공덕은 일체 중생의 공덕이 되어 저들의 미혹한 마음이 활짝 밝아지오며, 불보살이 이루신 바 모든 공덕을 수용하고 불국토의 청정광명을 영겁토록 누려지이다. 옛 불보살이 이러하셨으며, 오늘의 불보살이 이러하시오매, 저희들의 회향도 또한 이러하옵니다.[84]

이 회향에 의하여 보현보살의 행원은 모든 중생들을 성취케

---

83) 『보현행원품 강의』 부록, p.187.
84) 위의 책, p.204.

한다고 하겠다. 일체 중생이 성취된 세계가 곧 청정광명의 불국
토일 것이다.
  스님의 「보현행원송」－보현행원으로 보리 이루리－의 마무리
부분을 여기에 옮겨서 이 장(보현행원 실천)의 끝맺음으로 삼고자
한다. 이 부분은 지금까지 보아온 스님의 설법 내용을 요약하여
재정리한 노래라 할 수 있다.

        보현행원은 나의 진실생명의 문을 엶이어라.
        무량위덕 발휘하는 생명의 숨결이어라.
        보현행원은 나의 영원한 생명의 노래.
        보현행원은 나의 영원한 생명의 율동.
        보현행원은 나의 영원한 생명의 환희.
        보현행원은 나의 영원한 생명의 위덕
        보현행원은 체온이며 광휘며 그 세계이어라.

        내 이제 목숨 바쳐 서원하오니
        삼보자존이시여 증명하소서.
        보현행원을 수행하오니
        보현행원으로 불국 이루리.
        보현행원으로 보리 이루리.
        나무 대행 보현보살 마하살
        나무 마하반야바라밀.[85]

---

85) 앞의 책, p.214 ;『지송보현행원품』, pp.101～102.

2) 반야바라밀 대행(大行)

앞에서 본『보현행원품 강의』'머리말'의 끝부분에 스님은 다음과 같이 적고 있다.

비록 지혜가 태양처럼 빛나고 서원이 수미산같이 지중하고, 자비심이 바다같이 넉넉하다 하더라도 하나의 바라밀행이 없다면 무슨 소용이겠는가. 결단적 각행이 필경의 대도를 굴리는 것이다.86)

여기에 '바라밀행(波羅蜜行)'이 나오고 '각행(覺行)'이 보인다. 즉 보현행원을 아무리 잘 이해하고 있다 하더라도 거기에 바라밀행(大道를 굴리는 각행)이 없다면 아무 소용이 없다는 뜻을 분명하게 하고 있다. 이와는 대조적이면서도 같은 맥락의 설법을 다음에서 보게 된다.

반야는 진리 그 자체를 긍정하고 전면 드러내어서 큰 행동을 전개하도록 하는 것입니다. 그래서 반야대행(般若大行)은 보현행을 말하는 것입니다. 서로 존경하고, 찬탄하고, 감사하고, 기뻐하고, 공양하는 것이 바로 반야행입니다.87)

앞쪽의 글은 보현행원 속에서 반야행을 드러내고 있으며, 여

---

86) 앞의 주 72)・73)과 같음.
87)『메아리 없는 골짜기』, p.200.

기에서는 반야바라밀의 설법 중에서 보현행(普賢行)을 이야기하
고 있다. 그리고 이 설법에서는 곧바로 '반야대행은 보현행을 말
하는 것'이라고 밝혔으며, 앞의 보현행원에서 본바 있는 '서로
존경하고, 찬탄하고, 감사하고, 기뻐하고, 공양하는 것(보현행원의
실천덕목)'을 들고는 '이것이 반야행'이라고 부연했다. 그러므로
보현행원의 실천인 보현행(普賢行)과 반야행(般若行)은 그 일컬음
만 다를 뿐 스님에게는 똑같은 큰 행동〔大行〕임을 알 수 있다.
　그러한 대행, 곧 반야행에 관한 스님의 어록(語錄, 설법과 저술
의 총칭) 중에서 중요한 대목들을 여기에 뽑아 옮겨서 간요하게
정리해 볼 생각이다.

　참된 대행의 전개라는 참뜻을 몰라보고 관념적인 삼매거나 관
념적인 공이거나 관념적인 무(無)에 빠져 들어가서 이것이 반야
거니 하고 알고 있는 것은 큰 잘못입니다. 허망한 것은 문제삼지
않고 오직 진실을 전개하는 이 반야행은 바로 우리가 살고 있는
이 역사적 현실 위에서 행하는 것입니다. 그렇기 때문에 반야는
역사적 현실 위에서 창조적인 행동을 전개하는 것입니다.
　반야는 공이나 무를 말하지 않습니다. 바로 긍정적이고 적극적
이고 창조적 결단을 말하는 것입니다. 역사의 현실 위에 창조적
진실을 전개하는 것이 반야라 할 것입니다.
　만약에 역사의 현실에 구체적으로 진리를 펴낼 수 있는 처방
을 내지 못하는 진리라면 그것은 진리가 아닙니다. 반야는 오늘
의 역사를 진리로 바꿀 수 있고, 오늘의 인간을 진리로 바꿀 수
있고, 오늘의 국토를 진리로 바꿀 수 있는 구체적인 진리입니다.
이 땅의 영광을 외면하지 않는 진리의 활용, 이것이 바로 반야의
행입니다. 그러니까 이 현실 위에서 공을 관하거나 삼매 속에서

무를 얻으려고 하는 것은 반야의 길이 아닙니다.[88]

다시 부연할 필요가 없을 만큼 쉽고도 간절하게 피부에 와 닿도록 반야행의 참모습을 보이고 있다. 곧 반야는 역사의 현실 위에서 긍정적이고 적극적이며 창조적인 진실을 전개하는 것이며, 오늘의 역사를 진리로 바꾸고, 오늘의 인간을 진리로 바꾸며, 오늘의 국토를 진리로 바꿀 수 있는 구체적인 진리라고 역설했다. 그래서 '이 땅의 영광을 외면하지 않는 진리의 활용이 바로 반야의 행'이라고 강조한 것이다.

그리하여 스님은 '환경을 변화시키는 바라밀 행'이라는 소제목 아래 다음과 같이 바라밀행에 대하여 친절한 설명을 보이고 있다.

바라밀행은 어떠한 것인가? 등불은 밝은 것이어서 스스로 밝고, 가는 곳마다 있는 곳마다 차별 없이 모든 것을 밝히는 것처럼, 우리 자신이 밝은 바라밀 광명인 까닭에 처처에서 자신이 밝고 또 남도 밝히는 것입니다. 이것을 바라밀행이라고 합니다.

바라밀행은 자신의 것이고 자신이 행하는 것입니다. 그런 까닭에 이유와 조건이 없습니다. 무조건 해야 하는 것입니다. 무조건 밝고 무조건 자비하고 무조건 따뜻하고 무조건 너그럽고 무조건 일체와 더불어 화합하고 무조건 위해주는 것입니다. 누가 알아주길 바래서 하는 것도 아니고 누가 하라고 명령해서 하는 것도 아닙니다. 누가 몰라주어도 좋습니다. 이유가 있어서 하는 것이 아니기 때문입니다. 우리가 본래로 그러한 것이기 때문에 저절로

____
88) 앞의 책, pp.201~202.

그렇게 되는 것입니다. 그래도 우리는 자주 행하고 노력해야 합니다.[89]

바라밀행이 어떤 것인가를 그와 같이 밝힌 스님은 다시 반야바라밀의 비춤 또는 비추어 봄[照見]의 신(信)·행(行)에 대하여,

우리 불자들이 완전무결 완전성취인 마하반야바라밀을 끊임없이 비춤으로써 어둡고 고난의 범부세계를 깨어버리고 진리 광명 세계를 현출시키는 것입니다.

이런 점에서 볼 때 불자의 믿음은 행(行)입니다. 행을 떠나선 믿음은 없는 것이며 행동만이 믿음입니다. 행동만이 기쁨이고 용기고 자비고 지혜고 창조입니다. 우리는 우리 생명 속에서 끊임없이 반야바라밀을 비추어 보아야 합니다. 태양이 천번 만번 저물어도 저물지 않는 이 바라밀의 진리의 태양, 법성진여의 태양, 불성 대광명을 비추어 보아야 합니다. 이 길을 오늘 우리 불자가 닦고 있습니다. 과거 미래 현재의 삼세 제불이 그 길을 닦았습니다.[90]

라고 했는데, 이는 바라밀 행의 닦음, 곧 그 수행론이라 할 수 있다. 스님의 반야바라밀 수행법과 수행관을 알게 하는 또 하나의 설법 대목을 옮겨 본다.

내 마음, 여기에 부처님의 무한공덕과 위신력이 있습니다. 이렇게 믿고 반야바라밀을 염(念)하여 이 사실을 끊임없이 현출하

---

89) 『만법과 짝하지 않는 자』, pp.152~153.
90) 『메아리 없는 골짜기』, p.249.

는 수행, 이것이 바라밀 수행입니다. 부처님의 무한공덕, 마하반
야바라밀, 그것이 내 생명 현 존재임을 굳게 믿고 반야바라밀을
끊임없이 염하며 확인하는 이것이 바라밀 염송입니다. 이렇게 하
는 사람은 그 사람의 생각이 부처님의 무한 위덕으로 차 있기 때
문에 그 사람의 운명이 밝게 열리는 것입니다. 생명이 성장하고
사업이 번창합니다. 가족과 이웃 사이에 화합이 이루어지는 것입
니다. 진리 본연상이 나타나는 것입니다. 생각한 것만큼 성공합
니다.

　부처님의 본 체성이 반야바라밀이라고 그랬습니다. 반야바라
밀이 곧 세존이고 세존이 곧 반야바라밀이라고 그랬습니다. 그렇
기 때문에 반야바라밀은 부처님 법 생명입니다. 법이 부처님이고
반야바라밀입니다.

　그래서 반야바라밀을 염한다고 하는 것은 부처님의 법 생명을
염하는 것이고 부처님의 진리 그 자체를 내 생명 위에 실현하는
것입니다. 반야바라밀을 염송해서 큰 지혜를 완성합니다.[91]

스님은 또,

　마하반야바라밀을 염하여 내 가슴속에 밝음을 충만시켜야 할
것입니다. 이렇게 어두움을 몰아내는 사람이 행복한 사람입니다.
그 사람은 항상 용기가 충만하고 진리가 살아서 뜁니다. 내 생명
이 진리공덕이기 때문에 활기가 넘치고, 창조의 위덕이 넘치고,
기쁨이 넘치고, 밝음이 넘치는 것입니다. 진리를 원만히 실현하
는 것입니다. 이것이 어두움을 몰아내고 사회와 역사를 밝히는
불자의 지혜로운 생활입니다.[92]

---

91) 『만법과 짝하지 않는 자』, pp.197~198.

라고 하여 바라밀행으로 인해 결과되는 행복과 생명의 활기와 창조의 위덕과 기쁨과 밝음이 넘치는 원만한 진리 실현의 지혜로운 생활을 간결하게 밝혔다. 이 대목은 반야바라밀 대행 곧 그 수행 실천론의 맺음말이 된다고 할 수 있다.

3) 불국정토 성취

앞에서 본 「보현행자의 서원」의 마지막 서원에서,

> 나는 이제 불보살님 전에 나의 생명 다 바쳐서 서원합니다.
> 보현행원을 실천하겠습니다.
> 보현행원으로 보리를 이루겠습니다.
> 보현행원으로 불국토를 성취하겠습니다.

라고 한 세 가지 서원 중에서 맨 끝 서원이 '불국토 성취'다. 여기서는 불국토 성취가 보현행원 실천의 마무리로 보인다. 그만큼 불국토 성취는 스님, 곧 불광회에 있어서 차지하는 비중이 크다고 하겠다.

스님의 어록 중에서 관련되는 말씀들을 뽑아 대강을 살펴보고자 한다.

> 반야바라밀이 삼세의 제불을 낳았고 또한 시방국토의 장엄한 불국을 성취하는 것입니다. 필경 반야바라밀이 모든 개개인으로 하여금 완성을 이루게 하고 국토를 완성시키게 합니다. 인간의

---

92) 『메아리 없는 골짜기』, p.241.

성숙과 국토의 성취뿐만 아니라 불법의 지상목표며 최고의 이상을 반야바라밀이 성취시킵니다.

사람 사람마다 제각기 처해 있는 상황은 같지 않습니다. 그러나 모든 경우마다 어김없이 구속과 장벽을 허물어뜨리고 막힘을 소통시켜서 각인의 모든 소망을 성취로 인도하는 것이 반야바라밀입니다. 이런 점에서 반야바라밀은 우리 개개인의 소망을 이 현실에서 성취시키는 것입니다. 동시에 이 반야바라밀은 이 국토를 무상의 불국토로 바꿉니다. 반야바라밀이 불국토를 만들고 내 개인의 평화와 안락은 물론 내가 살고 있는 이 땅, 이 환경, 이 사회, 이 국가와 이 세계를 진리 본연의 질서와 평화와 번영으로 바꿉니다. 나를 포함한 모든 삼라만상이 이 반야바라밀에서 비롯되었기 때문입니다.93)

이 설법에서 스님은 반야바라밀이 불국토를 완성시키게 한다고 했다. 우리들 개개인의 소망을 현실에서 성취시키고 동시에 이 국토를 무상의 불국토로 바꾸는 반야바라밀은, 이 땅, 이 환경과 이 국가, 사회 내지는 세계를 진리 본연의 질서와 번영으로 바꾼다고 했다. 다분히 바라밀 공용론(功用論)적인 면이 없지 않으나 여기에서는 국토와 세계의 성취 쪽에 초점을 맞추어 보았다.

이러한 문제에 관하여 스님은 또 다음과 같이 설법하고 있다.

그래서 '모든 인간은 신성하고 존엄한 가치를 가지고 있고, 이 국토는 진리가 가득하고 무한한 창조와 번영의 기틀이 되어 있는

---

93) 『만법과 짝하지 않는 자』, pp.140~141.

곳이다. 그래서 인간 개개인은 진리성을 발휘하고 이 국토 위에 불국토를 이룩하는 것이다'고 봅니다. 이 국토 위의 사람은 모두가 진리의 행동자로서 살아가고 있다고 보는 것입니다. 이것이 불교의 바른 입장입니다. 개아(個我)의 완성과 불국토의 실현은 반야로 보는 데서 출발하는 것입니다.…

이 국토도 마찬가지입니다. 이 땅은 불행이 있고 자원이 한정되어 곧 고갈되어 없어질 국토가 아니고 영원한 번영과 발전이 약속되어 있는 국토입니다. 우리는 그런 믿음을 가지고 이 국토 위에서 우리들 자신이 가지고 있는 무한한 진리의 능력을 발휘하는 것입니다. 겉으로 보이는 국토자원을 한정된 것으로 보고 이 국토의 한계성을 보는 것은 인간 자신에게 매장되어 있는 무한의 자원을 계산에 넣지 않고 한 생각입니다.[94]

개인의 완성과 국토의 완성을 성취시키는 것이 마하반야바라밀인데 이 바라밀이 어떻게 존재하는 것인가? 마하반야바라밀은 바로 우리 자신입니다.

마하반야바라밀은 바로 부처님이시며, 근원적인 진리 자체고, 우리들의 참 생명이며, 부처님의 참 생명이며, 진리의 근본 뿌리입니다. 마하반야바라밀에서 나의 생명과, 부처님과, 진리가 하나로 통합니다.[95]

이 부분은 앞에서 본 '바라밀 본체론'에 해당되는 말이라고 할 수 있으나 불국토 성취의 근원으로서의 바라밀로 보이고 있으므로 여기에 옮겨본 것이다.

---

94) 『메아리 없는 골짜기』, pp.202~203.
95) 『만법과 짝하지 않는 자』, p.142.

우리들 불법을 믿는 사람들은 두 가지 기본적인 것을 목표로 생각해야 합니다. 하나는 자아 성숙입니다. 인간 성숙이고 중생 성숙이고 인간의 완성이고 참된 자아를 실현하는 성불입니다.

또 하나는 국토의 실현입니다. 마음의 완전한 청정 그것을 국토에 그대로 실현해서 불국토를 성취하는 것입니다. 나의 완전한 성숙이 이 국토 이 나라를 부강하게 하고 평화롭게 하고 영원한 번영을 가져올 수 있게 하는 것입니다. 나 개인의 완전한 성숙과 그 성숙의 실현 그리고 국토의 완전한 성취가 불법입니다.[96]

스님은 자아성숙, 곧 개인완성(成佛)과 국토실현, 곧 국토성취(成佛國土)의 두 가지 기본 목표가 불자에게 있다고 했으며 그러한 두 가지의 완전 성취가 불법이라고 했다. 그리하여 다음과 같이 설법했다.

마하반야바라밀에서 부처님이 나오고 불국토가 나온다고 말씀하셨는데 이 이상 더 할 말이 없는 것입니다.

우리는 오늘 새로운 다짐을 합시다. "우리는 바로 이 나라를 지키고 이 국토를 불국토로 성취시킬 사람이다. 무수한 겁 동안 지은 과거를 다 끊어버리고 지금 불자로서 여래 광명을 행사하는 사람이 되었다. 내가 바로 이 땅을 정화시키고 불국토를 성취할 불국토의 역군이다." 이렇게 자각하고 다짐합시다.

우리에게는 한량없는 부처님의 위신력이 부어져 있고 부처님의 공덕과 은혜가 주어져 있습니다. 이것을 믿고 매일 부처님께 감사해야 합니다. 어떤 상황에서도 흔들리지 않고 감사하는 것입니다. 즐거운 일에도 감사하고 고난스러운 일에도 감사하면 고난

------

96) 『메아리 없는 골짜기』, pp.290~291.

도 차차 풀려가는 것입니다. 모든 장애물이 다 그런 것입니다.

우리는 이 바라밀 수행이 개인으로부터 세계를 한꺼번에 밝혀가는 그러한 큰 광명의 진리인 것을 믿어야 합니다. 우리 믿음의 성과가 개인에 그치지 않고 사회와 국가에 미치는 것을 알아서 이 국토를 불국토로 성취하고 내 생애를 참된 불자로서 장엄한다는 사실을 알아야 하겠습니다. 그래서 불자는 국가를 지키는 애국자인 것입니다. 불자야말로 불법의 상속자로서 이 땅을 번영시키고 지켜나가는 애국자입니다.[97]

이 대목에서 스님은 우리 모두가 이 국토를 불국토로 성취시킬 역군임을 자각하고 다짐할 것을 외쳤으며, 불자야말로 불법의 상속자로서 이 땅을 번영시키고 지켜나가는 애국자라고 강조했다. 그리고 스님은 국토에 관해서 다음과 같이 설하고 있다.

국토 하면 환경과 여건을 말합니다. 이 몸이 국토요, 우리 가정이 국토요, 우리 사회가 국토요, 우리 직장이 국토요, 우리 나라가 국토요, 우리 세계가 국토요, 중생의 모든 삶의 마당이 국토입니다. 국토는 나라와 나라와의 경계로 그어진 지역만이 국토가 아니라 우리의 마음의 대상이 되고 있는, 마음의 움직임의 결과로 이루어지고 있는 모든 환경, 모든 여건, 그 모두가 국토입니다. 그런데 이 국토 가운데서도 부처님의 국토와 같은 그러한 국토를 이루는 데는 근원적인 원인이 여러 가지가 있습니다만 필경에는 그 마음을 청정히 해서 그 마음 청정함에 따라서 그 국토가 청정해지는 것입니다.[98]

---

97) 『만법과 짝하지 않는 자』, p.156.
98) 『메아리 없는 골짜기』, p.15.

이 대목이야말로 스님의 국토요론(國土要論)이라 할 수 있다. 그러한 국토 가운데서 부처님의 국토, 곧 불국토를 이루는 가장 근원적인 원인을 마음의 청정이라 하고 있다. 그래서 스님은 그 설법의 제목을 '마음이 청정해야 국토가 청정하다'[99]고 했으며, 그 설법의 맨 끝에 "내 생명 부처님 무량공덕 생명 일심(용맹) 정진하여 바라밀 국토를 성취한다"[100]라고 맺었다. 여기에서 다시 청정 불국토가 바라밀 국토임을 드러내고 있다.

스님이 「한마음 헌장」에서 읊은 다음의 한마디를 옮겨서 이 장(章)의 맺음말로 삼을까 한다.

> 과거 현재 미래 모든 부처님이
> 그 마음 청정하심 따라
> 불국토 이루신다.[101]

4) 법등(法燈) 운동 전법(傳法) 실천

스님은 『반야심경 강의』를 마치는 '맺는 말' 바로 앞 장('심경의 三要' 끝)에서 다음과 같이 서술하고 있다.

끝으로 반야 법등을 전하는 것이다. 바라밀은 이것이 끝없는 밝음이며, 생명이며, 충만이며, 성취며, 완성이다. 여기에는 피아가 없다. 일체를 일시에 성취시킨다. 이것이 바라밀 법등이다. 만

---

99) 앞의 책, p.12.
100) 위의 책, p.25.
101) 『광덕스님의 생애와 불광운동』(재판) 부록, p.402.

약 다른 사람을 밝게 해주지 못한다면 그것은 이미 등이 아니다. 다른 사람을 밝히지 못한다는 것은 자신도 어두운 것이기 때문이다. 그러므로 바라밀 행자는 항상 바라밀 법등을 이웃에게 전해주는 것으로 자신 생명의 충만도를 더해가야 한다. 여기에서 전법이 없는 믿음은 믿음이 아니며 전법이 최상의 공덕이며 전법이 최상의 보은이며 전법이 정토성취의 지름길이라고 말하는 까닭이 있는 것이다.[102]

여기에서 바라밀 법등이 어떤 것이며, 왜 법등을 전해야 하는가를 잘 밝히고 있다. 특히 스님은 '전법(법등을 전하는 일)이 없는 믿음은 믿음이 아니며, 전법은 최상의 공덕이요 최상의 보은이며 정토성취의 지름길'이라고 강조했다. 스님이 얼마나 전법에 역점을 두었는가는 다음의 설법을 통하여 그 사실을 확인할 수 있다.

효성 가운데 가장 큰 효성은 부모님의 뜻하시는 바를 행하고 부모님이 다하시지 못한 뜻을 이루시게 하여 드리는 것처럼, 불자가 부처님께 하는 효성도 그러해야 합니다. 스스로 청정을 깨닫고 청정을 실천하며 모든 사람으로 하여금 진리의 길을 가도록 전법하는 것이 부처님의 본원입니다.

불사를 하고 부처님께 효성해서 진리를 실천하고자 하는 뜻을 세웠거든 불광의 '전법오서'를 자세히 새겨보고 실천하는 것도 좋을 것입니다. 우리 불광의 전법오서는 이런 것입니다.

---

102) 『반야심경 강의』, p.172.

· 전법으로 바른 믿음을 삼겠습니다.
· 전법으로 정정진을 삼겠습니다.
· 전법으로 무상공덕을 삼겠습니다.
· 전법으로 최상의 보은을 삼겠습니다.
· 전법으로 정토를 성취하겠습니다.

소득이 있고 대가가 있고 보상이 있고 하는 주고받는 상대적인 일을 하는 것은 효심이 있는 보살의 행은 아닙니다. 우리는 부처님의 본원을 실천하는 일, 즉 전법을 해야 합니다. 믿음도 전법으로 행해야 올바른 믿음이고, 정진도 전법하는 것이 올바른 정진이고, 부처님의 은혜에 보답하는 일도 전법하는 것이 최상의 보은이요, 불국토를 성취한다는 것도 전법 빼놓고 불국토가 될 수 없고 그래서 전법이 최상의 공덕이 되는 것입니다.

최상의 공덕을 찾는다면 우리들 생활 전부가 전법일 수밖에 없습니다. 나라와 사회와 역사는 부처님의 법이라고 하는 진리를 통해서만 바로 될 수 있는 것이며, 이것은 전법 없이는 이룰 수 없는 것입니다. 전법은 불사입니다. 불사는 깨닫는 사업 즉 각사업(覺事業)입니다. 각사업은 모든 사람을 깨닫게 해서 세상에 진리가 용솟음치게 하는 것입니다. 인류가 그릇된 사상에 젖어 있고, 사회가 그릇된 사상에 오염되어 있고, 역사가 그릇된 사상으로 오염되어 있을 때, 바른 진리를 펴고 국가와 역사와 시대와 사회와 개인을 청정하게 만드는 것이 불사이고 각사업입니다.

불교가 사회를 밝게 만들고 역사를 밝히고, 국가를 바로 세우고 인류세계 내지 법계를 밝게 한다고 하는 것은 이 깨닫는 각사업으로 하는 것입니다. 이런 뜻에서 부처님께 효순하는 일, 나 자신의 진실에 충실하게 하는 일은 법을 전하는 일밖에 더 없습니다.

우리 불자들은 전법을 실천해야 합니다. 전법은 견성한 사람이 하거나 도통한 사람이 하거나 스님들이나 하는 것이지, 우리는 할 수 없다 하는 것은 잘못된 생각입니다. 바른 믿음은 법을 전하는 일 한 가지뿐입니다.

우리는 가장 순수하고 가장 순진한 자기 생명의 진실에 효순하고 부처님이 원하시는 바 전법을 하여야 하겠습니다. 이 믿음이 서지 않는 불자는 옳은 불자라고 할 수 없습니다. 전법의 실천이 없는 믿음은 관념적인 믿음입니다. 이기적인 믿음입니다. 부처님의 법을 자기의 이기적인 목표 달성에 이용하는 것에 불과합니다.

그러나 이렇게 실컷 이용해도 좋습니다. 땅에 쓰러진 자를 일으켜서 이 대지의 주인이 되게 하는 것이 부처님의 뜻인데 그걸 저버리고 이기적인 일에만 충실해서야 되겠습니까.

전법이 따르지 않는 믿음은 공허하다는 것을 아셔서, 나는 오늘 전법을 하고 있는가? 나의 생활이 전법에 충실한 생활인가? 자신에게 물어보시기 바랍니다. 소득이 있고 없고 문제가 아닙니다.

전법은 최상의 공덕이고 최상의 보은이고, 이 땅·내 국토·내 마음·이 세계를 불국토로 만드는 최상의 길입니다. 내가 행하는 전법행이 조그마하고 보잘것없는 것같이 보이더라도 이것은 바로 무한 진리에 직결하는 큰 힘을 발동하는 것입니다. 우리는 이렇게 믿고 전법에 혼신의 힘을 기울여야 하겠습니다.[103]

'전법오서(傳法五誓) 실천이 부처님께 효순하는 것'이라는 소제목의 설법 전문을 옮긴 것이다. 전법의 의의와 전법의 필요성과

---

103) 『메아리 없는 골짜기』, pp.269~271.

당위성 그리고 전법의 방법과 생활화 및 그 공덕들을 너무도 자세하고 논리 정연하게 설했기 때문에 여기에 한마디도 더 설명을 보탤 여지가 없다고 본다.

또한 이 설법을 통해서 '불광운동'에 있어서 전법이 갖는 비중이 얼마나 큰 것인지도 알 수 있을 것 같다. 스님이 그토록 중요시했고 불광운동의 구체적 실상이라고도 할 수 있는 전법(법등) 활동에 있어서 그 핵심이 되는 법의 등불[法燈]과 법을 전하는 일[傳法]이 어떤 것인가 하는 개념 및 의의(意義) 파악은 위의 글과 설법을 통해서 충분하리라고 보지만, 그 이해에 도움이 될 만한 스님의 간략한 글 한토막을 옮겨 본다.

부처님은 세간에 오시매 이런 등불로 오셨다. 그래서 부처님은 세간 밝히는 등불이시며, 불법은 세간 등불이고, 불법을 믿는 것이 등불을 받아들이는 것이며, 법을 전하는 것이 세간을 밝히는 것이다. 불자의 생활도 활동도, 그 모두가 세간을 밝게 하는 것으로 그친다 할 것이다.[104]

여기에서 우리가 주의해야 할 점은 마지막 마디의 "그친다 할 것이다"라는 끝말 부분이라 하겠다.

지금까지 보아왔던 스님의 적극적이고도 긍정적인 불교관과 반야의 주인[般若主]으로서의 신행 자세와 실천 이념을 전혀 모르는 입장에서 이 대목을 본다면, '그것만으로 그치고 만다'는 소극적인, 곧 문자 내적(文字內的)인 해석을 하기가 쉽기 때문이다.

----

104) 광덕스님, 『빛의 목소리』(불광출판부, 1994), p.391.

여기서 "불자의 생활도 활동도 그 모두가 세간을 밝게 하는 것으로 그친다 할 것이다"의 '그친다'는 말은 '… 그 모두가 세간을 밝게 하는 것으로 그밖에 더 아무것도 있을 수 없다.' 또는 '…것으로 구경(究竟)되게 한다 할 것이다'라는 뜻으로 보아야 할 것이다. 왜냐하면 스님은 우리가 상상하기 힘들 만큼 법등 전하는 일〔傳法〕에 큰 무게를 두고 있기 때문이다.

불광운동의 실천적 결정(結晶)이라 할 수 있는 법등운동의 실제내용은 다음과 같이 전개된다고 할 수 있다.

① 바라밀 염송
② 법등 일송
③ 법등 십과
④ 법등 오서
⑤ 보현행자의 서원

곧 바라밀 염송으로 시작하여 「보현행자의 서원」으로 회향된다는 것이다.105) 여기서 '법등오서(法燈五誓)'는 바로 전법오서(傳法五誓)를 일컫는다. '법등오서'와 더불어 전법 실천의 중요한 일상 수행 덕목인 '법등십과(法燈十課)'는 다음과 같다.

① 조석으로 법등 일과를 지키고 부처님께 감사하며, 기쁜 마음으로 하루를 시작합니다.
② 하루 세 번 이상 합장하고, "나는 불보살님과 함께 있다. 나는 건강하고 반드시 행운이 온다"라고 선언합니다.

____

105) 『광덕스님의 생애와 불광운동』(재판), p.391.

③ 매일 선조와 부모님과 이웃에게 감사합니다.

④ 사람을 만날 때, 먼저 밝은 미소[和顔]와 친절한 말로 대하고, 무엇으로든지 도와드릴 마음을 가집니다.

⑤ 공공일과 대중사에 앞장서고, 무슨 일이든 정성을 기울여 최선을 다합니다.

⑥ 매일 법등오서를 읽고 전법을 실천하며, 법회에는 반드시 출석합니다.

⑦ 자기 법등과 자기 번호와 마하보살 이름을 기억하고, 자주 연락을 가지며, 법등 가족의 거룩한 책임을 다합니다.

⑧ 병든 이나 고난에 빠진 이를 만나면 반드시 기도하고 돕습니다.

⑨ 자기 소망을 기원할 때도, 나라와 세계의 평화번영과 중생의 성숙을 함께 기원합니다.

⑩ 법등 가족은 감사 찬탄·헌신·전법을 신조로 삼고, 법등으로 호법하고, 호국할 것을 맹세합니다.[106]

이상의 자료를 통해서 본다면 불광운동에 있어서 전법은 모든 것이라 할 수 있으니, 전법은 수행이요 보리며, 더 나아가서 전법이 성불이요, 전법이 불국토며, 전법이 시작이고 끝이 된다고 할 수 있을 것이다. 그러한 전법에 관해서는 이 밖에 더 많은 자료가 있고 또 얼마든지 더 깊이 연구하고 조명해볼 문제가 적지 않으나 우선은 이 정도에서 그치기로 한다. 특히 실제 수행 내용 및 법등의 조직과 그 운영 활동 등에 관해서는 전혀 손을 대지 못했는데, 이 문제는 『불광법회요전』과 『광덕스님의 생애와 불

---

106) 광덕스님, 『법회요전』(불광출판부, 1999), pp.241~242.

광운동』 및 『불광임원 교육교재』 등에 자세하게 밝혀져 있으므로 생략한다.[107)

4. 전통과 창의성의 현실적 정법 구현 — 맺음 글

지금까지 이 논고에서 불광회를 창설하고 주도해 왔던 큰 스승님이며 불광도량 법주였던 광덕스님의 중심사상과 주된 행화 실천에 관하여 그 대강(大綱)을 총괄적으로 조명해 보았다.

이제 그 전체의 매듭〔總結〕을 지어야 하는 시점에 즈음해서 한마디로 불광회의 사상과 실천을 드러내 말한다면 '전통성과 창조성이 잘 갖추어지고 멋지게 조화된 현실적 정법 구현의 불교운동'이라고 할 수 있다.

이는 추호도 가식과 과장이 없는 객관적 진실성에 입각한 일개 불학인(佛學人)의 순수한 고찰 결과에서 나온 한마디의 논평(一句評言)일 뿐 그밖에 아무런 뜻도 없다. 그래서 이른바 맺음글〔結論〕에 '전통과 창의성의 현실적 정법 구현'이라는 제목까지 붙인 것이다.

전통이라는 것이 아무리 좋아도 역사의 흐름과 시대의 변천에 적응하거나 그에 앞서 선도하는 능력이 없다면, 단지 천년 묵은 못에 갇혀 썩어 가는 물에 불과할 것이다. 단순히 적응하는 것만을 따르게 되면 역사라는 격류에 전통은 그 형체가 바뀌어 변질되면서 결국은 전통성을 잃고 만다. 그 시대와 인심에 잘 적응하면서 풍습과 사조(思潮)를 보다 적극적으로 훌륭하게 앞장서서

---

107) 여기까지의 本 論稿 작성에 있어서 김재영 법사의 『광덕스님의 생애와 불광운동』에 힘입은 바가 컸음을 밝힌다.

이끌어 나가는 힘을 창의성이라고 할 수 있을 것이다.

그러나 전통이 결여된 창의성만으로는 하나의 사상체계나 종교에 있어서 이단이나 사이비로 떨어질 위험이 크다. 특히 우리 불교에 있어서는 더욱 전통과 창의성의 균형이 잘 맞아야 제대로 발전되고 향상을 가져오게 된다고 할 수 있다. 그런 점에서 불광운동은 전통성과 창의성이 잘 조화되어 있다고 할 수 있다.

그래서 여기에 몇 항목으로 나누어 간략하게 되짚어보고 매듭을 지을 생각이다.

1) 정통(正統)과 전통 및 역사성 계승

앞에서도 이미 보았지만 광덕스님은 마하반야바라밀 지상주의자며 그 실천 체득을 통한 반야의 주인〔般若主〕으로서 바라밀 구현자였다.

스님의 평소 설법 중에서 다음과 같은 말을 볼 수 있다.

반야바라밀 공부 외에 따로 더 할 것이 없는 것입니다. 반야바라밀은 최고 최상승의 법문입니다. 만약에 이 반야바라밀이 부처님의 전유물이고 부처님만 배워서 성취할 수 있는 것이라면 아마 부처님은 제자들에게 반야바라밀을 배우라고 말씀하지 않으셨을 겁니다. 반야바라밀을 닦고 배우라는 말씀은 바로 부처님의 무한 공덕 세계가 우리들 생명 속에 주어져 있어서 자신 가운데 있는 이것을 보고 발굴해서 쓰라고 하시는 말씀이기 때문입니다.

어떤 분은 참선을 해서 견성을 바라고 어떤 분은 염불을 해서 번뇌망상을 끊겠다고 하고 여러 가지 방법으로 수행을 한다고 하지만, 우리들은 마하반야바라밀을 배우고 마하반야바라밀을 염해서 경(經)에 부처님이 말씀하신 바와 같이 우리에게 원래부터 주어져 있는 진리광명을 쓰도록 노력합시다.[108]

어떻게 표현을 하든 스님의 설법 내용은 모두가 반야바라밀 절대 지상주의라고 할 수 있다. 그러나 스님은 꼭 부처님의 말씀과 경전을 근거로 제시하고 있다.

그와 같이 스님은 반야바라밀의 절대 신행자(信行者)고 오득자(悟得者)이므로, 김재영 거사는 『광덕스님의 생애와 불광운동』에서 이렇게 적고 있다.

> 스님의 사상은—이론과 실천의 체계는—마하반야바라밀로써 그 강요(綱要)를 삼고 있다. 반야바라밀에서 출발하여 반야바라밀로 회향된다. 반야로 시작하여 바라밀로 돌아온다. 따라서 광덕스님의 사상은 실로 반야바라밀사상이라고 말할 수 있을 것이다. 그리고 이것은 부처님의 근본사상과 그대로 일치하는 것이다. '광덕 사상'이라고 이름 붙일 겨를 없이 그대로 부처님 사상 자체인 것이다. 바로 여기에서 '광덕 사상'의 정통성이 인정되는 것이다.[109]

참으로 지당한 말이다. 마하반야바라밀에서 시작하여 마하반야바라밀로 회향되는 스님의 사상은 바로 반야바라밀 사상이다. 이는 곧 불설(佛說)에 근거한 부처님의 근본사상 그대로에 일치되므로 불교의 정통사상이 틀림없다는 것이다.

---

108) 앞의 주 33)과 같음.
109) 앞의 주 14)와 같음.

그러한 반야바라밀 사상이므로 불설경교(佛說經敎) 상으로는 정통성이 인정되지만, 조계종 선사인 광덕스님으로서는 반야바라밀 염송이 선지(禪旨)에 맞지 않는다고 보는 이들도 없지 않은 듯하다. 반야바라밀과 보현행원을 주로 하여 행화(行化)의 일선에서 활약했으므로 광덕스님을 교화승이나 교학스님으로는 볼 수 있어도 선사로 보기는 어렵다고 하는 이도 있는 것 같다. 그러나 선사가 오득(悟得) 견성하여 중생을 교화하지 않고 널리 불법을 전[傳法]하지 않는다면 어찌 참된 선사라 하겠는가? 이는 소승 나한(羅漢)과 다름이 없다고 본다.

우리는 중국 선종의 실질적 완성자라 할 육조 혜능(六祖 惠能) 대사가 대범사(大梵寺) 강당에서 승니 도속(僧尼道俗) 천여 명(敦煌本에서는 一萬餘人)을 상대로 첫 법문을 설하는 자리에서 맨 먼저 던진 한마디가 "선지식이여, 모두들 마음을 깨끗이 하여 마하반야바라밀을 생각하라(善知識 總淨心 念摩訶般若波羅蜜)"110)임을 기억한다.

이 육조대사의 법문 어록인 『육조단경(六祖壇經)』은 그 이후 조사선문(祖師禪門)의 소의보전(所依寶典)이 되어 왔는데, 그 갖춘 제목은 '남종돈교최상대승마하반야바라밀경 육조혜능대사어소주대범사시법단경(南宗頓敎最上大乘摩訶般若波羅蜜經 六祖惠能大師於韶州大梵寺施法壇經)'111)이다. 이 일컬음의 앞뒤 수식 또는 설

---

110) 광덕 역주, 『六祖壇經』(불광출판부, 1975), p.57(한글 번역)·p.61(원문). 그런데 『敦煌本壇經』에서는 '念摩訶般若波羅蜜法'이라 하여 '法'자가 하나 더 붙어 있다.
111) 줄여서 『敦煌本壇經』이라 하는데, 현재 敦煌에서 출토된 古寫本은 현재 大英博物館에 소장되어 있으며, 『大正藏』 48권, pp.337~345 등에 인쇄 수록되어 있다.

법도량 이름을 빼고 그 법문의 내용 성격을 밝힌 순수한 제목만을 든다면 '최상대승마하반야바라밀경(最上大乘摩訶般若波羅蜜經)'이 되는데, 이『육조단경』의 실제 법문 제목과 앞에서 인용해 본 광덕스님의 마하반야바라밀 사상이 매우 일치함을 알 수 있다. 특히 스님의 저술이나 설법집에서 많이 보는 "항상 마하반야바라밀을 염하자," "항상 마하반야바라밀을 생각합시다"라고 한 말과, 육조 혜능조사가 "마하반야바라밀을 생각하시오(念摩訶般若波羅蜜)"라고 한 말은 같은 맥락이라고 볼 수 있다.

그러므로 불광회의 반야바라밀 공부는 조사돈오선종(祖師頓悟禪宗)의 '염마하반야바라밀(念摩訶般若波羅蜜)' 전통을 그대로 계승한 것이라 할 수 있다. 또 조선시대 법난 속에서도 민간에 지송되어 온 염송경(念誦經)이나 지송편(持誦篇)112) 및 절집안〔寺中〕예경(禮敬)의 축원문113) 등의 끝에 후렴처럼 '마하반야바라밀'이 붙어 있는 것을 많이 보게 된다. 그러한 사례는 옛부터 내려오는 우리 불자들의 신행전통이라고 볼 수 있는데, 이러한 사실들을 통해서 불광법회의 반야바라밀 염송은 한국 불자의 전통신행을 대변하는 역사성을 지녔다고 할 수 있을 것이다.

그래서 광덕스님이 주도한 불광회의 반야바라밀 신행은 부처님 설하신 바〔佛所說〕의 정통성과 선가(禪家)의 '염바라밀(念波羅蜜)' 전통과 한국불교 신행의 역사성을 그대로 계승한 각불사(覺佛事)라고 한마디로 말할 수 있을 것이다.

---

112) 민간 불자들 사이에 널리 지송되어 왔던『觀世音菩薩夢授經』과『金剛經略纂』등.
113)『釋門儀範』에 들어 있는 '行禪祝願'·'上壇祝願'·'中壇祝願' 등 많음.

2) 무한 창의력의 발현

마하반야바라밀을 염(念)하라고 해서 생각에만 담아두고, 전통성과 역사성을 지녔다고 해서 공염불로 입술 위에 올려놓고 소리만 내는 것은 반야바라밀 염송(念誦)이라고 할 수 없다. 스님의 말을 빌린다면 그러한 반야바라밀은 존재할 수 없고 아예 반야바라밀일 수 없다고 할 것이다.

앞에서 너무도 많이 보아왔고 또 실감했던 '반야바라밀은 나의 참 생명 부처님 무량공덕 생명', '무량시간 무량공간의 바라밀', '바라밀 광명을 내어 쓰자', '반야바라밀의 힘으로 산다', '내 생명 부처님 무량공덕 생명, 일심(용맹) 정진하여 바라밀 국토 성취한다', '마하반야바라밀 마하반야바라밀, 자재해탈 일체성취 확연히 이룩된다'… 셀 수 없이 많은 이러한 참 삶의 힘찬 목소리가 도대체 어디에서 나오는 것일까? 이와 같이 환희가 넘치고 법열에 가득찬 외침은 바로 마하반야바라밀을 체득한 반야의 주인이기 때문에 가능하다고 할 수 있다. 우리는 또 앞에서,

보현행원은 나의 영원한 생명의 노래며, 나의 영원한 생명의 율동이며, 나의 영원한 생명의 환희며, 나의 영원한 생명의 위덕이며, 체온이며, 광휘며 그 세계입니다.

나는 이제 불보살님 전에 나의 생명 다 바쳐서 서원합니다. 보현행원을 실천하겠습니다. 보현행원으로 보리를 이루겠습니다. 보현행원으로 불국토를 성취하겠습니다.

라고 소리 높여 읊은 스님의 서원을 들은 바가 있다. 여기에서는 지순한 보현행자의 모습을 보여주고 있다. 그러나 스님은 다시,

> …보현행원은 그 본질이 법성신(法性身)의 윤리며 법성신의 전일적 자기실현 방식이기 때문이다.…
> 비록 지혜가 태양처럼 빛나고 서원이 수미산같이 지중하고, 자비심이 바다같이 넉넉하다 하더라도 하나의 바라밀행이 없다면 무슨 소용이겠는가. 결단적 각행이 필경의 대도를 굴리는 것이다.

라고 하여, 결국은 보현행원과 '바라밀 대행(大行, 대도를 굴림)'을 하나로 일치시켜 놓고 있음을 보게 된다. 이 문제 또한 앞에서 이미 본 바지만 이러한 각행(覺行), 곧 깨달음〔覺 菩提〕의 실천 또는 각운동이 무애자재한 것은 역시 부처님의 반야광명을 힘입은 주인공이기 때문이다. 그와 같은 적극적이고도 긍정적인 신행으로 공덕묘용 원만구족의 바라밀 행원을 실천하여 '내 생명 부처님 무량공덕 생명, 보현행원으로 보리 이루리, 바라밀 국토를 성취하자'를 실현해 가는 불광운동은, 그 자체가 정통과 전통 및 역사성을 바탕으로 한 무한 창의력의 발현이라고 할 수 있을 것이다.

3) 불교세계 완성을 위한 전법의 구현

아무리 귀중한 보배라도 그것을 찾아내어 그 지닌 값어치를 다할 수 있도록 쓰임새에 알맞게 잘 이용하지 못한다면 보배라고 이름 붙일 수 없다. 그와 마찬가지로 사상이나 종교도 그 진

리성을 개발하여 올바르게 활용하지 못한다면 오히려 역효과를 초래할 가능성이 없지 않다. 설령 성공하여 묘용을 잘 발휘했다 하더라도 주창자 당대의 한시적인 것이어서는 안 될 것이다.

특히 부처님의 가르침인 정법(正法)이 갇힌 물처럼 그 자리에 고여 있어서는 안 된다. 정법은 자꾸 전파해야 흐르는 물처럼 생명력이 약동하는 법이다. 정통과 전통 및 역사성이라는 물줄기가 창의성이라는 청정하고도 시원한 생명력을 가지고 널리 골고루 흘러서 곡물을 풍성하게 하고 뭇 중생들의 생존을 즐겁고 편안하게 해주어야 할 것이다.

그런 점에서 불광회의 법등(法燈) 운동 전법(傳法) 실천은 참으로 높이 평가하지 않을 수 없다.

전법으로 바른 믿음을 삼겠습니다.
전법으로 정정진을 삼겠습니다.
전법으로 무상공덕을 삼겠습니다.
전법으로 최상의 보은을 삼겠습니다.
전법으로 정토를 성취하겠습니다.

부처님의 바른 법〔佛法〕의 등불을 널리 골고루 전하는 일〔傳法〕의 중요성을 느껴보지 못한 이들은 이렇게 쉽고도 절실한 내용의 전법오서(傳法五誓)를 오히려 쉽게 이해하지 못할 지도 모를 일이다.

앞에서 이미 옮겨 실은 바가 있으나 5서만을 한번 더 인용하고 '법등십과(法燈十課)'는 재차 인용을 하지 않았지만, 이 두 가지를 통해서도 광덕스님이 얼마나 전법에 심혈을 기울였는가를 짐작하고도 남는다. 실은 이에 이르러 불광운동은 '전법 지상운동'이요, 불광회는 '전법 절대 실천의 법회'라고 할 수 있을 것이다. 참으로 전법은 불광세계의 생명선이라고 해도 과언이 아닐 듯싶다.

그렇다고 불광회 자체의 존속만을 위해서 전법의 활동이 존재한다는 것은 물론 아니다. 불광회의 법등 전법실천이야말로 진정 오늘 그리고 영원한 내일의 불국토 성취, 불교세계 완성을 위한 바라밀 행원의 대행이요, 참되고 바른 진리 구현의 굳건한 발걸음이라고 할 수 있다. 여기에는 반드시 현실적인 성취가 따라야 하고 언제나 향상의 길로 이끌어 가는 힘이 끊임없이 이어져야 할 것이다.

■ 붙임말

변변치 못한 글을 끝마치면서 몇 마디 덧붙일 말이 있다.

먼저 스님의 크신 행원과 깨달음에 보잘것없는 이 논문이 행여 누가 되지 않을까 하는 저어함이 앞선다.

실은 스님께서 입적하신 뒤 월간 「불광」지로부터 스님에 관한 글을 써달라는 부탁을 받았으나, 이왕이면 역사성 있는 글을 금하당 광덕스님의 각령(覺靈) 전에 바치겠다는 이유로 사양한 일이 있다. 그러다가 저 지난 달에 불광회 현재 법주이신 지정(至淨) 스님으로부터 큰스님 제2주기 추모 학술세미나 주제발표 의뢰와 본 논고의 청탁을 받게 되었다. 스스로 그 깜냥 못 됨을 잘 알면서도 큰스님 평소의 법은과 법연의 힘에 눌리어 선뜻 승낙을 하고 이 변변치 못한 논고의 집필을 시작하게 되었다.

그러나 워낙 시일이 넉넉하지 못한 데다가 스님의 끼치신 자취가 너무 크시고 또 저술과 설법집 등 자료가 예상보다 훨씬 많고 그 내용이 심현(深玄)하면서도 너무나 무게가 있고 또 간곡하여, 경솔하게 응낙한 것을 마음속으로 여러 차례 자책했다. 스님의 사상과 실천에 관한 총괄적 조명을 제대로 하자면 적어도 2·3년의 연구가 있은 뒤에라야 비로소 가능하겠다는 사실을 뒤늦게 깨달았기 때문이다. 그렇다고 중간에서 물러설 수도 없는데 이미 정해 놓은 날짜는 발빠르게 다가오고 있고, 그래서 스님의 법력에 힘입어서 초라하게나마 한 편의 논문을 끝마칠 수 있었다.

그러면서도 필자로서는 그 사이 큰 공부를 한 셈이고 또 불광운동의 참모습을 조금이나마 이해하게 되었으므로 여간 다행스러운 일이 아니었다.

불광운동이야말로 참으로 이 시대에 알맞는 정법 구현의 실천불교며 오늘의 우리 불교계 현실로서는 우담바라 꽃과도 같은 희유한 깨달음의 운동〔覺佛事〕이라고 할 수 있을 것이다.

법등·전법이 구현되어 보현행원으로 보리 이루고, 바라밀 국토가 성취되기를 기원하면서, 부족한 논문에 대한 변명을 대신한다.

나무마하반야바라밀.

광덕 연구 ; 출가 · 수행 · 종단 재건

지허 김광식(止虛 金光植) | 부천대 교수

1. 서언

고광덕은 현대 불교계를 대표하는 승려로 널리 알려져 왔다. 고광덕은 조계종단 재건의 주역이었으며 그가 주도한 불광회 발족, 포교 잡지 「불광」의 간행, 불광사를 거점으로 전개한 다양한 불사 등은 도심포교의 신기원으로도 칭했다. 한편 그가 추진한 제반 불사는 그의 사상의 요체인 '반야바라밀'의 구체적인 전개라고 볼 수 있다. 이에 그와 연관된 다양한 행적은 '불광운동'으로 명명해도 좋을 것이다. 최근 그에 대한 연구가 가시화되고 있지만,1) 거시적으로 볼 경우 그에 대한 연구는 이제 그 출발선상

---

1) 대표적인 연구 성과물은 김재영의 『광덕스님의 생애와 불광운동』(불광출판부, 2000)과 김영태의 『불광운동의 사상과 실천』(불광출판부, 2001)이다. 김재영의 저술은 다양한 자료, 광덕스님의 저술 등을 섭렵하여 광덕스님의 연구에 기반을 제공했다는 점에 우리의 주목을 받을 수 있다. 김영태의 저술은 광덕스님의 사상과 실천을 불교 교리 및 사상에 근거하여 그 성격을 조망했다는 점에서 고광덕 연구의 길잡이 역할을 했다고 이해된다.

에 있다고 하겠다. 즉, 그에 대한 연구는 추후 더욱 객관적이며, 다양한 시각을 통하여 시도되어야 한다. 따라서 이 같은 작업을 통하여 그에 대한 위상과 성격이 정립되어야 할 것이다.

그런데 입적[2] 직후 불과 몇 년 밖에 안 된 대상 승려를 이처럼 조속히 연구의 대상으로 설정한 것은 그간의 불교계 정서와 토양에 비추어 보면 매우 이례적인 일이다. 근현대불교를 대표하는 승려, 혹은 근현대의 불교계에서 다양한 활동을 한 승려가 숱하게 있었다. 그 인물에 대한 자료 정리, 관련 논문, 일대기 및 평전 등에 대한 성과를 검토해 보면[3] 그 인물에 대한 명망과 비례하여 초라하기 짝이 없다는 것이 솔직한 답변일 것이다. 이러한 점에 비추어 보면 고광덕의 경우는 우리의 시선을 끌 수밖에 없다. 물론 여기에는 고광덕의 제자에 의한 광범위한 자료 수집과 그를 집약한 저술의 간행도[4] 적지 않은 촉매제 역할을 했다.

한편 필자가 이번에 본 고찰을 저술하게 된 것은 다음과 같은 사정에서 나온 것이다. 필자는 한국불교사를 공부하면서, 최근에는 근현대불교를 중점적으로 연구하고 있다.[5] 더욱이 필자가 활

---

2) 그는 1999년 2월 27일에 입적했으며, 동년 3월 3일 범어사에서 영결식이 거행되었다.
3) 최근 이른바 '큰스님'에 대한 문집 발간이 관련 문도 및 후손들에서 나오고 있는 정도다.
4) 송암이 주도하여 간행한 『광덕스님 시봉일기』 시리즈(도피안사, 1999) 저술은 그 대표적인 산물이다.
5) 필자의 이 분야에 관련된 저술은 다음과 같다.
   김광식, 『한국근대불교사연구』, 민족사, 1996.
   ──, 『한국근대불교의 현실인식』, 민족사, 1998.
   ──, 『근현대불교의 재조명』, 민족사, 2000.
   ──, 『우리가 살아온 한국불교 백년』, 민족사, 2000.
   ──, 『새불교운동의 전개』, 도피안사, 2002.

동하고 있는 근거처는 대각사상연구원이다.6) 고광덕은 입적 직전까지 대각사상연구원을 설립했으며 운영을 책임 맡고 있었던 대각회의 이사장이었다.7) 그런데도 불구하고 필자는 광덕스님을 '친견'할 기회를 갖지 못했다.8) 그리고 필자는 근현대불교를 공부하기 이전에는 고광덕이라는 인물 자체에 대하여 잘 몰랐음을 솔직히 고백한다.9) 그런데 근현대불교를 공부하면서부터, 더욱이 필자가 3·1운동시 민족대표로 활동한 불교계 대표였던 백용성을 연구하면서10) 간혹 '광덕스님'에 대한 이야기가 귓가에 들려 오기 시작했다. 그 요체는 백용성의 정신을 계승하고 실천하는 스님은 광덕스님이라는 것이었다. 사정이 이러하거늘, 필자가 고광덕에 대한 관심을 가지는 것은 당연한 것이었다. 그런데 운명의 여신은 필자가 더 이상의 고광덕에 대한 탐구에 대한 인연을 만들어주지 않았다. 그것은 필자가 대각사상연구원에 인연을 갖던 그 초기 무렵에 고광덕은 입적했기 때문이다.

그런데 필자가 고광덕에 대한 관심을 더욱, 구체적으로 기울이기 시작한 계기는 「불교신문」에서 20세기가 저물어가던 1999

---

6) 필자는 대각사상연구원이 발족했던 1998년 3월에는 대각사상연구원의 연구위원으로 참여했다. 그 이후 이전 직장인 독립기념관을 떠나서 1999년 6월부터는 대각사상연구원의 연구부장으로 재직중이다.
7) 광덕스님은 1992년 5월 12일에 재단법인 대각회 이사장에 취임했다. 현재는 임도문 스님이 그 후임을 맡고(1999년 9월 10일 취임) 있다.
8) 이는 필자의 불성실에서 나온 것이었지만, 당시 광덕스님은 병환에 있었기에 대외적인 활동은 거의 하지 못했다.
9) 필자는 근현대불교를 공부하기 이전에는 주로 고려시대 불교를 연구하여 석·박사학위를 취득했기에 지금 이 시대를 살아가는 스님들과의 인연이 매우 적었다.
10) 필자는 백용성에 대한 개별 논문도 집필했지만 평전 『용성』(민족사, 1999)을 저술, 간행했다.

년 말에 20세기를 대표하는 사건과 고승을 선정하여 발표했을 때였다.11) 당시 필자도 그 선정 작업에 참여했음은 물론이다.12) 그런데 그 결과가 지상에 발표되었을 때 20세기를 대표하는 고승 20명 중의13) 1인으로 '광덕스님'이 당당하게 뽑혔던 것이다. 당시 필자는 그 결과를 보고 내심으로는 쉽게 수긍이 가지 않았다.14) 하여간에 그 '사건' 이후부터 필자는 고광덕에 대한 탐구를 서서히 하기 시작했다. 어떤 이유로 고광덕이라는 인물이 20세기를 대표한 고승에 선정되었을까? 그리고 그를 추천한 전문가들이 그를 보는 시각은 무엇이었던가? 백용성의 정신을 계승했다면 어떤 면에서 그를 인정할 것인가 등등이었다. 당시 필자가 판단하기에 약간 애매한 것은 한 인물에 대한 객관적인 평가는 사후 30년은 지나야 제대로 평가할 수 있다는 저간의 기준이었다. 그런데 입적한 지 불과 1년도 채 안 된 상태에서 그 기준에 들 수 있는 것은 지나친·것이 아닐까 하는 점이었다.

요컨대 그 당시부터 필자는 고광덕에 대한 자료를 모으면서, 백용성의 정신 계승자로서 그에 대한 연구를 하겠다는 소박한 생각을 갖기에 이르렀다. 그러나 필자의 게으름과 함께 여타 분야에 대한 긴급한 연구 주제가 산적한 사정으로 더 이상의 진전은 이루어지지 않았다. 그런데 최근 『광덕스님 시봉일기』를 간행한 그의 상좌 송암과의 인연으로15) 본고를 집필하게 되었다.

---

11) 「불교신문」, 1999.11.30, 〈20세기를 빛낸 한국의 고승들〉.

12) 필자의 기억으로는 당시 필자는 광덕스님을 적극 추천하지 않았다.

13) 당시 선정된 고승은 다음과 같다. 경허, 용성, 만공, 한영, 만암, 한암, 용운, 효봉, 동산, 경봉, 운허, 금오, 전강, 고암, 청담, 구산, 자운, 성철, 탄허, 광덕.

14) 당시 그 선정 기준은 20세기에 입적한 스님, 20세기 한국불교사에 끼친 영향력(선, 교학, 종단 재건, 포교, 현대화)이었으며 불교계 전문가(스님, 교수, 학자 등) 30명이 선정위원으로 참여했다.

본고 집필의 초점은 추후 필자가 고광덕에 대한 연구를 심화시
키기 위한 예비적인 검토에 지나지 않는다. 물론 다른 연구자들
이 이 글을 통하여 고광덕 연구의 징검다리로 삼으면 다행이다.
따라서 본 글의 내용은 고광덕 연구의 다양성, 고광덕을 바라보
는 새로운 시각을 불교계에 제공하는 성격을 갖게 되리라 기대
해 본다. 때문에 글의 서술은 필자가 이 시대를 공부하면서 느낀
단상들을 고광덕과 연결시킨 것이라는 점을 밝히는 바이다.16)
때문에 학술적인 접근, 혹은 연구 결과에 의한 결론, 필자의 단
정적인 이해는 피하게 될 것이다. 이점 양해바란다. 또한 이 글
은 고광덕의 입산, 출가, 수행, 종단 재건에 초점을 맞추었기에
그의 성격과 위상을 극명하게 대변한 불광회, 「불광」지 간행, 불
광사에서의 불사 등 불교 현대화에 관한 고찰은 후일을 기약하
고자 한다.

<hr>

15) 도피안사(안성)의 주지인 송암은 광덕스님의 상좌로서, 광덕스님의 생애와 사
    상을 연구하기 위한 토대 구축에 정력을 기울이고 있다. 특히 광덕스님과 관
    련된 인연담을 모으고, 그 자신이 광덕스님을 모시면서 기억한 다양한 자료
    를 정리하여 그 결과를 『광덕스님 시봉일기』에 수록하고 있다. 이러한 작업
    은 최근 불교계에서는 희귀한 일인데, 추후 그 자료들은 광덕스님 연구 및
    현대불교사 이해에 큰 도움을 줄 것이다.
    송암과 필자의 인연은 광덕스님이 백용성 스님의 후예로서, 용성스님의 사상
    을 계승했다는 이해하에 용성스님을 연구한 필자를 도피안사로 초빙하여 이
    러저러한 이야기를 나누었던 사정을 말한다.
16) 본 집필에서 필자는 기존의 글쓰기에 대한 파격을 시도할 것이다. 내용 구성,
    문체, 전개 방식, 인간에 대한 이해 등등에서 말이다. 이 같은 시도는 그간
    불교계의 글쓰기, 즉 이해되지 않는 글들에 대한 반발이다. 물론 그 구태의연
    함의 글쓰기에는 필자도 포함된다.

2. 입산과 출가, 수행

고광덕은 승가 및 불교계에서 신심이 두텁고, 인품이 뛰어난
승려로 널리 알려졌다. 그런데 고광덕에 대한 인물평 중에서 필
자가 크게 주목을 한 것은 어느 재가불자가 사진에 나오는 고광
덕의 얼굴을 보고, 어찌 사진 속에 '부처님'이 있는가 하여 그 사
진을 몇 차례나 세심하게 살펴보았더니, 그 스님이 고광덕이라
는 이야기다.[17] 이 같은 이야기는 월간지인 「불광」 294호(1999.4)
에 실린, 한탑의 〈부처님을 대중 속에 심어주신 큰 별〉에서도 나
온다. 그 요지는 한탑이 1956년경에 서울에서 고광덕을 만났는
데, 당시 그의 얼굴을 보고 '아니 세상에 저렇게 깨끗한 얼굴도
있는가' 하고 깜짝 놀라서 그 인연으로 함께 불교운동을 했다고
한다.

필자는 이러한 정황을 듣고 약간의 놀라움을 갖게 되었다. 어
찌 사진 속의 얼굴에서 부처님을 보았듯이 느낄 수 있는가. 물론
일반 속세 사회에서는 나이 40이면 자기 얼굴에 책임을 져야 한
다느니, 그 사람의 인품은 그 얼굴에 다 나타난다느니 하는 말들
이 있다. 요컨대 얼굴은 사람의 의기와 정신의 표상이 아니겠는
가? 한탑이 당시 고광덕을 만났을 당시 고광덕의 나이는 불과 30
세 무렵이었다.

한편 고광덕이 입적한 직후 필자는 사진, 문건, 책자, 성명서,
유품 등을 이용하여 근현대불교 100년사를 정리한 『한국불교 100

---

17) 박원자가 『불교와 문화』 21호(2001.7,8)에 기고한 〈수미산처럼 우뚝했던 광덕
　　스님을 회고함〉이라는 글 참조.

년 ; 1900~1999』(민족사, 2000)을 간행했다. 솔직히 고백하건대 그 작업을 할 당시까지는 고광덕의 생애 및 사상 전체에 대한 이해가 매우 부족했지만, 그래도 근현대불교사를 전공하기에 「불광」의 간행은 중요하다고 여기어 「불광」 창간호는 그 책자에 수록했다.18) 그러나 그 이후 고광덕에 대한 관심과 이해가 깊어지면서, 당시 그 책자 발간에 고광덕과 관련된 사진을 추가시키지 못한 것에 자괴심을 갖게 되었다. 그후 필자는 조계종단과 관련된 이러저러한 일을 했다. 그중에 하나가 2002년 4월 초에 간행한 사진집인 『사진으로 본 통합종단 출범 40년사』(조계종 교육원)의 사진 선정 및 편집에 참여했다. 이 작업을 하면서 필자는 이전의 아쉬움을 달랠 겸 하여 1977년 대각사 불광법회 시절 신도들과 함께 찬불가를 부르는 장면 사진을 게재했다.19) 당시 그 사진을 포함시키면서 필자는 이 사진이 혹시 어느 불자가 말한 그 문제의 사진인지 모르겠다고 혼자 생각해 보았다. 필자는 언제인지는 기억하지 못하지만 문제의 사진(대각사 법회 장면) 속의 고광덕을 보고 그 찬불가를 부르는 모습이 참으로, 진실로, 정성스럽게 노래를 하고 있구나 하는 생각을 가져 보았다. 요컨대 필자도 그 사진을 보고 그 진지한 모습에 약간의 감동을 받았던 것이다.

지금껏 고광덕 얼굴과 사진에 관련된 이야기를 해보았다. 필자가 얼굴의 문제로 고광덕의 입산, 출가, 수행의 주제를 시작하

---

18) 그 책자에는 광덕스님이 지도법사로 참여한 봉은사의 대학생수도원 관련 사진도 포함시켰다. 그러나 당시의 필자는 그 수도원의 중요성은 파악하였지만 수도원과 광덕스님과의 관계는 명확히 파악하지 못하였다. 때문에 이 사진 포함은 「불광」 창간호와는 그 게재 성격이 달랐다.
19) 이 사진은 고광덕이 입적한 직후에 나온 「불광」 1999년 4월호의 12면에 게재되어 있다. 이 사진은 〈출가에서 입적까지〉라는 특집 사진에 포함된 것이다.

는 것은 과연 어떤 발심과 수행을 했기에 그 같은 말을 들었을까 하는 의아심에서 나온 것이다. 물론 발심과 수행이 미진하여도 좋은 생각과 좋은 행동을 하면 그러한 지칭을 받을 수는 있을 것이다. 그러나 고광덕은 승려였다. 승려는 수행이라든가, 혹은 성직자라는 '색깔'로 이해되어야 함을 믿기 때문이다. 이러한 점은 고광덕의 얼굴에서 '진짜' 승려의 모습을 찾았던 것으로도 볼 수 있다. 우리들은 각자의 주변에 얼굴과 옷은 '스님'이되, 그렇지 않은 경우를 너무도 많이 보아 왔다. 진정한, 진실한 승려노릇을 해야만 승려인 것이다. 더욱이 필자는 승려답지 못한 승려를 근현대불교사의 이면에서 너무도 많이 보았다. 이에 대한 생각은 비단 필자만의 생각은 아닐 것이다.

이러한 생각을 갖고 고광덕의 입산과 출가 이전의 가족사 및 출가 동기에 관련된 자료를 보고, 모으기 시작했다. 그러나 만족할 만한 자료는 흔치 않았다. 그 이유는 한국 승가사회에서는 역사자료를 모으지 않는 것, 그리고 유명하고 훌륭한 스님의 경우에는 빈약한 자료를 갖고도 과장성이 있어 왔던 정황과 무관하지 않았다. 그런데 최근 박경훈이 정리한 글에는[20] 고광덕 인물 연구를 진일보시킬 정황을 자세히 소개하고 있다.

그 내용에 의하면 고광덕은 1927년 4월 4일 경기도 오산의 소농집안에서 2남 3녀 중 넷째로 태어났다. 그러나 곤궁한 가계, 일제 말기의 가혹한 사회적인 정서 등으로 인해 불우한 유년시절을 보냈다고 한다. 즉 정상적으로 중학교를 다니지 못하고 통신 강좌로 공부를 했다. 그럼에도 불구하고 학업에 대한 열의는 대

---

20) 박경훈, 〈대사일번〉『광덕스님 시봉일기 3』(도피안사, 2001).

단했던 것으로 전한다. 그런데 그런 그에게 큰 충격이 다가왔거니와 그것은 다름이 아니라 그를 돌봐주던 형과 아버지가 그의 나이 13세(1939), 15세(1941)에 갑자기 세상을 떠난 것이다. 10대에 닥친 이 같은 불행은 그에게 소년시절을 암울하고 불우하게 지내게 만든 인생의 격변이었을 것이다. 특히 당시는 일제 말기의 태평양 전쟁으로 사회 전반이 참혹한 시절이었는데, 여기에 개인적인 집안의 우환은 삶의 근원을 송두리째 내팽개쳐지는 일이었을 것이다. 그후 고광덕은 모친과 함께 일시적으로 천주교회에 나가서, 그 고뇌를 해소하려고 노력했다. 그러나 이는 그의 모친이 충격을 이기려고 택한 천주교회에 모친을 기쁘게 해드리려는 효심에서 나온 것이다. 하여간에 이 시기에 그에게 다가온 비운은 그에게 충격과 함께 종교성을 일깨워 주었다. 즉 존재, 죽음, 실존, 의문 등등이 바로 그것이었다. 그런데 재앙은 거듭된다고 했던가. 마침내 그의 모친도 1946년에 별세했다. 그리고 그의 둘째 누이도 1947년에 저승으로 떠났다. 지금껏 우리 승가사회에서는 출가 이전의 속가와 관련된 이야기는 가급적 언급을 기피한 것으로 알고 있다. 이는 물론 입산 및 출가는 또 하나의 탄생, 새 출발이기에 입산 이전의 모든 과거는 잊어야 되며, 과거에 얽매여서는 안 된다는 나름대로의 논리를 갖고 있다. 그러나 필자가 살아온 작은 세월의 경험과 이제껏 공부한 상식을 가지고 보면 승려에게도 출신, 유년시절, 출가의 계기 등은 매우 중요하다고 본다. 왜냐하면 출가 이전의 생활 및 습성은 자연 승려 생활로 이어질 가능성이 있기 때문이다. 이를테면 인생의 원형이요, 원초적인 출발이 아닐까?

그러므로 지금껏 살핀 고광덕의 입산 이전의 가족사와 거기에서 나타난 비운은 상당한 고뇌로 작용했을 것으로 볼 수 있다고 인정된다. 그럼에도 불구하고 그 비운은 다른 사람에게서는 볼 수 없는, 즉 약간의 이질성을 갖고 있다. 다시 말하면 흔한 사례는 아닌 것이라는 점이다. 따라서 우리는 여기에서 고광덕이라는 한 인물, 승려가 평생을 올곧은 자세로 삶을 지탱할 수 있었던 뜨거운 에네르기를 찾았다. 위에서 말한 종교성, 존재성, 실존성에 대한 의문이 이제 불교와 만나게 되면 그에 대한 창조적인 기반 작업은 성취될 가능성이 많았으리라 본다.

한편 우리는 고광덕 그가 가족사의 비참한 지경에 처했지만 그것을 극복하려는 의지가 있었음을 찾아보아야 한다. 그는 앞서 이야기한 통신강좌 5년 과정을 3년 만에 마치고 그 학력으로 서울 영등포에 있는 광업소의 사원으로 취직을 했다. 당시 그의 나이 18세였으며, 때는 1944년 봄이었다. 그런데 이 광업소는 고바야시 광업소로, 일본인 회사였다. 그는 이 회사에서 모처럼의 생활 안정을 얻게 되었다. 그러면서도 한편으로는 민족의 비애, 민족의식의 성장이라는 문제에 부닥치게 되었다. 그 탈출을 위해 그는 자연스럽게 그 회사에 있는 도서실을 이용하여 교양, 문학, 철학, 법률 등 다양한 서적을 탐닉했다. 특히 그는 인생과 삶의 존재성에 관한 의문에 깊은 관심을 기울였다. 또한 그는 경제적인 안정을 얻으면서, 회사의 월급으로 다양한 분야에 관한 책을 더욱 사서 읽었다. 철학, 역사, 경제, 물리학, 수학 등 잡식성으로 지칭될 만큼의 왕성한 지식 욕구를 충족했다. 이러한 과정을 거치면서 그는 일제 말기의 민족 문제에 큰 의문을 갖기에 이르렀다. 당시의 현실에 비추어 본 그는 민족의 비애와 그로 빚어진 삶의 존재 문제를 해결하려는 의욕에 사로잡히게 된다. 이러한 배경에서 점차 그는 조선사람의 '자립'에 관심을 기울였다. 그 결과 그는 기존 질서에 대한 회의를 품었는데 기존의 정의, 도덕, 권위, 질서, 법에 대한 의문이었다.

이 같은 이력에서 우리는 그의 독서력과 거기에서 나온 다양한 지적 탐구를 확인했다. 그리고 이러한 그의 분투에서 우리는 그가 승려로 입문하고, 종단에 관여하면서, 불광회를 만들 수 있었던 지적 기반이 충분했음을 파악하게 된다. 바로 이러한 측면이 앞에서 살핀 가족사의 비애를 극복할 수 있는 촉매제로 작용했다고 하겠다.

이제 우리는 고광덕 그가 불교와 만날 계기를 찾으면 된다. 1945년 8월 15일, 한국은 일제로부터 해방을 맞이했다. 해방공간에서 고광덕도 정치, 사회, 문화적 공간에서 야기된 숱한 모순을 직면했을 것이다. 이 당시 그가 겪은 고뇌에 대해서는 구체적으로 알 수 없다. 다만 그는 1947년 현재 서경대학의 전신인 한국대학의 법정학부에 입학한다.[21] 당시 한국대학의 강사진은 서울대 교수들이 많이 담당했다고 한다. 그 교수 중에서 주체적인 철학을 주장한 박종홍 교수의 강의에 그는 큰 매력을 느끼게 된다. 당시 박종홍은 한국 철학 중에서 실학, 원효, 보조사상에 대한 중요성을 강조했다. 그리고 그 직전에 고광덕은 대각사에서 강의했던 신소천을 만나게 된다. 신소천은 정화운동에 참여한 인물이지만, 늦깎이로 출가했다. 해방 이전 재가 거사 신분에서도 『금강경』에 대한 일가견을 가진[22] 그는 백용성을 존경하여 1952

---

21) 김재영, 『광덕스님의 생애와 불광운동』(불광출판부, 2000), p.84. 그 대학은 서울 장충동에 있었으며, 최초의 야간대학이었다고 한다.
22) 이 사정은 이능화가 『불교시보』 80호(1942.3.15)에 기고한 〈신소천씨의 금강

년에 위패상좌로 출가한 승려였다. 즉 그는 해방공간에서는 승려는 아니었다. 그러나 그는 1947년부터 해방공간에서의 정신적인 혼란을 극복하겠다는 원력으로 1949년부터 『바른 정신』, 『독립의 넋』, 『인류업행개조운동』, 『진리도』 등을 저술하면서[23] 강연도 병행했다. 즉 신소천은 해방공간에서 이미 『금강경』을 통한 각운동(覺運動)을 전개했는데 신소천 자신은 이를 구국운동으로 이해했다. 바로 이 같은 신소천의 활동과 고광덕의 고뇌가 만난 것이다.

한편 그 즈음의 고광덕은 자신의 건강에 결정적인 해를 끼친 폐결핵을 만나게 된다. 이에 그는 한창 새롭게 충만한 정신적인 각성을 할 무렵에 건강의 이상을 만나게 되었다. 그로 인하여 그는 징집 면제라는 처분을 받았다. 그런데 그 직후 한국전쟁(6·25)이라는 민족사의 큰 불행이 닥쳐왔다. 이에 그는 1950년 가을, 대각사에서 신소천, 박종홍, 하동산을 우연히 만나 범어사로 가는 인연을 접한다.[24] 범어사로 간 그는 요양을 하면서 선방생활을 하게 된다. 정식 출가도 하지 않은 정황에서 단순히 처사 겸 행자의 신분으로 말이다. 그해 겨울 그는 동안거를 무사히 마쳤으나, 거기에서 머무르지 않고 계속하여 좌선과 간경에 도전했다. 그러나 그의 건강이 정상적인 상황이 아니었기에 하동산은 순조로운 수행을 권했다. 그럼에도 불구하고 고광덕은 불교를 접하면서,

---

경강의에 대한 소감〉이 참고된다.

23) 『소천선사문집』 권1, pp.874~876의 연보 참조.

24) 박경훈은 집안의 세 사람의 죽음을 만나고 신체적으로도 병들고 지친 광덕스님에게 3개월 정도 가 있으라는 것이었다고 회고했다. 즉 일종의 요양이었던 셈이었다. 그런데 이에 대해서 김재영은 그가 다니던 한국대학의 학장인 한관섭의 추천으로 범어사 하동산을 찾아갔다고 서술했다.

불교라는 방편을 통하여 그의 존재성을 확인하겠다는 열정이 지나쳐 건강에 문제가 생길 지경이었다. 이에 하동산은 그의 건강의 회복을 위해 고광덕을 기장 포교당으로 보낸다. 기장 포교당으로 간 그는 포교당의 대소사를 처리하면서, 예불을 하고 불공을 올리는 집전을 담당했다. 그러나 자신이 정식 승려가 아니었기에 축원과 법문은 하지 않았다고 한다.

이때부터 그는 범어사 및 기장 포교당을 무대로 불교사상에 본격적으로 진입하는 대열에 자신의 몸을 던졌다. 머리는 깎고, 먹물 옷은 입었으되 그는 자신을 '행자'의 신분으로 자리 매김을 했다. 여기에서 그는 범어사의 '고 처사', 혹은 '10년 행자'라는 별칭을 갖게 되었다. 그러나 그에게 있어서 행자, 처사, 스님이니 하는 수식어는 그다지 중요하지 않았을 것이다. 그에게는 오직 불교를 통한 생에 대한 근원적인 의문을 풀기 위한 과정에 지나지 않았다. 다만 그의 문도들이 그의 행적을 정리하면서 1951년 8월 9일에 하동산을 계사로 "사미 10계의 수계식 도중 '수오계(受五戒)'로 복창하고 스스로 거사의 신분으로 낮추어 겸허하게 수행"했다는 것, 1956년 하동산을 계사로 비구계를 수지했다는 서술을 했다.25) 후술하겠지만 당시 고광덕을 범어사 암자인 계명암에서 만났다는 박경훈은 그의 정식 수계를 1960년 봄이라고 주장하고 있다.26) 한편 하동산의 제자로서 고광덕이 정식 비구계를 받을 무렵 당시의 범어사에 있었던 임원두는 이에 대해서 다음과 같이 필자에게 증언했다.27) 즉, 1958년 동화사에서 사미

---

25) 『광덕스님 시봉일기 3』(도피안사, 2001), 연보.
26) 위의 박경훈 글, p.38.
27) 2002년 3월 21일, 강남고속터미널의 커피숍에서.

계를 받은 임원두는 그 이듬해인 1959년 봄 통도사를 거쳐, 범어
사에 가 보니 고광덕이 처사의 신분으로 범어사의 서기를 보고
있었다고 한다. 임원두는 1959년 동안거를 범어사 선방(원응료)에
서 났는데[28] 그때 고광덕과 함께 수행을 했다고 한다. 임원두는
이때에도 고광덕은 처사의 신분으로 수행을 했다고 주장한다.
그 안거 해제 직후(1960년 2월) 자신은 수덕사, 미래사를[29] 거쳐
1960년 7월경 범어사에 다시 왔을 때에 고광덕이 비구계를 받고
정식 승려가 되었다고[30] 회고하면서 고광덕의 비구계 수지는
1960년 음력 3월 15일이라고[31] 주장했다. 그러면서도 임원두는
고광덕이 수계한 것에 대해서는 일정한 의미를 부여했다. 늘상
처사의 신분으로 자처한 그가 수계한 것은 작심(作心), 결심, 의욕
이 결합된 것으로 보고 있다. 그리고 1960년 7월경에는 고광덕이
범어사의 총무를 담당했다는 것이다. 그런데 그해 가을경, 고광
덕이 갑자기 범어사를 떠나, 소임의 재배정으로 자신에게 재무
를 담당하라는 말이 있었지만 자신은 그 소임이 마땅치 않아 자

---

28) 임원두는 당시 그 동안거에는 서암스님이 입승을 보았고 수행 도반은 응담·
   일타·지유·도우 등이었으며, 자신은 다각이었다고 회고했다. 그리고 당시
   설봉스님이 『선문촬요』(가리방, 프린트본)를 갖고 강의를 했다고 증언하면
   서, 당신과 고광덕은 그 강의를 함께 청강했다고 한다.
29) 자신이 미래사에 있을 때에 4.19가 발발하여, 미래사 근처의 용화사에 대처승
   들이 진격하고 경찰이 자신을 신원조회 한다는 말이 있어 범어사로 왔다고
   한다.
30) 임원두는 고광덕이 비구계를 받은 것을 고광덕에게 분명히 들었다고 주장한
   다. 당시 고광덕은 사미계와 비구계를 거의 동시에 받았다고 언급했다는 것
   이다. 사미계는 석암스님에게, 비구계는 동산스님에게 받았다는 말을 들었지
   만, 자신은 사미계와 비구계를 바로 이어서 받은 것에 의아심을 가졌다고 한
   다. 추측건대 고광덕이 1950년 가을에 입산 직후에도 사미계를 받았는지, 아
   니면 다시 받은 것인지는 확인이 필요하다.
31) 범어사는 음력 3월 15일에 보살계를 설하고 그날 저녁에 비구계를 설하는 것
   이 당시의 관행이었다고 임원두는 증언한다.

신도 서울로 왔다고 필자에게 증언했다. 이러한 정황에서 필자는 1960년 봄의 비구계 수계의 주장을[32] 취하고자 한다.[33]

고광덕과 관련된 이 같은 득도, 수계 등에 관해서는 추후 객관적인 자료에 의해서 더욱 세밀히 따져 보아야 한다. 그러나 여기에서 우리는 10년 행자라는 이면의 뜻을 이해함과 동시에 고광덕 그가 그 10여 년 간을 철저한 불교공부를 했음을 더욱 확인케 되는 것이다.

10년간의 수행, 여기에서 필자는 여러 가지 생각을 갖게 된다. 지금이나 예전이나 승려의 교육은 매우 중요한 것으로 말해 왔다. 더욱이 그 교육은 정식 수계 이전의 행자교육과 기본교육(강원, 승가대 등)을 말한다. 일제하부터 1970년대에 이르기까지 불교계에선 행자교육이니, 기초·기본교육이라는 말 자체가 생소했다. 이러한 교육을 강조한 것은 승려생활, 성직자 생활의 근간이 그 교육기간에서 정립된다는 것을 의미한다. 또한 우리는 1954년 봄부터 본격화되어 1962년 4월 통합종단의 등장까지 그 8년간 어떠한 일이 우리 불교계에 일어났는지를 기억해내야 한다. 비구·대처승 간의 숱한 갈등, 대립, 폭력, 송사, 사찰 점거,

---

32) 그런데 박경훈은 2001년 7월, 「여성불교」에서 주관한 청담스님 관련 대담에서 필자에게 고광덕의 출가는 4·19 직후라고 증언했다. 즉, 고광덕의 행자 노릇은 10년이라고 주장하면서, 4·19가 나고 대처승이 대거 역습해 오는 지경에서 종정인 하동산이 이능가를 시켜 머리 깎이고(비구계 수지를 의미함) 갑자기 데려다 앉혀 놓은 것으로 회고했다. 그리고 박경훈은 이청담과 고광덕의 관계를 손발이 척척 맞았다고 회고하면서, 고광덕이 대각사의 방에서 밤새 자료를 만들면 그 자료를 이청담이 갖고 나가 종단 일에 활용했다고 한다. 이런 박경훈의 주장은 임원두의 주장과 그 대강이 맞는 것이라 본다.

33) 이는 당시 정황을 가장 객관적, 소상하게 파악한 임원두의 주장에 신뢰가 가기 때문이다. 물론 박경훈의 주장도 일리는 있다. 그러나 여기에서는 1959년 봄은 1960년 봄을 착오한 것으로 볼 수 있다.

진입, 깡패 동원 등이 우리의 기억을 혼란케 하고 있다. 그 와중에서 급조승, 깡패승, 조작승이니 하는 말의 이면도 우리의 역사에서 지워 버릴 수는 없다. 그로 인해 나타난 불교계의 혼미, 모순은 두말할 나위가 없다.[34] 다시 말하자면 이 같은 정황에서도 고광덕은 범어사 일대를 이탈하지 않고 꾸준히 수행한 것으로 볼 수 있다. 정식 수계를 미루고, 부처님 밥을 축내지 않겠다는 그 정성, 병객의 몸으로 승려가 되기에는 미진하다는 등등의 말들이 그의 주위에서 맴돌고 있었다.

한편 필자는 고광덕의 입산, 출가, 수행의 사례에서 다음과 같은 생각을 떠올리게 되었음을 밝힌다. 1950년부터 3년간 한국을 잿더미로 만들고 민족간에 피비린내 나도록 싸운 한국전쟁으로 인해 우리 민족은 얼마나 많은 가슴앓이를 했던가. 이런 가슴앓이를 불교는 얼마나 수용하고 그 대안을 내놓았는가. 그 전쟁의 와중에서 불교계로 흘러온 민초들은 얼마나 되었으며, 그들은 승려로 재가불자로 아직도 우리 주위에 있는가 말이다. 민족불교라 함은 민족의 고통, 고뇌, 모순을 치유할 그릇이 되어야 한다는 말로 볼 수 있지 않겠는가. 그럼에도 불구하고 우리 불교계는 그 정반대의 길을 가지 않았는가 하는 자괴감인 것이다. 필자는 이 분야를 공부하면서 적지 않은 인물들이 승단 안으로 유입되었지만 불교계의 환멸을 접하고 환속, 여타 종교로 이탈했다는 증언을 이따금씩 들었다.

이런 제반 정황을 유의하면 고광덕의 경우는 매우 특이한 경우라 하겠다. 특히 1970년대만 하여도 승려의 학력은 중졸이 평

---

34) 이에 관련된 정황은 법정이 「대한불교」 1964년 10월 11일, 18일, 25일에 기고한 〈부처님 전상서〉가 참고된다.

균이라는 속설도 적지 않다. 물론 승려의 속가 시절의 학력이야 크게 문제되지 않는다 하여도, 고광덕은 입산 이전에 대학생활을 경험했고, 다양한 서적을 독파했다는 정황, 10여 년을 하심의 자세로 수행했다는 것에서 그가 이미 승려생활 초기에 여타 승려들과 다를 수밖에 없었다는 저간의 사정을 우리는 인정해야 한다.

이러한 배경에서 필자가 이 시기, 즉 1950년대의 고광덕의 행적에서 주목하는 것은, 신소천의 '금강경독송 구국원력대'에 참가한 것과 서울 대각사를 거점으로 진행된 '대각회' 활동을 주도했다는 것이다. 이 두 내용에 대한 검토는 추후 개별적인 글을 통하여 더욱 세밀하게 분석되어야 한다. 위에서 잠시 언급했지만 신소천은 해방공간에서 이미 『금강경』을 통한 구국운동의 일선에 나섰다. 그후 신소천은 범어사에서 백용성의 위패상좌로 정식 출가한 이후인 1953년에는 부산 일대에서 활동을 재개했다. 이 활동에 고광덕이 동참한 것이다. 당시 신소천은 전국 24개 처에서 130여 회의 강연과 법회를 개최했다. 그리고 1954년경에는 부산 범일동을 무대로 가정법회인 법등가족 특별법회를 근 1년간이나 매주 시행했다.[35] 이 당시 신소천은 법문을 주로 했으며, 더욱이 서울에서 벌어진 정화운동의 일선에 참여했기에 그 실무는[36] 거의 고광덕이 주도한 것으로 보인다.[37] 당시 신소천은

---

35) 김재영, 『광덕스님의 생애와 불광운동』(불광출판부, 2000), pp.198~199.
　　「불광」 1999년 6월호, 백운스님 대담, pp.24~25.
36) 석정스님은 이 사정을 "종단 정화가 시작될 무렵 부산 범일동 김봉호 거사댁에서 여는 주중법회를 고 처사(고광덕, 필자주)가 주관한 적이 있었다. 소천스님이 주로 법문과 강의를 하셨지만 고 처사는 사이사이에 많은 큰 스님들을 청해서 이 법회를 운영해 갔다. 그때 고 처사는 중병을 앓고 있으면서도 소천스님 모시는 일, 법사 청하는 일, 원고정리, 법회 진행하는 일을 차질없

1936년에 『금강경 강의』를 저술, 발간했는데 이 해, 즉 1954년 8월에 이를 중판(重版)했다. 당시 그 '중판' 서두에 있는 저자의 말은 그 즈음의 신초천의 생각을 말해주는데, 이는 곧 당시 고광덕의 노선과 무관한 것은 아니다. 이에 그 주요 내용을 제시하면 다음과 같다.

그러므로 이 금강반야바라밀경을 佛께서 무상정등정각법이라 한 것이니 과거 현재 미래의 諸佛이 다 여기서 나오는 것이며 과거 현재 미래의 제불의 법이 다 여기서 나오는 것이다. 어떠한 것이 제불의 법인가. 일체 世間法이다. 어떠한 것이 제불인가. 일체 衆生이다. 이 까닭에 현금에 殺傷을 감행하는 盲衆의 인류와 민족을 깨닫게 함도 이 금강반야바라밀경 진리에서만 될 수 있는 것이요, 제 살림을 제 손으로 쳐부수는 국가와 세계를 구해냄도 이 금강반야바라밀경 진리에서만 될 수 있는 것이다.

우리는 金剛救國 金剛救世를 한번 더 깨달을 때가 되었다. 진정한 愛國者라면 진정한 愛世家라면 진정한 調御師라면 자신이 먼저 금강반야바라밀에서 진정한 무상의 正等인 정각심을 일으키어 究竟 청정한 地台에 서서 속박 아닌 解脫力을 자아내어 不二 見地의 慈悲와 大界 一身의 公心과 太平一如의 正等心을 발휘하여 미로에 있는 인류와 민족을 위하여 활용하여야 하겠다.

이것이 佛子의 책임인 것이요, 宗敎家의 책임인 것이요, 修道者의 책임인 것이요., 한국의 책임인 것이요., 다시 금강경을 읽

이 밀고 나갔다"고 회고했다. 『광덕스님 시봉일기 1』(경서원, 1999), p.22.
37) 그러나 당시 고광덕은 법사로 나서지는 않았다고 한다. 한편 이 당시 고광덕을 만난 박경훈은 당시 고광덕에게 출가하라고 했지만 자신은 병객이기에 곤란하다고 했다면서, 당시 고광덕은 불교를 이용한 사회운동에 관심이 많았다고 필자에게 증언했다.

는 자의 책임인 것이다. 우리는 금강경 진리에서 슴치고 금강경 진리에서 힘을 내고 금강경 진리에서 救衆生하고 금강경 진리로 還元하야 自若한 산 춤을 추어야 할 것이다.[38]

여기에서 극명하게 나온『금강경』에 대한 확신,『금강경』의 진리로써 구국(救國)과 구세(救世)를 할 수 있다는 믿음은 놀라운 것이었다.『금강경』진리가 당시 현실을 구할 수 있는 방편임을 힘주어 역설했다. 이 같은 믿음으로 '구국원력대'가 꾸려졌던 것이다. 여기에서 우리는 상구보리 하화중생이라는 너무나 보편적인 진리가 손에 잡힐 듯 다가왔음을 볼 수 있다. 바로 이것이 당시 고광덕이 생각한 진리요 실천이었다.

신소천의『금강경』을 통한 구국운동에[39] 대한 고광덕의 평가는『소천선사문집』의 발문에 잘 나와 있다. 이로써 고광덕은 수행에서 머물지 않고, 사회와 국가를 위한 차원으로 전이될 토양을 만들게 되었다. 더욱이 포교 일선에서 신소천을 도와가면서 전개한 구국원력대의 경험은 이후 그가 불광회를 추진할 때의 값진 밑거름으로 작용했다. 이러한 접근은 추후 고광덕의 사상 연구의 전개에 있어서 신소천에 대한 선행 연구의 필요성과 긴급성을 말해주는 것이다.

또한 1956년 9월 16일부터 서울 대각사를 거점으로 전개했다는 대각회의 활동도 우리의 시선을 끈다. 이 대각회는 현재 재단법인 대각회와는 그 성격이 전연 다르다. 현전하는 대각회는 백

---

38)『금강경 강의』(1954년판), pp.3~4.
39) 신소천의 그 운동에 대한 이념은『소천선사문집』권2에 전하는 〈금강경과 각운동〉에 전하고 있다.

용성의 사상을 계승하려는 이른바 용성문도들에 의해서 1969년
에 문공부에 재단법인으로 등록된 단체이고, 여기에서 문제가
되는 대각회는 신행단체다. 그런데 우리가 유의할 것은 부산에
서 수행하면서 활동했던 고광덕이 왜 서울의 대각사로 올라왔는
가 하는 문제다. 이는 그와 함께 활동했던 신소천이 대각사 주지
로 근무했던 것에서 찾을 수 있다. 대각사를 거점으로 활동을 시
작한 대각회는 일종의 신행단체였지만 『금강경』을 기본으로 했
기에, 여타 단체와도 그 성격이 매우 달랐다고 보인다. 예컨대
총재에 이청담, 명예총재 이성철, 초대 회장에 고광덕, 부회장은
황산덕 박사의 부인인 황대법성 보살, 총무는 재가자인 김경만
이었다.40) 1956년 9월은 정화운동이 비구승의 종단 주도로 판가
름났지만, 그 여진은 지속되던 때였다. 여기에서 의문점이 드는
것은 추후 더욱 해명되어야 하겠지만 이청담과 이성철이 참여한
사정이다. 이청담은 불교정화운동을 진두 지휘한 승려로 당시는
주로 선학원에서 활동한 조계종단을 상징하는 인물이었다. 그런
데 그는 조계종단의 총무원장을 역임하면서 수많은 법문을 했는
데, 그 대상으로 이용한 것이 『금강경』이었다.41) 혹시 『금강경』
이라는 매개체를 통하여 총재로 추대했을 가능성도 있을 것이다.
그러면 이성철은 어떤 연고로 명예총재에 추대되었을까? 고광덕
과 이성철은 하동산의 제자였기에 같은 문도로서의 동질감이 매

---

40) 聞思修 회주인 한탑스님을 말하는데 그는 3대 총무였다. 한탑스님 이전의 총
　무는 확인하지 못했다. 대각회 출범, 역대 간부 명단은 더욱 세밀한 연구가
　필요하다.
41) 이청담이 『금강경』을 갖고 설법한 내용을 정리하여 그의 상좌인 이혜성의
　주도로 『금강경대강좌』(보성문화사, 1977)가 간행되었다. 당시, 그 편집위원
　은 이혜성, 조명기, 이종익, 김관호, 심재열이었다. 이청담은 조계사 대웅전에
　서 1955년, 1969년, 1970년 3차례나 『금강경』 강설을 했다.

우 깊었다. 그러나 1956년 무렵의 이성철은 팔공산의 성전암에 침거하면서 치열한 교학 수행을 하고 있을 때였다. 그래서 성철의 문도는 그 시기를 10년 동구불출, 8년 장좌불와라고 지칭하고 있다.[42] 더욱이 의아스러운 것은 고광덕이 대각회 회장으로 활동했다는 부문이다. 그가 큰 영향을 받은 신소천이 대각사에 주석하고 있는 데도 말이다.

이러한 제반 의문은[43] 추후 더욱 밝혀져야 한다. 다만 분명한 것은 고광덕 그가 서울의 중심부에서 신행활동의 일선에 서 있었다는 것이다. 그 당시 고광덕의 『금강경』 강의를 들었던 김경만은 강의를 하는 고광덕의 체취에서 큰 충격을 받았다고[44] 한다. 이 대각회 활동에 고광덕이 얼마나 활동했는지에 대해서도 더욱 조사되어야 한다. 그후 이 대각회는 2대 회장에 이종익, 3대 회장에 김경만으로 이어오다, 회의 명칭도 원각회로 전환되었다고[45] 한다. 이 대각회는 정화운동이 발발한 이후에 등장하여

---

42) 원택, 『우리 시대의 부처 성철 큰스님』(장경각, 1995), p.20.
43) 현재 고광덕이 대각회의 회장이라는 근거는 대부분 증언에 의해서 나온 것이다. 그리고 또 하나의 의문은 1956년 9월 무렵에 그가 정식으로 구족계나 비구계를 받았는가 하는 점이다. 이는 박경훈의 증언과 문도들의 증언(김재영도 이 주장에 동의)이 약간은 엇갈리고 있다. 이와 관련하여 정식 비구계도 받지 않은 정황에서 대각회 회장으로 나설 수 있었을까 하는 점이다. 더욱이 그 대각회의 총재, 명예총재는 당시에도 승가 내에서 유명한 승려들이 아니었던가. 설령 비구계를 안 받고, 승려로서의 외향은 갖추었을지라도 회장으로의 취임은 납득이 잘 안 될 수도 있다. 그리고 회장의 성격도 재검토가 요망된다. 이러한 문제제기는 구체적인 자료나 지속적인 탐구에 의해서 해결되어야 한다. 이러한 문제는 고광덕에 대한 성격과 위상을 정립하기 위한 대승적인 고뇌로 이해되어야 한다. 최근 필자는 이에 대한 의문을 한탑스님에게 질문을 했는바, 그 당시 재가자들이 고광덕을 회장님으로 불렀다고 회고했다.
44) 「불광」 294호, 〈부처님을 대중 속에 심어준 큰 별〉.
45) 이 전환은 1970년 4월 이전으로 보인다. 이를 파악할 수 있는 단서는 「대한

1960년대 후반까지도 일정한 활동을 했기에 설립 목적, 활동, 추진 주체, 조직체계 등에 대하여 검토가 요망된다.[46]

　지금까지 우리는 고광덕의 가족사, 입산, 출가, 수행에 관련된 제반 문제를 살펴보았다. 특히 그가 신소천이 주도한 '금강경독송 구국원력대'와 대각회에 관한 당시 사정도 동시에 짚어 보았다. 이러한 분석을 통하여 1950~60년대까지의 고광덕의 행적을 더듬어 보았다. 그리하여 우리는 그가 여타 승려와는 차별성을 갖고 있었음과 불교운동의 경험도 축적했음을 파악했다.

불교」 1970년 4월 5일자 3면 하단 광고에 원각회가 신심명(3조 승찬) 강좌를 이청담을 초빙하여 1970년 4월 12일부터, 매주 토요일 오후 3~5시에, 조계사 큰 법당에서 갖는다는 내용이다. 그런데 이 광고의 주체는 원각회라고 표방하면서, 원각회는 이전(舊)의 대각회로 밝혔음에서 이를 이해했다.
한편, 「대한불교」 1970년 4월 12일자의 1면 하단의 광고에는 보각선원(신소천)의 〈금강경독송 구국원력대 모집〉이 나와 있다. 이를 보면 이 원력대 모집은 위의 대각회가 원각회로 전환된 사정과 연관되는 것으로 보인다. 요컨대 대각회와 신소천과의 연계가 없어지자 신소천은 독자적인 운동을 추진한 것이라는 점이다.
46) 필자가 찾아낸 대각회 관련자료는 다음과 같다.
「대한불교」 1960.3.1, 대각회 대표는 최경진
　　　　　 1960.5.1, 서울신도회에 참가한 대각회 대표는 최경진, 임석암, 최순덕
　　　　　 1960.7.5, 대각회 활성화, 황산덕과 이기영 초청 강좌 시행
　　　　　 1960.10.25, 대각회 창립 4주년 기념법회(조계사, 9.26~10.30), 강사는 이청담, 김기석, 박춘해, 이종익
　　　　　 1969.4.5(광고, 예고), 대각회 주최로 낙원예식장에서, 이청담의 금강경대강좌, 4월 12일부터 매주 토요일, 하오 5~7시
　　　　　 1969.5.25(광고, 예고), 대각회 주최로, 매주 토요일, 하오 5~7시, 이청담의 금강경 대강좌

3. 조계종단 재건

고광덕 그는 조계종의 승려였다. 이에 본장에서는 그가 소속된 조계종단과의 관련을 조명하고자 한다. 요컨대 그는 조계종단을 위해서 어떤 일을 했는가의 문제에 대한 해명인 셈이다. 그런데 당시 조계종은 일제하 식민지 불교의 잔재를 극복하고 불교의 근본정신, 한국불교의 전통을 회복하기 위한 노력을 추진하고 있었다. 그 추진은 일반적으로 불교정화 혹은 정화운동으로 지칭되었다. 불교정화는 해방공간에서도 간헐적으로, 때로는 격렬하게 전개되었으나 종단 차원으로 추진되지는 못했다.[47] 그런데 1954년 5월 이승만의 유시, '대처승은 사찰 밖으로 나가라'는 담화는 기름에 불을 끼얹는 격으로 그때부터 8년간 불교계 내외의 소용돌이로 변하게 했다. 이 정화운동은 비구승과 대처승 간의 치열한 갈등과 대립으로 전개되었지만 1955년 8월 12일의 전국승려대회를 기점으로 점차 비구승 중심의 승단으로 재편되었다. 그러나 그 재편으로 인하여 종권과 사찰 운영권에서 이탈당한 대처 측은 그 환원을 위해 끊임없이 문제 제기를 했다. 그 문제 제기는 사법부에 판단 의뢰, 개별 사찰에서의 운영권 회

---

47) 이에 대한 사정은 아래의 졸고가 참고된다.
　　김광식, 〈8·15해방과 불교계의 동향〉『한국근대불교의 현실인식』, 1998, 민족사.
　　———, 〈불교혁신총연맹의 결성과 이념〉『한국근대불교의 현실인식』, 1998, 민족사.
　　———, 〈전국불교도총연맹의 결성과 불교계 동향〉『한국근대불교의 현실인식』, 1998, 민족사.

복 노력 등 매우 다양했다.

이에 조계종단은 정화운동은 외형적으로 일단락되었음에도 불구하고 대처 측과의 지속적인 모순과 갈등으로 더욱더 질곡의 수렁에 빠지게 되었다. 이 같은 모순은 특히 1960년의 4·19혁명과 1961년 5·16 군사정권의 등장이라는 정치·사회적인 급변을 타고 더욱 기승을 부리게 되었다.[48] 당시 대처 측이 제기한 수많은 소송에서 조계종단은 점차 불리해졌고, 일부 사찰에서는 그 소송에서 패했다. 이러한 조계종단의 위기가 고광덕이 중앙 불교계로 오게 된 결정적인 요인으로 작용했다고 보인다. 이에 대한 사정을 박경훈은 고광덕이 '대사일번(大死一番)'으로 언급했다고 회고했다. 박경훈은 이 '대사일번'을 "모든 것을 버리고 법과 중생을 위해서 스스로 사지에 뛰어들 각오가 되어 있음"으로 풀이했다. 이러한 즈음에 고광덕은 조계종의 서무국장을 담당했다고 한다. 이는 그의 은사인 하동산이 조계종 종정으로 활동했기에,[49] 그 전후사정을 음미해 보면 하동산의 부름이 작용했다고 보인다.

---

48) 필자는 정화운동이 조계종단사 및 불교현대사 차원에서 중요한 대상이라고 이해하여 다음과 같은 논고를 발표했다.

김광식, 〈불교정화의 성찰과 재인식〉『근현대불교의 재조명』, 민족사, 2000.

———, 〈전국비구승대표자대회의 시말〉『근현대불교의 재조명』, 민족사, 2000.

———, 〈사찰정화대책위원회의 개요와 성격〉『근현대불교의 재조명』, 민족사, 2000.

———, 〈불교재건위원회의 개요와 성격〉『근현대불교의 재조명』, 민족사, 2000.

———, 〈정화운동의 전개과정과 성격〉『새불교운동의 전개』, 도피안사, 2002.
49) 하동산이 종정에 취임한 것은 1958년 4월이었는데, 통합종단이 출범하여 이효봉이 종정으로 피선될 때까지 종정의 직위에 있었다.

그런데 고광덕이 조계종의 서무국장을 했다고 현전하는 기록은 「대한불교」 1962년 6월 1일자의 〈총무원 6국장 발령, 구국사무(九局事務)를 겸무(兼務)〉의 기사다. 이 당시 총무원은 통합종단 발족 직후 종단의 사무를 12국 체제로 전환하면서 8명의 국장이 그 업무를 겸직으로 근무하게 한다는 원칙을 정했다. 이에 그 8명 중 우선 6명을 임명했는데, 그중 고광덕은 총무부 서무국장에 임명되었던 것이다. 그리고 1962년 9월 29일에도 고광덕은 서무국장, 종보국장, 기획국장을 겸직으로 근무했다는 기록도 있다.[50]

그런데 여기에서 우리가 관심을 기울일 것은 이때가 고광덕이 종단에 처음으로 입문한 것인가 하는 문제다. 박경훈의 서술에 의하면 고광덕은 1961년 10월 이전이라는 것이다.[51] 이는 「대한불교」의 기사 내용과는 거의 1년 정도의 차이가 난다. 이러한 의문을 갖고 필자는 현전하는 조계종의 기관지인 「대한불교」를 세밀히 열람했지만 현재까지는 1962년 5월 이전의 기사에서 고광덕이 종단과 관련된 기록은 찾지 못했다. 「대한불교」의 창간은 1960년 1월 1일이기에, 그 이전의 사정은 더욱 찾기 어렵다.

필자가 확인한 1960년 1월 이후의 기사에서는 총무원의 조직은 총무국장, 교무국장, 재무국장 체제였음을 찾을 수[52] 있었다. 여기에서 우리는 고광덕이 서무국장의 근무와 관련된 선택의 기

---

50) 「대한불교」, 1962.10.1, 〈대불총 73호 공문〉.

51) 위의 『시봉일기 3』, pp.45~47.

52) 1960년 2월, 총무국장은 이화천(능가), 교무국장은 채동일, 재무국장은 이행원이었다. 1960년 6월 14일, 총무국장은 고일초(고은), 교무국장은 송월주였으며, 1961년 2월 2일에는 총무국장에 송월주, 교무국장에는 최진여였다. 이상은 「대한불교」에서 적출한 것임.

로에 서 있게 된다. 이에 대한 해답은 박경훈과 고광덕과의 관계에서 그 단서를 찾아야 한다. 즉 박경훈은 고광덕과 1962년 전후에 매우 지근 거리에서 생활했다. 때문에 박경훈은 그 사정을 고광덕에게 직접 들었기에 그의 주장은 일단 신빙성이 높을 것으로 보아야 한다. 다만 그 증언은 구전으로 들었기에 구체적인 연대나 일자에 대해서는 오류가 있을 가능성을 수긍해야 한다. 또한 서무국장이라는 것은 종단에 근무했다는 하나의 확인, 증거로만 이용되어야 한다. 예컨대 우리들도 2~3년 사이에 여러 직책을 옮겨 다니며 근무를 하고, 많은 시간이 지난 후에 가서 그 근무기간 내에 일어난 다양한 일을 회고, 전달할 경우 해당 직책과 연결하여 자세히 전달하기는 어려운 일이기 때문이다. 요컨대 서무국장은 종단에 근무했다는 단서고, 그 당시 그가 관련된 정황은 믿을 수 있다고 본다. 그럼에도 불구하고 확실한 단정은 하기 어렵다. 예컨대 비공식적으로 일을 하다, 얼마 후부터는 서무국장으로 정식 근무했을 가능성도 배제하기는 어렵다. 그는 종정인 하동산의 제자였고, 하동산은 그의 입산 이전의 다양한 이력을 알고 있었기에 더욱 그러하다. 그리고 그는 통합종단 출범 이전에는 서무국장을 수행하지는 않았지만 그와 유사한 업무를 담당했을 수도 있다.

그리고 전장에서 살핀, 고광덕 그가 수계 받은 직후인 1960년 가을경에 범어사를 갑자기 떠났다는 정황(임원두 증언)도 음미할 대목이다. 갑자가 떠난 이유는 당시 급박하게 전개되는 중앙의 조계종단의 사정을 말하는 것이다. 당시 조계종단은 4·19 발발로 인하여 대처 측이 재기하면서, 종권 유지와 장악을 둘러싸고 긴박감이 더해 갔다. 대처 측이 제기한 각종 송사에서 비구 측의 패소가 급증했다. 조계종단을 주도하고 있었던 비구 측의 위기 의식은 대단했다. 이는 당시 종정을 맡고 있었던 하동산으로서 는 중요한 과제였다. 이러한 지경에서 고광덕은 범어사에서 중 앙의 조계종단 중심부에 진입했던 것으로 보인다. 이와 관련하 여 1960년 봉은사에서 고광덕을 처음으로 만났다는 이홍교의 증 언도[53] 흥미로운 것이다.

일단 위의 전제와 배경에서 그가 담당한 일의 개요를 요약하 면서 고광덕이 수행한 일의 성격을 정리해 보자. 여기에는 1960 년 가을 무렵부터 고광덕이 종단의 일선에 나섰음을 전제로 한 서술이다. 그가 종단 일에 처음으로 관여했다는 것은 1961년 3 월, 비구 측의 조계종단이 정통성이 있음을 판결한 대법원 판시 였다. 그런데 이 판결은 이전 해, 즉 1960년 11월 24일, 대법원에 서 '종헌 등 결의 무효에 관한 판결'(민상 제27호)을 통해 원판결 (피고 비구 측 승소)을 파기하고 서울 고등법원에 환송한다는 판 시와 연결되어 있었다. 그 결과 당시 비구 측 승려들은 이 대법 원 판결에서 비구 측에 정당성을 부여하는 확정 판결을 기대했 으나, 정반대의 결과가 나오자 흥분한 일부 승려들은[54] 대법원 에 난입을 하고 그 판결에 이의를 가진 6명의 비구승들이 할복 을 기도한 초유의 사태가 발생하기도 했다. 이로 인해 그 난입의 관련자들은 경찰에 구금되고, 사법부에 회부되는 불상사가 발생 했다.[55] 이 사태를 겪은 이후 대처 측과 관련된 그 재판에 대한

---

53) 「불광」 1999년 5월호, 〈어떤 것이 큰 스님의 열반입니까〉.
54) 당시 12명의 승려는 순교단을 결성하고, 그중 6명의 비구는 대법원장실에서 할복을 시도했다.
55) 「동아일보」 1960.11.26, 〈前代未聞의 법원 난입 사건〉.
　　「경향신문」 1960.11.26, 〈133명에 구속영장, 비구승 난동사건 198명은 석방〉.

후속 작업의 결과가 1961년 3월의 대법원 판결이었다. 그런데 바로 이 판결의 이면에는 바로 고광덕의 손길이 작용했다는 것이다. 박경훈의 회고에 의하면, 종단 소송 대리인에게 한국불교의 전통과 특성을 이해시키고, 자신이 또한 소명자료를 다시 작성했다는 것이다. 이러한 소송에 대비한 철저한 준비와 행정과 법 이론에 바탕을 둔 송사는 종단을 구명했던 것이다.

그러나 대처 측의 사법부를 통한 종권 재장악 시도는 그 이후에도 지속되었거니와, 그 결과로 나온 것이 1961년 10월 19일, 대법원의 판결이었다. 그 요지는 1955년 8월 12일의 종헌 개정은 적법한 절차를 밟은 것이 아니라 종헌 개정 및 불교정화에 관한 전국 승려의 하나의 건의의 성질을 벗어나지 못한다는 것이었다. 이는 곧 기존 비구 측의 종권이 전연 무효라는 것이기에 대처 측의 승소를 말하는 것이다.56) 이렇게 조계종단이 누란 위기의 지경에 처했을 시 그 해결 일선에 바로 고광덕이 있었다. 당시 이 재판의 문제점을 파악한 고광덕은 이를 '무의미한 판결'로 생각했다고 한다. 고광덕 그는 그 이유를 당시 일반적인 승려의 숫자상으로 우세한 대처승이 1955년 8월의 승려대회에 참석하지 않은 것은 비구·대처 양측이 함께 인정한 승려 자격 8대 원칙에 결격사유가 있었다는 것에서 찾았다. 요컨대 승려 자격이 없기에 승려대회에 참가하지 않았다는 것이다. 이 판결 이후 고광덕은 대처승 측에게도 기득권을 인정하는 통합종단의 종헌과 종법을 제시하고 이전 대법원 판결의 문제점을 지적했다. 나아가서

---

56) 그런데 필자는 이 대법원의 판결이 이전 어느 재판과 연결되어 나온 것인지에 대해서는 구체적인 조사를 못했다. 요컨대 1960년 11월, 1961년 3월 대법원 판결과의 상호성에 대한 문제를 말한다.

대처승들이 스스로의 문제점을 자인한 것이 대처승의 '집단이혼'
이라는 것이다. 자신들이 정한 승려 자격에 문제가 있음을 수긍
하고 법적으로 이혼했으며, 그것은 통합종단의 종헌이 기존 대
처승의 기득권을 인정하고 있다는 것을 인정한 논리이자 행동이
라는 것이다. 그러나 이러한 고광덕의 이의 제기는 지속되지는
않았다. 그것은 당시 5·16으로 정권을 차지한 군사정권이 비
구·대처 간의 일체 송사를 중단시켰기 때문이다. 국가재건최고
의장인 박정희는 불교계 분규 해결을 위해 담화를 발표하면서,[57]
사법부에 그 관련 송사를 일체 중단시키면서, 비구 대처 양측의
대화를 종용하고 있었다. 그 구도에서 1962년 1월 불교재건위원
회가 등장했다.

불교재건위원회는 곧 이어 불교재건비상종회를 출범시켰다.
바로 이 비상종회에서 비구·대처 양측을 통합시키는 종헌이 제
정되고, 마침내 1962년 4월 11일 역사적인 통합종단이 정식 출범
했던 것이다. 그런데 바로 통합종단의 출범은 비구·대처 양측
이 인정하는 종헌의 제정, 선포, 인정이라는 전제에서 가능했다.
그러나 여기에는 비구·대처 간의 치열한 갈등과 이해관계가 개
재되어 있었다. 그 요체는 승려 자격의 문제와 종조의 문제였다.
그중 가장 예민한 것은 승려 자격이었다. 이는 비구·대처 양측
이 양보할 수 없는 논리, 명분, 이익이 자리잡고 있었기 때문이
다. 이에 대한 원칙을 저버리면 지난 8년간의 대의명분, 재판정
에서의 논리 등 수많은 파장을 야기할 수 있는 '뜨거운 감자'였
다. 이는 그 누구도 해결하기에는 어려운 과제였다. 즉 솔로몬의

---

57) 「동아일보」 1962.1.13, 〈자율적 기회 준다, 박의장 불교계 분규수습촉구〉.
　　「동아일보」 1961.10.22, 〈불교분쟁 재판 중지를 지시〉.

절묘한 지혜가 필요한 시점이었다.

당시 비구 측은 정식 출가한 자만을 승려로 인정할 수 있다는 것이고, 대처 측은 대처승도 승려로 볼 수 있다는 전제로 자칭 교화승이라고 주장했다. 대처 측은 승려를 수행승과 교화승의 이원화를 강조했다.[58] 당시 양측의 이에 대한 주장과 논리는 생명을 걸었다고 할 정도로 치열한 것이었다. 그러나 숱한 난관을 극복하고 마침내 양측은 "승려 자격은 비구승·대처승이 모두 기득권을 가지되, 대처승은 실제로 사찰에 거주하고 수도와 교화에 전력을 기울여야 한다" 선에서 합의했다.[59] 이를 구체적으로 살피면 당시 종헌의 제9조에서 다음과 같이 규정했다.

승려는 구족계와 보살계를 수지하고 수도 또는 교화에 전력하는 출가 독신자라야 한다.

단 대처승의 기득권은 인정하고 다음 각 항에 해당자는 정상적인 승려로 인정한다.

① 사실상 사찰에 거주하며 수도와 교화에 전력하는 자

② 가족 부양의 책임을 가지지 아니한 자

③ 범속인과 같은 일상생활을 아니한 자

그리고 여기에서 말하는 대처승의 기득권에 대한 해석은 문교부에 일임하는 조건으로[60] 역사적인 종헌은 선포되고,[61] 통합종

---

58) 「경향신문」, 1962.2.25, 〈대처승 측의 승려 자격 포기 출가수행하면 승려인정, 비구 수행승, 대처는 교화사로〉.

59) 「경향신문」, 1962.2.28, 〈승려 자격에 합의 오늘 비상종회의원대회서 최종의결〉.

60) 「경향신문」, 1962.3.1, 〈대처승 기득권 해석 당국에 일임〉. 당시 문교부는 종헌에서 규정한 승려 자격을 항유치 못하면 준승려로서 포교사 및 주지서리

단은 출범했다. 이 같은 통합종단의 출범은 그 역사적인 의의가 결코 작은 것은 아니었다. 지난 8년간의 정화운동, 조계종단의 정통성과 역사성을 수호하는 기념비적인 사건이었다. 그런데 그 의의를 가능하게 한 것은 위에서 제시한 절묘한 승려 자격의 이해였다.

사실 이 종헌에서 말하는 승려 자격은 일면 당시까지의 비구 측 논리를 대부분 수용한 것이었다. 그러나 또 다른 일면에서 보면, 대처승들이 종단을 이탈할 수 없는 대승적인 조건을 수용했다. 즉 과거의 대처승이라도 현재부터 승려로서의 자격과 행동을 갖추면 승려로 인정한다는 것이다. 과거를 불문하고 승려로서의 역할을 다하면 조계종단의 정식 승려로 인정하겠다는 논리다. 이는 이전 송만암의 고불총림에서 현실적인 대안으로 나온 대처승은 당대에만 인정하겠다는 논리와 그 맥이 통하는 것이었다.

한편 필자는 이 시기 특히 불교정화운동, 통합종단 출범과 관련된 연구를 수행하면서 이러한 제안을 누가 제시했는가에 적지 않은 관심을 기울였다. 그러나 그에 관한 자료도 미진한 차에 최근 박경훈이 그 단서를 제시했다. 물론 박경훈의 증언이 당시 상황을 완벽하게 설명해 주지는 않는다. 그러나 그 실마리를 준 것은 사실이다. 박경훈은 고광덕이 대처승 측과의 화동을 위해서

에 등용될 수 있을 뿐이라고 통고했다. 이에 대해서는 「동아일보」 1962.3.6, 〈출가, 독신승 등에만 인정 문교부, 대처승 권한을 제한〉 내용 참조.
61) 그런데 대처 측은 종헌 제정이 된 직후에도 대처승의 기득권과 종회 구성에 대한 동율을 주장하며 종헌 선포에 임하지 않았다. 이에 정부에서는 비상종회를 개편(비구 5명, 대처 5명, 사회인사 5명)으로 3월 25일에 가서야 종헌을 선포할 수 있었다. 「조선일보」 1962.3.26, 〈불교재건 새 종헌을 선포〉.

"비구승 측에서 출가승 독신이면 기득권을 인정하는 포괄적인 방안을 제안했다"고[62] 증언했다. 이에 고광덕은 비구승 측 승려로부터 매종자(賣宗者), 사자충(獅子蟲)이라는 지적을 들었다고 한다. 사실 출가 독신승은 당연한 원칙이었지만, 대처승 측의 승려들 가운데에도 청정 비구승이 있었다. 그리고 법적으로도 이혼을 했기에 출가 독신승이라는 구도 안에 포함될 다수의 비구 측 승려는 있었던 것이다. 이러한 단안은 법적·행정적인 조치로 볼 수 있다. 이처럼 유연한 승려 자격을 제시했기에 대처 측과의 소송, 화동원칙 추진에 하나의 발판을 마련했다고 보인다. 요컨대 종단 재건의 단초를 제공했다.

이 같은 고광덕이 대처 측과 제기된 송사를 조계종단의 승소 판결로 이끈 것은 우리가 기억할 내용이다. 이 의지와 노력의 결과는 1972년 제29회 임시중앙종회(1972.4.10~11)의 회의록에서 찾을 수 있다. 당시 그 종회의 회의록에 의하면, 1962년 통합종단 출범 이후 조계종단을 이탈한 이른바 대처 측은 통합종단 출범의 단초를 제공한 비상종회의 종헌 무효 확인 소송을 했다. 이 소송은 1심에서는 대처 측 승소, 2심에서는 조계종단 승소였고, 3심인 대법원 판결에서[63] 조계종단의 승소로 귀결되었다. 이에 조계종단의 당시 종회에서는 그 승소를 이끈 담당 변호사를 표창하면서 당시 총무부장인 고광덕에게도 종정 명의의 공로의 표창을 했던 것이다.[64]

---

62) 위의 『시봉일기 3』, p.48.
63) 현재 필자는 이 판결과 관련된 구체적인 개요는 파악하지 못했다.
64) 『제3대 중앙종회회의록』(중앙종회, 2000), p.234. 당시 고광덕은 이에 대하여, "선사들의 노력으로 우리 대에 와서 결말을 보았던 것입니다. 최후의 판결에서 총무부장의 노력이 아니고 수많은 스님들의 노력에 의한 것입니다"라고

이러한 종단 재건에 대한 정황은 종조문제에서도 찾아볼 수 있다. 정화운동 초창기, 비구 측은 새로운 종헌을 제정(1954.9)할 시에 보조국사 지눌을 종조로 내세웠다. 이 주장은 이종익과 이불화의 학문적 소신이 반영된 결과였다. 그런데 당시 비구 측 승려들이 지눌을 종조로 내세울 때 기존 대처 측의 반발이 있었을 것에 대한 대비나 문제를 검토했는지에 대해서는 아직까지 불교계에서 관심을 기울인 바가 없다. 그러나 그 결과는 대처 측의 강한 반발이 있었음은 널리 알려진 바와 같다. 이는 당시까지도 보편화된 태고 보우국사에 대한 계승의식에서 나온 것이었다. 특히 정화운동 초기에 정화를 지지했던 송만암은 이를 환부역조(換父易祖)라고 비판하면서 정화운동의 일선에서 이탈했다. 송만암은 기존 집행부인 대처 측에 합류했다. 그리하여 이 종조문제는 정화운동 초창기에 비구 측을 곤욕스럽게 한 문제였다. 그래서 비구 측은 문교부와 협상을 했을 시에도 이 문제는 정화가 종료된 이후 전문 학자들과 상의하여 해결하자는 입장을 고수했다.

이에 고광덕은 이를 해결하기 위한 묘안으로 도의스님을 종조로 내세우고,[65] 지눌은 조계종을 중천(重闡)한 것으로, 보우는 제종을 포섭하여 조계종으로 공칭했다는 줄거리를 찾은 것이다. 이러한 이해는 조계종이 선종이기에 한국 선을 처음으로 중국에서 들여온 승려인 도의를 종조로 내세움으로써 비구·대처 양측의 논란에서 비켜서게 한 것이었다. 또한 태고에 대한 계승의식도 분명히 정리함으로써 대처 측의 반발도 무마시킬 수 있다.[66]

겸양의 뜻을 개진했다.

65) 박경훈은 위의 책 54면에서 보조스님을 종조로 받들고, 태고스님을 중흥조로 모시자는 것으로 이해했지만, 이는 사실과 다르다. 요컨대 통합종단의 종조는 도의였다.

그 이후 이에 대한 비판은 적지 않게 있었다. 종헌의 이념, 특히 종조문제는 혼미하다는 의견이 바로 그것이었다. 이는 필자가 보기에 적어도 종단이 존재하고, 지탱되고, 화합이 되어야 종조도 내세울 수 있다는 냉엄한 현실인식에서 나온 것이 아닌가 한다. 그러므로 우리는 여기에서 또다시 고광덕의 투철한 현실의식을 살필 수 있다.

그 밖의 일에서도 고광덕의 종단 재건을 위한 움직임은 지속되고, 다양했다. 특히 통합종단이 출범한 직후에는 종단의 수많은 종법이 그의 손을 거쳐가야 되었다. 1962년 4월 이전에도 조계종단의 종법은 분야별로 다 있었지만, 변화된 현실에 맞추어 모든 법을 개정해야 하고 필요에 따라서는 신규로 제정해야 하기 때문이다. 당시 통합종단 출범 직후에 등장한 종법은 중앙종회법,[67] 총무원법, 승니자격심사특별법, 법규위원회법, 종무원법, 감찰원법, 고시위원회법, 승니이동질서법, 의제법, 계단법, 교육법, 지방종정법, 역경법, 교도단체보호령,[68] 신도단체법, 기획위원회법[69] 등이었다. 이러한 종법이 고광덕의 행정 및 법의 논리

---

66) 박경훈은 고광덕의 그 주장은 일제하 불교계의 임제종 운동에서 "한국의 선종은 태고 이래로 임제의 법맥을 이어왔다"는 주장에서 찾은 것으로 보았다. 그러나 일제하 당시 불교계에서는 태고국사 계승의식이 지배적이었다. 이에 대한 논란은 1941년 4월 조선불교 조계종이 출범하기 전후에도 다양한 의견 개진이 있었다.

67) 중앙종회법이 제정될 당시 고광덕은 이 법의 기초전문위원으로 피선되었다. 『제1대 중앙종회회의록』(중앙종회, 1999), p.94. 그 법의 기초위원은 이청담, 박기종, 문정영, 오녹원, 전관응이었고 심사위원은 이행원, 김자운, 유석암, 채동일, 조금담이었다.

68) 이 법은 고광덕이 총무국장의 자격으로 관련 안건을 기초했다.

69) 고광덕은 기획위원회법 개정을 제안, 설명했다. 『제1대 중앙종회회의록』, p.391.

에 의거 만들어지고 다듬어졌던 것이다. 고광덕이 관여한 여타의 안건으로는 고운사를 교구본사로 하는 종법안,[70] 종단의 사무처를 신설하는 개정안[71] 등이었다.

또한 고광덕은 1963년 6월 29일에 개최된 제4회 임시중앙종회에서 감찰위원으로 선출되었다.[72] 당시 함께 피선된 인물은 소구산, 강석주였다. 종단의 서무, 기획국장 등을 역임했지만, 고광덕의 감찰위원 피선은 매우 이례적인 것으로 보인다.

위에서 살핀 바와 같이 고광덕은 종단 재건을 위한 분야에서 적지 않은 활동을 했다고 이해된다. 이러한 연유에서 나온 것인지는 단언할 수 없어도 1969년 8월 30일~9월 1일에 개최된 제21회 임시중앙종회에서 그는 교무부장에 피선되었다.[73] 이 종회는 당시 종단의 원로인 이청담의 종단 탈퇴 선언 직후에 개최된 종회였기에 종단의 위급성이 증대되던 시기였다.[74] 그런데 그는 교무부장의 취임을 사양했다.[75]

고광덕의 종단 활동은 제3대 중앙종회가 출범하면서부터 새로운 단계로 전환되었다. 그것은 곧 종회의원 활동이었다. 그는 범어사의 종회의원 자격으로 종단의 중심부에 더욱 진입하게 되었다. 제3대 중앙종회의 개원은 1970년 9월 23일이었다. 그는 법규분과위원회에 소속하여 활동을 했는데, 1972년도에는 법규분과위원회의 위원장이었다. 그리고 이 시기에는 총무원의 간부로도

---

70) 『제1대 중앙종회회의록』, p.392.

71) 위의 책, p.393.

72) 『제2대 중앙종회회의록』(중앙종회, 1999), p.178.

73) 『제2대 중앙종회회의록』, p.271.

74) 당시 총무원의 기존 간부 전원(박기종, 박서각, 오법안, 김남현)이 사퇴하고, 집행부(최월산, 김경우, 윤기원, 최원종)가 새롭게 편성되었다.

75) 『제2대 중앙종회회의록』, p.287. 그런데 그 사양의 이유나 논리는 알 수 없다.

활동했다. 그가 총무원의 총무부장으로 취임한 때는 1971년 7월 30일이었는데, 이는 이전 총무부장인 김경우가 관련된 이른바 염불암 토지 매각 사건으로 인한 총무원 및 감찰원 전 간부 사직의 와중에서 나온 것이다. 그러나 그는 총무부장의 직위에 있으면서 종단 기초를 다지기 위한 노력을 다했지만, 그 자리에 연연하지 않았다. 이에 계속하여 그는 1971년 12월, 1972년 7월, 1972년 12월 등 세차례에 걸쳐 총무부장의 사직을 신청했으나 늘상 보류되었다. 그의 총무부장 사임이 받아들여진 때는 1973년 1월 25일이었다.[76]

고광덕은 종단 종회의원, 총무부장으로 재직했던 이 시기에 종단의 행정 및 기초를 다지기 위한 노력을 다양하게 전개했다. 이제는 이전의 경험과 그에 걸맞는 그의 위상으로 인하여 더욱더 종단의 진로를 모색할 수 있었던 것이다. 이제 그 구체적인 활동의 내용을 살펴보겠다. 우선 종회의원으로 활동하던 초창기에는 종회의원의 신분으로서 종법·종단 사업 등에 관련된 문제점을 지적, 보완하는 것이었다. 그가 지적한 대상은 기본사찰재산 관리 개선지침, 교육원 신설, 종정 감사보고, 법규위원회 기능, 국립공원협의회 등이었다.[77] 이러한 활동에서 그의 지적을 분석하면 대부분 조항 검토, 종법의 개정과 신설의 필요성 제기, 교육원 설치의 필요성 강조, 법규위원회 기능의 운용, 업무 범위의 조정 등으로 볼 수 있다. 이는 곧 종단 행정에 대한 기초를 수립하려는 의식과 무관한 것은 아니었다.

그의 종단 활동은 총무부장에 취임하면서부터는 질적인 전환

---

76) 『제3대 중앙종회회의록』(중앙종회, 2000), pp.14~15.
77) 『제3대 중앙종회회의록』, p.38 · 55 · 58 · 65 · 87 참조.

을 가져오게 된다. 이제 그는 종단의 실무 책임자로서의 역할을 부여받았다. 그가 총무부장에 취임할 때의 조계종단은 종단의 원로인 이청담이 종정·장로원장까지 역임한 이후에 다시 총무원장에 취임, 집무를 보던 때였다. 이청담이 종단의 일선 책임자로 다시 나선 것은 그만큼 종단의 운용과 진로에 문제점이 많았음을 단적으로 말하는 것이다. 그런데 이청담의 집행부 간부가 자행한 사찰토지의 부정 매각으로 인하여 집행부 전체의 도덕성이 땅에 떨어지고, 종단 내외의 비판과 원성이 극에 달했던 시기이다. 때문에 고광덕의 총무부장 취임은 결코 간단한 것은 아니었다. 이러한 정황에서 고광덕의 집무 원칙을 그가 종회에서 개진한 종무방침 기조발언에서 찾을 수 있다.[78]

교단 내부문제에 있어서 우리 교단은 우선 몇몇 사람의 집단이 아니라는 것을 인식해야겠습니다. 우리 교단의 문제는 우리 내부만의 문제가 아니고 우리 나라 국민과 연결되어 있다는 것을 명심해야 합니다. 대통령의 비상사태 선언은 우리 나라의 현실을 표현한 것입니다. 두각을 나타내는 중공, 미국의 친중공 정책, 일본의 동향 등 세계의 긴장상태, 현하 우리 나라 실정 등에 비추어서도 우리 교단은 대동단결 흩어지지 말고 한데 뭉쳐서 일해야 할 때가 온 것입니다. 정화 이후의 우리 교단은 무엇을 어떻게 하는 것이 올바른 자세냐를 생각해 봐야 합니다. 정화의 중심 인물인 청담 큰스님의 열반은 우리에게 중단 없는 전진을 각오할 교훈을 주셨습니다. 이념 종단의 시기는 지나갔다고 봅니다. 능

---

78) 그가 이러한 종무방침을 선언할 수 있었던 것은 이청담 입적 직후, 그 후임으로 총무원장에 피선된 강석주가 종단 운영에 대한 방향을 수립하지 못한 것과 연계될 것이다.

력을 다해 일할 수 있는 기능 종단을 만들어야 된다고 봅니다.[79]

즉, 종단의 대동단결, 정화 이후의 종단 성찰, 기능 종단의 천명 등이라고 보겠다. 특히 위의 발언에서 필자가 주목한 것은 종단이 '나라와 국민'에게 연결되어 있다는 내용이다. 이는 투철한 현실의식, 종단의 위상 고려, 종단만을 위한 종단이 아님을 분명히 밝힌 것이라고 보고 싶다. 이러한 방향에서 그는 종단이 수행할 세부 사업 및 내용을 제시했다. 그 내용을 제시하면 실천하는 종단의 위상 강화, 종무요원의 청정성 담보, 종단의 기능을 전진적인 자세로, 세밀한 계획과 연구로 행정기능 신뢰 강화, 종단을 위한 재정비 및 종단의 지도력 강화, 교육 역점, 포교 활성화, 일사불란한 종무행정, 역경사업 활성화, 종단재산 보호, 승규 철저(감찰원 강화), 종단재산 관리 철저, 불교문화재의 자주적 관리, 화합종단 구축(내부문제는 내부에서) 등이었다.[80] 특히 고광덕은 총무부장 재직시에 불교문화재 관리에 대한 소신을 강력하게 피력했다. 요컨대 자주적으로 관리해야 한다는 것인데, 이러한 취지로 당시 정부와도 그 기본 방침을 확립했다.[81] 그러나 그는 앞에서 제시했지만 총무부장 재직을 봉사의 마음으로 했고, 열성적으로 근무했다. 당시 그의 종단관은 국가와 사회에 비추어 보는 것이었다.[82] 이에 그에 대해서는 당시 종회의원들도 그의 능력을 긍정적으로 평가했다.[83]

---

79)『제3대 중앙종회회의록』, pp.162~163.
80) 위의 책, pp.163~164. 당시 종회의장은 이러한 고광덕의 개진을 의욕적이고 획기적인 종단의 나아갈 방향인 동시에 동적인 발전으로 평가했다.
81) 위의 회의록, p.219.
82)『제3대 중앙종회회의록』, p.408.

그의 종단 활동은 제4대 중앙종회(1974.9~1978.9)에서도 지속되었다. 당시 그는 차석부의장, 수석부의장을 역임하기도 했다.[84] 이 시기에 그는 중견 종회의원으로서 종단의 정상화를 위한 노력을 다했다. 그러나 이 당시의 종단은 이른바 종정 중심제와 총무원장 중심제, 조계사파와 개운사라는 이질적인 갈등이 노골화되던 시기였다. 때문에 그로서는 종회의원으로 행하는 활동 자체에 대해서 적지 않은 고뇌가 있었을 것이다. 이에 그는 종단 내적인 시시비비에 대해서는 구체적인 개입을 자제하고 종단의 진로, 불교계의 방향 등 거시적인 고민을 하고 그에 관련된 대안을 내놓았다.

그중 가장 주목할 것은 종단이 관리하고 있는 각종 학교에 대한 관리 방향을 수립했다는 것이다. 이른바 종립학교관리위원회의 창설이 바로 고광덕의 제안이었다.[85] 그리고 이 시기에도 그는 그의 해박한 법과 행정 이론으로 종단의 각종 문제점을 해결하고 있었다. 예컨대 도제의 제적 규정과 관련된 율장과 모법정신의 조화,[86] 종헌 개정 및 종단의 3권분립의 문제에 있어서 형식적인 3권분립보다는 능률 위주의 개정을 건의,[87] 종회의원 자격 관련 논란에서 법규위원회의 유권 해석을 참고하게,[88] 종법 개정안의 주도적 처리[89] 등이었다.

---

83) 위의 책, p.319. 당시 이범행은 이를 "비상시에 능력 있는 광덕스님"으로 표현했다. 이는 그가 총무부장을 사임한 직후의 발언이다.
84) 『제4·5·6대 중앙종회회의록』(중앙종회,2001), p.13.
85) 『제4·5·6대 중앙종회회의록』, p.256. 당시 고광덕은 "종립학교 관리에 대한 최선의 방안을 종법으로 마련하기 위해 이에 관한 기구를 만들어서 심사를 일임시키는 것이 좋겠습니다"라고 말했다.
86) 위의 책, pp.312~313.
87) 위의 책, p.318.
88) 위의 책, pp.397~398.

이 기간에서도 그의 종단관은 앞서 살핀 이전 시기에서와 같이 종단만을 위한 종단이 아닌, 국가와 사회와 호흡을 함께하는 것이었다. 이에 관련된 내용을 제시하면 다음과 같다.

국가와 사회가 체제를 정비하여 발전해 가는데 종단도 시대적 사명을 다하여 보조를 맞추어 가야 할 때인데, 우리가 잘못된 일에 대해 그 원인을 확실히 규명하고 앞으로의 대책을 마련하여 종단이 새로운 자세를 갖고 전진하는 계기를 마련하는 종회가 되어야 하기 때문에[90] 우리가 국가·사회의 선도적 역할을 해야 마땅한데도 오히려 국가·사회 단체의 부담이 되는 단체가 될 우려가 있습니다. 종단이 앞으로 어떻게 나가야 되겠다는 방향 제시가 없더라도 종회에서 방향을 제시해야 될 것입니다.

국립공원 징수액 중 30%를 해당 사찰에서 받게 되어 앞으로 동건과 관련하여 총 5억원의 30%인 약 1억 5천만원이 우리 사찰에 들어올 것으로 예상됩니다. 그러면 여기서 나오는 금액을 일부 잘라서 교육, 포교비에 투입하여 쓸 수도 있습니다. 종단 장래를 위해서 국가와 사회의 발전을 따라갈 수 있는 하나의 계기가 될 수 있을 것으로 생각됩니다. 오늘날 종단이 정체를 벗어나서

---

89) 위의 책, p.418. 이 내용에 의하면 1976년 3~4월에 개최된 제43회 임시중앙종회에서 고광덕은 종법 개정을 위한 11인 수권위원회의 위원이었다. 당시 종단 내에서는 종정 중심제, 총무원장 중심제를 둘러싸고 논란이 지속되었다. 당시 그 위원회에서 다룬 종법은 규정원법, 중앙종회법, 총무원법, 종무원법, 기획위원회법, 포교법, 교육법 등이었다. 여기에서 필자의 관심은 이러한 종단의 중요한 종법의 개정 작업이 거의 고광덕의 역량으로 처리되었다는 내용이다.

90) 위의 책, p.439. 이 발언은 1976년 3~4월에 개최된 제43회 중앙종회에서 행했다.

전진하고 발전하려면 지금 우리에게 무엇이 필요한가를 살펴서
총무원이 일할 수 있도록 방안을 제시해 주어야 할 것입니다. 인
재를 양성하려 한다면 불조의 혜명을 이어 역사의 역군이 될 인
재를 기르기 위한 방안이 나올 것이며, 또 인재를 키울 재원이
얼마든지 있다고 생각합니다.[91]

이처럼 고광덕의 종단관은 국가·사회와 연계되어 나타났다.
이러한 점은 추후 더욱 지속적인 연구를 통하여 개념 정리를 할
필요성이 제기된다. 다만 본 글에서는 그러한 성격만을 강조하
고자 한다. 이러한 종단관과 유관한 내용은 그는 교육의 문제에
매우 유의했다는 것이다. 이점은 위의 발언 말미에서도 나왔지
만 여타 발언에서도 거듭 확인된다.

사람을 기르기 위해 절이 있지 절을 지키기 위해 사람이 있다
는 생각은 절대 갖지 말아야 될 것입니다. 종단을 바르게 세우려
면 교육강화가 필요합니다.[92]

지금 종정스님께서 말씀하신 바와 같이 교육의 강화로 종단
발전을 향상시키고자 하시는 투철한 뜻을 갖고 계십니다. 그러나
그와 같은 교육 방안을 구체적으로 어떻게 실행할 수 있느냐 하
는 것입니다. 재원 문제가 중요한 것은 사실이나 그보다는 총무
원, 종회 등 종단 전부가 정화 당시와 같은 열의를 갖고 추진해

---

91) 위의 책, p.621. 위의 발언은 1976년 11~12월에 개최된 제45회 중앙종회에서
    행했다.
92) 위의 책, p.658. 이 발언은 제45회 중앙종회의 교육법의 토론 과정에서 행했
    다.

야 되는데 총무원 내부에서 명확한 책임을 질 각오와 책임의 소재를 회피하고 있는 것 같은 감이 있습니다. 승가학교를 설립하겠다는 정신자세가 문제입니다.[93]

위의 발언은 교육법, 승가대 문제를 논의했을 시의 발언의 일부다. 바로 이 발언에서 그의 교육을 대하는 현실 인식이 극명하게 나온다. 사람을 기르기 위해 절이 있다는 표현, 승가대학 설립은 정화 당시와 같은 열의로 종단 전부가 나서야 한다는 표현에서 그가 생각하는 교육의 중요성을 읽을 수 있다.

이처럼 고광덕은 종단의 중심부에서 그의 종단관 구현을 위한 노력을 기울였다. 특히 그는 통합종단 출범 전후부터 조계종단의 제반 현실을 직시한 이력과 종단 일선에서 참여한 경험이 어우러져 실질적인 대안과 방향을 제시할 수 있었다. 이 같은 배경은 자연 그가 종단의 역사와 이념, 나아가서는 그 노선을 가늠할 수 있는 여건으로 작용했다. 이런 정황을 단적으로 보여주었던 것은 1976년 6월, 당시 불교진흥원 이사장인 구태회가 개입한 태고종과의 통합 문제가 대두되었을 당시 종회에서 결의한 성명서 작성이었다. 태고종과 조계종 간의 통합은 당시 조계종단 내분과 맞물려서 나온 것이었는데, 당시 불교 관련 종단 19개를 통합하겠다는 불교진흥원의 제의에서 촉발되었다. 그런데 당시 조계종단 종회에서 이 문제에 대한 다양한 논의를 하면서 그에 대한 종단의 입장을 정리했는데, 그 성명서 작성의 실무를 고광덕이 담당했다는 것이다. 이에 관련 회의록을 보면, 그에 대한 실무적

---

93) 위의 책, p.706. 이 발언은 1977년 3월에 개최된 제46회 임시중앙종회에서 승가대 설립 문제와 관련하여 행했다.

인 고광덕의 답변이 잘 나와 있다. 여기에서 필자가 주목한 것은 그 답변의 논리, 종단의 역사, 대응의 초점 등이 일관적이면서도 간명하다는 것이다. 즉 회의에서 그 정도로 답변할 수 있었다는 것은 조계종단의 현황과 그 통합의 전후 사정을 완전 파악하고 있었다는 점이다. 이제 그 답변의 전문을 제시하겠다.

자구 수정시 대강의 뜻은 다음과 같은 내용을 골자로 하겠습니다. "우리 종단 대한불교조계종은 한국불교의 역사적인 모든 종단, 종파를 포괄하고 통일적으로 계승한 유일 합법적인 종단이다. 또 근래에 있어서 불교계의 비불법적인 사상, 종법에 대해서도 전 종도의 결속된 의지와 전 민족정기의 뒷받침에 따라서 한국불교의 전통을 재확립하며 이에 따라 대한불교조계종은 성립되고 있다. 조계종은 오직 부처님의 교법에 의해서 부단히 한국 종교계의 모든 책임을 다하고 있다. 이질적인 사람들에 대해서도 포괄적으로 받아들이면서 종단의 이해를 지양하면서 발전을 도모하는 이 마당에 일부 종파에서 통합의 이름을 걸고 자파의 세력 부식이나 불법의 은혜와 불법 상태의 연장을 기해서 이런 대화를 제의해 온다는 것은 그 의도가 한국불교의 전통을 어지럽혔으며 순수치 않는다. 그런 까닭에 이런 대화에 응할 수 없으며 대화의 문제가 되지 않는다"는 내용으로 정리해 보고자 합니다.[94]

이 같은 발언에 대하여 당시 종회의원들은 특별한 이견을 제시하지[95] 않았다. 이에 고광덕의 이 개요에 근거하여 조계종단

---

94) 위의 책, p.511.
95) 다만 이설조는 고광덕이 언급한 일부 종파를 일부 집단으로 하는 것이 좋겠

중앙종회의원 일동의 이름으로 그 성명서는[96] 작성되었다.

이러한 입장에 처해 있었던 고광덕은 종단의 위기 때에도 종단을 수호하고, 분규를 극복하기 위한 노력을 게을리하지 않았다. 예컨대 조계사파·개운사파로 나뉘어서 종단이 분규를 겪을 때, 그 자신은 개운사파에 속하여 종회의원으로 활동하면서도[97] 양측의 대화를 위한 노력을 멈추지 않았다. 예컨대

> 최후의 대화선을 마지막 끊어버리면 새로운 분규를 초래할 우려가 크며 결론적인 판결을 가져올 결의만을 보류하고 우리 종회만은 참으로 종단을 아낀다는 신념으로 새로운 지혜를 짜내서 적극성을 피하자는 것입니다.[98]

라는 발언은 그것을 잘 말해준다. 이 발언은 개운사파가 해인사에서 별도의 종회를 개최했을 때의 내용이다. 그리고 당시 개운사파가 통도사에서 개최한 제50회 정기중앙종회(1977.11)에서 종헌 개정을 위한 작업을 검토했시에도

> 이번 개헌을 계기로 종단이 획기적으로 쇄신되고 새로운 결속과 화합으로 불교중흥이 되도록 사부대중 참여 길을 열어주는 것

다는 의견을 피력했다.

96) 성명서는 위의 책, pp.467~468에 그 전문이 전하는데, 성명서 발표일은 1976년 9월 21일이었다.

97) 그는 개운사 중심의 종단 화합을 견지했다. 그러나 그는 자신의 입장이 '온건적인 소신'임을 분명히 밝혔다. 그는 이를 대내외적으로 분열이란 인상을 없애고 화합코자 노력하다 보니 미온적이고 소극적으로 움직인 결과라고 자신의 입장을 개진했다. 위의 책, p.857.

98) 위의 책, p.814.

도 생각해 볼 일입니다.99)

라고 주장했다. 즉 분규가 진행되는 그 순간에도 그의 고민은 종
단의 쇄신과 화합, 그리고 불교중흥이었다고 보고자 한다. 이러
한 그의 종단에 대한 애정은 조계종단이 1980년 10월의 이른바
10·27법난을 당했을 시에도 여실히 드러난다. 당시 조계종단은
군부정권의 강압에 의해 종단 운영에 치명적인 굴욕을 겪었다.
그래서 종단의 정통성과 법통을 갖고 있었던 중앙종회가 스스로
해산해야 하는 운명을 맞이했다. 당시 고광덕은 제63회 긴급 중
앙종회(1980.11.3)에 참석하여 법규위원100) 자격으로 자신의 소신
을 개진했다.101) 당시 그가 밝힌 내용을 우선 살피면 다음과 같
다.

오늘 여러 의원스님들께서 종단의 비상사태를 슬기롭게 수습
해야 하는 어려운 처지에 임하셔서 회의가 진행되는 것을 보고
저도 느끼는 바가 있어서 비상대책위원회라 할까, 아무튼 새로

---

99) 위의 책, p.847.

100) 그는 1980년 4월 17일에 거행된 제6대 중앙종회의원 선거에 출마하지 않았
다. 그럼에도 불구하고 그는 개운사 측 추천의원 1호로 당선되었지만 그는
끝내 사양했다. 이 사정은 「대한불교」 1980.4.27, 〈和合결의 다지며 조용한
한 票 행사〉 참조. 한편 그는 제6대 중앙종회의 첫번째 종회인 제62회 임시
중앙종회(1980.4.27)에서 법규위원회의 위원장으로 피선되었다. 위의 책,
p.1265와 「대한불교」 1980.5.11, 〈총무원장에 송월주스님 당선, 새집행부 구
성〉.

101) 1980년 5월, 조계사파와 개운사파가 대동단합으로 제6대 중앙종회가 등장하
기 이전, 그는 제5대 중앙종회 의원이었지만 종회 활동은 활발히 하지 않았
다. 그리고 그는 제6대 종회의원 선거에 출마하지 않았다. 그러나 종회가
해산했던 제63회 종회(1980.11.3)는 참석했다. 제5대 종회는 개운사파 중심
의 종회를 말한다.

구성되는 기구가 탄생하게 됨에 즈음하여 이제 종헌에 신설 조항을 넣는다는 것은 새로 구성되는 기구가 종헌에 근거를 둔 종단 사태 수습의 전권을 위임받은 기구가 되는 것입니다. 제가 초안한 것을 내놓으라면 내놓겠습니다. 이것은 종법으로는 안 되고 종헌에 근거를 두어야 한다고 생각했기 때문에 종헌 개정을 통하여 부칙으로 신설 조항을 마련했습니다. 따라서 새 기구가 탄생됨과 동시에 종회는 자동적으로 해산되고 이 새 기구가 종단의 모든 권한을 위임받게 되는 것입니다. 만일 종회의원 스님들께서 법규위원회에서 초안한 것을 상정해 보라고 하시면 상정토록 하겠습니다.[102]

이 같은 발언에 대하여 당시 종회의장은 종회의원들에게 한 번 검토하는 것이 어떻겠냐는 의견을 타진했다. 이에 의원들 전체가 찬성했기에 고광덕은 이어서 계속 발언을 했다.

제가 법규위원 18년 만에 이렇게 어렵게 초안해 보기는 처음입니다. 아시다시피 그간 종회의원을 지내면서 결의문, 담화문 등 발표문을 회의 진행 중 메모해서 회의가 끝나면 바로 발표했습니다. 이번만은 참으로 힘들었습니다.[103]

종단의 위급한 지경에 그의 법 상식과 행정의 경험이 종단 정상화에 기여했음을 알 수 있다.[104]

---

102) 위의 책, pp.1335~1336.
103) 위의 책, p.1336.
104) 종헌 개정안은 당시 종회의원인 청하스님의 발의에 의하여 처리되었다. 이 종헌 개정으로 등장한 새로운 기구가 바로 정화중흥회의였다. 이 사정은 「대한불교」 1980.11.16, <조계종정화중흥회의> 참조.

지금껏 고광덕의 조계종단 재건에 관련된 다양한 내용을 중점 살펴보았다. 그 요지는 1962년 4월 통합종단 출범 전후부터 시작하여 통합종단의 종헌·종법 등에 이르기까지 그의 손길이 미치지 않은 것이 없을 정도였다. 이 같은 그의 종단 재건의 기초는 그가 출가 이전에 읽은 수많은 독서에서 체득한 사고력, 분석력, 현실파악 능력 등에서 나온 것이었다. 특히 그의 법과 행정 분야에서 체득한 논리와 상식은 당시 조계종단의 재건에 크게 기여했다. 한편 종회의원, 총무부장 등을 역임하면서부터는 그의 경험에 바탕을 두면서도 종단의 현실을 냉철하게 파악하여, 종단의 진로와 방향에 대한 대안을 제시하고 때로는 문제점을 파악했다. 그런데 그의 종단관은 단순히 종단만을 위한 것에 머무르지 않고 국가와 사회에 비추어 본 종단관이었다. 때문에 그의 종단관은 당시로서는 종단의 미래를 가늠해 주었던 의의를 갖고 있었다고 보고자 한다. 한편 그는 종단의 미래를 교육을 통해 해결하려는 의식을 표출시켰다. 이점은 별고로 더욱 분석할 필요성을 느낀다. 그리고 종단의 분규가 있었을 때나, 위급한 지경에서도 그는 대화, 타협, 화합을 강조하고 종단의 법통의 수호에 그 자신의 능력을 기꺼이 발휘했다.

4. 결어 – 고광덕 연구 지평을 생각하며

이상으로 고광덕 연구, 즉 출가·수행·종단 재건에 초점을 맞추어 그의 생애를 조망했다. 본 고찰의 서언에서 개진한 바와 같이 고광덕은 조계종단, 20세기 불교를 대표하는 승려였다. 최근 고광덕에 대한 연구는 가시화되고 있다. 이는 일면에서 보면 매우 긍정적인 사례다. 그러나 우리는 이러한 조속한 연구의 시작에 임하면서 여러 가지의 유의할 점을 다시금 새기게 한다.

우리가 한 인물, 승려, 위인 등을 정리, 분석, 연구하는 것의 목적이 무엇인가에 대해 다시금 생각해 본다. 한국불교사에 길이 남을 승려에 대한 연구는 지금껏 다양한 목적과 다양한 방법에 의해 간헐적으로 시도되어 왔다. 물론 그중에는 원효와 같이 이루 헤아릴 수 없을 정도로 축적된 양이 많은 경우도 있다. 불교를 전문으로 연구하는 학자거나, 아니면 불교의 신앙과 무관하지만 승려, 불교사 연구에 관여하는 경우도 있다. 그럼에도 불구하고 필자는 간혹 승려, 고승 연구를 왜 하는가에 대하여 적지 않은 의아심을 가져 본다. 즉 그것은 승려, 고승 연구의 필요성과 효용성에 대한 문제다. 물론 이는 한국불교사의 정리, 불교사상의 추적, 불교의 변용 등 다양한 요인이 제기될 것이다.

이러한 전제는 지금껏 우리 주위에서 늘상 들어왔던 이야기들이다. 때문에 보편화된 논리며 일면 타당한 주장들이다. 그럼에도 불구하고 필자가 그 목적에 대한 본질을 다시금 제기하는 것은 현대 불교계에서 벌어지고 있는 바람직하지 못한 사례를 자주 접했기 때문이다. 인물에 대한 연구의 첫번째 목적은 우선 학문적인 정리와 필요성에서 나온다. 다음 두 번째로는 현실적인 이해관계라는 측면을 배제할 수 없다. 그 해당 인물을 영웅시하고, 절대시하여, 고승으로 우대하고, 큰스님으로 만들어서 결과적으로는 그 연구를 주도하고 후원한 주체들이 현실적인 이익을 고려한다는 것이다. 이 두 번째 경우도 그 부정적인 영향은 일부 있지만 거시적으로는 첫번째의 요인에 합류될 수도 있을 것이다. 학문은 그것을 필요로 한 대상 주체들의 적극적인 지원과 후원이 있을 때 더욱 꽃을 피우기 때문이다.

필자는 이러한 전제에서 실사구시(實事求是)적인 인물 탐구를 제안하고자 한다. 실사구시적인 탐구는 지금 우리 현실에서 제기되는 다양한 문제와 그 해결을 위한 인물 연구를 의미한다. 요컨대 그 해당 인물에 대해 매우 많이 안다고 해 보자. 그러면 그 많이 아는 것이 자신의 인생에, 해당 사찰에, 해당 단체에, 불교계에 어떠한 의미를 주는지를 냉철히 판단해야 할 것이다. 자기의 문제, 자기의 사찰에, 자신의 인생에 그 연구 대상이 되는 승려(인물)가 어떤 의미로 다가오는 것인지에 대해 생각해 봐야 한다는 입장이다.

더욱 구체적으로 제시하면 그 분석 대상인 인물의 긍정적인 면, 아름다운 점, 훌륭한 점, 보고 배울 점 등이 있으면 그것을 실천하고 계승해야 한다는 것이다. 그리고 그것을 자신만이 알고 있는 것이 너무 아까우면 주위 사람들에게 고루 알려주는 노력을 해야 할 것이다. 그리고 그 반대로 그 해당 인물의 미진한 점, 부족한 점, 실수, 잘못된 것이 있다면 그것을 분명히 인식하고 자신은 그 문제에 대하여 경계를 해야 할 것이다.

이런 인물 연구와 관련된 이야기는 어찌보면 당연한 것이다. 그럼에도 새삼 이 문제를 제기하는 것은 고광덕 연구의 출발선상에서 우리가 다시 생각해 볼 수 있는 주제가 아닌가 하여 필자의 단견을 개진했다. 거듭 강조하건대 우리 일상 생활, 현실, 지금의 불교계에서 일정한 의의를 찾고 그것을 계승하려는 측면에서 인물 만들기와 인물 찾기가 전개되었으면 하는 바람이다. 물론 여기에는 진실과 진리를 추구하는 인간의 아름다움이 함께 하는 것은 당연한 전제이다. 다양한 자료에서 추출된 진실과 진리를 배제한 인물 탐구는 하나의 환상, 허상, 허구를 재생산하는 쓰레기일 뿐이다.

필자는 고광덕 연구의 출발선상에서 인물, 승려 연구에 관한 이러저러한 단상을 적어 보았다. 고광덕이 고승으로 평가되든, 20세기를 대표하는 승려로 자리매김을 하든, 아니면 평범하면서 좋은 말을 듣고 간 승려이든 그는 우리 자신의 삶과는 일정한 거리가 있는 것이다. 다만 고광덕과 인연이 나름대로 있으면 그 평가를 유의하고, 고광덕의 생애와 사상을 그리면서 내가, 우리가 제2 제3의 고광덕이 되도록 노력하는 것이다. 그럴 때만이 고광덕의 정신은 영원한 것이다.

천수반야, 천수화엄

－광덕스님의 『천수경』 이해를 중심으로－

법우 김호성(法雨 金浩星) | 동국대 인도철학과 교수

2000년 겨울방학 때 두 번째 인도여행을 갔다. 그리고 그것은 우리 가족이 함께 온전히 부처님 성지를 순례하는 기도와 수행의 여정이 되었다. 2000년 1월 27일 목요일은 우리가 '쉬라바스티(기원정사)'를 참배한 날인데, 그날의 일기장을 옮겨본다.

승원의 기단 터에 앉아서 상념들을 기록하는데 우리의 목탁소리, 염불소리가 들린다. 우리 나라 순례단이 메인템플에서 법회를 보고 있다. 우리도 그 법회에 동참한다. 도피안사 보현도량의 송암스님이 인솔하는 순례단이다. 나중에 보니 김재영 법사님도 함께 하시고 계셨다. 우리 어릴 적에, 지금부터 이십 수년 전 『룸비니에서 구시나가라까지』를 쓰시고, 청소년 포교를 개척하신 재가 어른들 중의 한 분이시다. "와 보지도 않고 책을 썼는데, 이제야 와보게 되었다"고 감회를 술회하신다. 함께 그 버스에 동승하여 '앙굴리마라의 스투파 터'와 '수닷타 장자의 집터'를 다녀왔다. 보시를 즐기는 자의 집터답게 자그마하다. 우리네 지금 형편에 견주면 국민주택 규모라고나 할 수 있을까. 스스로 가난하게

산 여력으로 '고독한 이에게 무언인가를 공급해 주시는 어른[給孤獨長者]'이 되셨던 것이다. 무주상보시 바라밀의 전범(典範)이신저!

메인템플에서 법회가 끝난 뒤, 송암스님과 반갑게 인사를 나누고 스님께 "여기에 한국 절이 세워집니다. 어제 스님께서 이사했답니다. 저희는 오후에 가볼 생각입니다만, 시간이 허락하시면 함께 가보시는 것이 어떨는지요?"라고 말씀드렸다. 나중에 버스에서 "시간상 가보기는 어렵지만, 여기 성지에 한국 절이 생긴다 합니다. 그것은 내 마음에도 바라는 바입니다. 십시일반으로 동참성금을 모아서 김호성 법사 인편으로 전달했으면 합니다"라는 권선(勸善)의 말씀을 동참대중에게 해주셨다. 얼마나 고마운 말씀인지! 여기에 호응한 보현도량의 보현행자들, 동참금을 모아주신다.

사람의 정이 살아 있는 한국불교의 참모습이 아닐 수 없었다. 그리고 그것이 곧 우리 불교의 희망으로 생각되었다. 이날 점심, 우리 가족은 도피안사의 여러 보현행자들로부터 향적(香積)을 나누어 받았다. 참으로 감사한 일이 아닐 수 없었다. 뿐만 아니다. 헤어지면서 스님께서는 책을 한 권 주셨다. 『광덕스님 시봉일기(내일이면 늦으리)』를 우리는 그렇게 해서 만나게 된다. 몇 일 뒤, 1월 31일 월요일의 일기를 다시 또 옮겨본다.

여름보다 너무나 충분한 여장이 짐이 되어서 허덕이다가, 불필요한 것들(겨울 내의, 보지 않는 책들)을 우편으로 보내려다가 '포장센터'를 찾지 못해서, 파트나의 G.P.O(우체국)에서는 보내지 못했다. 업의 무게는 스스로 짊어질 수밖에 없다. 그 짐 중에 몇 권의 책도 있었는데, 쉬라바스티에서 송암스님에게 받은『광덕스님 시봉일기(내일이면 늦으리)』만이 유일하게 다 읽은 책이다. '고락 푸르→하지푸르' 사이의 기차 속에서, 아들과 내가 서로 뺏고 뺏기면서 다투어 읽은 책이다. 은사스님을 생각하는 마음과 광덕스님의 자비, 부처님 법을 생각하는 호법 의지에 눈물이 고였다. 큰 스님께서 10년만 더 주세(住世)하셨더라면 한국불교는 더욱 달라질 것이련만…. 무엇보다 내 아들이 좋은 책을 읽게 되어서 송암스님께 감사하는 마음이다.

보드가야의 한국 절 고려사를 떠날 때, 나는『광덕스님 시봉일기(내일이면 늦으리)』를 고려사의 객실(도미터리)에 놓아두었다. 그 책을 통해서 광덕 큰스님과 인연을 맺는 형제가 생기기를 기도하면서….

송암스님께서 '광덕스님과의 인연담'을 주제로 글을 써달라고 내게까지 부촉(咐囑)하심은 저때의 인연을 기억하셨기 때문인지도 모르겠다. 나는 송암스님 덕분으로 다시 광덕 큰스님과 이렇게 인연을 맺고 있다. 법연(法緣)을 잇고 있다.

1. 환희용약(歡喜踊躍)

이미 나는 약속시간을 몇 차례 넘겼다. 그래서 애시당초 썼으면 하고 생각했던 것보다는 범위를 축소할 수밖에 없게 되었다. 『천수경』 이야기만 하기로 한다. 먼저 떠오르는 생각은『천수경』의 우리말 번역과 관련해서다.

지금의 나는 학교 연구실에서 칩거하고 있지만, 한때『천수경』

신행운동을 열심히 펼친 일이 있다. 1991년 1년 동안『법보신문』에「천수경 강의」를 연재했다. 그리고 1992년, 그 원고를 정리하여『천수경이야기』(민족사)라는 책을 펴내게 된다. 내 첫 저서다. 그런 뒤 내가 맞이한 숙제는『천수경』의 우리말 옮김이었다. 이미 여기저기에서 우리말 번역『천수경』을 만들고 직접 법회 현장에서 활용하고 있었다. 그런데, 기존에 나와 있는 우리말 번역은 중구난방이었다. 저마다 달랐다. 혼돈이라 밖에 할 수 없었다. 이들 기존의 번역들을 점검함으로써 나는 새로운 번역을 만들어 보려는 마음을 먹었다. 여기서 가장 문제가 된 것이 운율의 문제였다. 한문『천수경』의 한 구절 '계수관음대비주(稽首觀音大悲呪)'의 번역 사례를 들어보면 세 가지 유형이 가능했다.

　①'자비로운 관음보살'
　②'관음보살 구세주께 머리 숙여 절합니다.'
　③'관음보살 대비주께 계수합니다.'

대개의 경우를 살펴보면, ②의 경우가 많았다. 이른바 4음보(音步), 즉 4박자를 취하고 있었다. 과연 그것이 옳은가? 아무래도 문제가 있는 성싶었다. 나는 당시 이 문제를 해결하기 위하여 국문학에서 말하는 율격(律格)을 공부했다. 여러 교수들의 글을 읽었는데, 결정적인 힌트는 조동일(趙東一) 교수의 다음과 같은 글에서 얻을 수 있었다.

4음보격의 변형은 3음보격의 변형만큼 활발하지도 않고 다채롭지도 않다. 그 이유는 몇 가지로 생각할 수 있다. 우선, 4음보

격은 3음보보다 안정되어 있고 단조로울 뿐만 아니라, 변형을 위
한 분단이나 중첩에서 묘미가 생기지 않았다. … 현대시를 개척
한 시인들이 4음보격보다 3음보격에 깊은 관심을 가졌던 것은
문학사의 커다란 흐름 속에서 이해할 수 있는 현상이다. 조선왕
조를 건국한 사대부는 고려시가의 지배적인 율격이었던 3음보를
거부하고 4음보격으로 된 시조와 가사를 확립함으로써 장중한
안정감을 위주로 한 문학을 이루었고, 이와 함께 성리학의 이념
을 토대로 한 교술적 문학사조가 수백년 동안 지배적인 위치를
차지하도록 했다. … 현대시는 교술시이기를 거부하고 서정시로
일관하고, 성리학적 구속을 벗어나 감정의 해방을 외쳤다.(조동
일 : pp.156~157)

한마디로 말하면 그 음악성에 있어서 4음보/4박자보다는 3음
보/3박자를 취하는 것이 옳다는 이야기다. 더욱이 4음보는 시조
의 경우에서 보듯이 조선조의 지배 이념인 성리학의 가치관을
전파하는 운율이었다고 한다면, 3음보는 불교가 융성하던 고려
시대의 문학에서 활발히 취해졌던 것이다. 실제로 4음보를 기본
운율로 취하는『우리말 천수경』의 경우에는 독송시간도 오래 걸
리고, 늘어져서 생동감이 떨어지는 것이 사실이다. 그래, 나는 이
러한 입장을 조동일 교수의 글을 통해서 확정할 수 있었다. 그리
고 그에 따라서 나름대로 '우리말『천수경』'을 만들었다.〔개정판
→『해설이 있는 우리말 법요집』(민족사, 2000, pp.47~57)〕
　그런데, 그러고 나서 우연히 광덕스님 번역의『우리말 천수경』
을 구해서 보게 되었는데, 이미 3음보를 취하고 있었다. 놀라운
일이 아닐 수 없다. 하긴, 음악과 문학에 있어서 탁월한 안목으

로 수많은 업적을 남기신 큰스님이 아니던가. 일찍이 찾아보지 못하고 헤매고 다니면서 고뇌하면서, 우회한 것이다. 나는 이러한 사실을 논문「천수경 한글화를 위한 과제」(『다보』제10호)에서 밝힌 바 있다. 물론, 나의 번역과 광덕스님의 번역은 가장 중요한 운율의 문제에서 같은 입장을 취했기에 대동소이(大同小異)할 수밖에 없었다. 이제는 적어도『천수경』의 경우에는 3음보를 중심으로 하는 '우리말 천수경'이 주류를 이루고 있는 것으로 평가된다. 이는 순전히 큰스님의 음악적·문학적 혜안(慧眼)에 힘입은 바다.

2. 천수반야(千手般若)

광덕스님의 법문을 한 번이라도 들어본 사람이라면, 한 편의 글이라도 읽어본 사람이라면 누구나 쉽게 그 사상의 입각지를 이해할 수 있다. 또한 이는 스님의 사상을 말하는 여러 어른들의 글에서도 이구동성(異口同聲)인 바다. 내가 여기서 다시 정리하면 다음과 같을 것이다.

반야바라밀로 체(體)를 삼고 보현행원으로 용(用)을 삼는다.

보현행원으로 회향되기에 반야바라밀은 묘체(妙體)고, 반야바라밀에 입각하고 있기에 보현행원은 묘용(妙用)이 될 수밖에 없다. 이는 일찍이 큰스님께서도 옮기신 적이 있으며, 우리 조계종단의 전통이 의지하는『육조단경』의 혜능스님께서 따로이『금강경』을 설하실 때의 사상적 입각처기도 했다.(물론 혜능스님보다 훨씬 더 활발발한 묘용을 전개했다는 점에서 큰스님의 실천이 더욱 불교사 안에서 그 빛을 발하게 된다.)

따라서, 큰스님이 평생을 걸쳐 하신 실천운동〔佛光運動〕의 텍스트 역시 반야바라밀을 밝혀주는 『금강경』과 보현행원을 역설하는 『보현행원품』이 그 대종(大宗)을 이루고 있음은 췌언을 요하지 않는다. 그럴진대, 지금 내가 이야기하려는 광덕사상 안에서의 『천수경』의 위상/의미는 어디에서 찾을 수 있다는 말일까? 나는 궁극적으로 이 글을 통해서 이 문제에 대한 해답을 나름으로 제시해 보려는 것이다.

반야바라밀을 체로 삼고 보현행원을 용으로 삼는 일관된 사상체계를 갖고 있으며, 기본적 소의경전으로서 『금강경』과 『보현행원품』이 자리하고 있다. 이러한 두 텍스트를 더욱 육화(肉化)하여 펼쳐놓은 언어가 각기 「한마음 헌장」과 「보현행자의 서원」이다. 쉽게 『천수경』의 위상을 파악하기 어려운 실정이라 아니할 수 없다.

그런데, 절망은 없다. 우리는 스님의 저술목록 중에 『천수관음경』(불광출판부, 1982) 1권이 있다는 사실에서 희망을 볼 수 있기 때문이다. 『천수관음경』은 『천수경』과 『관음경』의 번역을 기본으로 하고 있는 관음신앙의 교과서다. 이 책의 '번역하는 말'은 다음과 같다.

천수경에 이르시기를 천수다라니를 수지독송하는 그 사람은 광명장(光明藏)이며 자비장(慈悲藏)이며 내지 해탈장(解脫藏)이며 약왕장(藥王藏)이며 신통장(神通藏)이라 말씀하셨습니다. 그러므로 이 다라니를 수지하는 사람은 일체 부처님께서 지혜광명으로

154

감싸 비추시니 그 사람은 백천삼매가 항상 현전하여 일체 장애가 미치지 못하고 일체 중생을 구호할 대비위신력을 갖춘다 하셨습니다. 그것은 이 다라니가 평등심이며 무위심(無爲心)이며 무염착심(無染着心)이며 공관심(空觀心)이며 내지 무상보리심이기 때문입니다. 여기에서 우리는 우리 나라 불자 수행의 첫걸음이 천수경으로부터 시작되는 이유를 알겠습니다. 우리는 마땅히 이 경에서 대자비심을 배우고 무상보리심을 배우며 보살도를 닦아 일체 중생을 구호하는 큰 지혜와 힘을 배워야 하겠습니다.

이 짧다면 짧은 문장에서 광덕스님은 스스로 『천수경』을 어떻게 보고 있는지 약여(躍如)하게 밝히고 있을 뿐 아니라 그의 실천 운동 안에 『천수경』을 정당하게 자리매김하면서 회통하고 있다. 그리고 거기에는 불교사상사 전체를 통하여 정맥(正脈)을 확인하는 큰스님의 투철한 안목이 펼쳐진다. 이제 하나 하나 짚어보기로 하자. 위의 인용은 두 문단이다. 그 문단 나누기 역시 무작위한 것이 아니다. 두 문단이 각기 다른 맥락, 다른 이야기를 하고 있음이다.

첫째 문단은 『천수경』의 핵심/본질을 확인하는 말씀인데, 그와 같이 『천수경』을 선양(close up)함으로써 『천수경』과 반야바라밀을 연결하고 있다.(두 경전 모두 주인공은 관세음보살이다.) 『천수관음경』의 첫머리에 번역된 『천수경』은 우리가 조석으로 의식에서 독송하는 '독송용 『천수경』'(=천수 지송의범)이 아니다. 그 모태(母胎)가 되는 '원본 『천수경』'(가범달마 역)을 옮기고 있다. 우선, 큰스님이 지금 '번역하는 말'에서 이른바, "천수경에 이르시기를…"의 말씀이 과연 '원본 『천수경』'에서 어떤 맥락을 차지하고

있는지 확인할 필요가 있다. 이를 위해서 요긴한 도움을 주는 것
이 과목(科目) 나누기다. 나는 '원본『천수경』'의 정종분(正宗分)을
다음과 같이 과분(科分)한 바 있다.

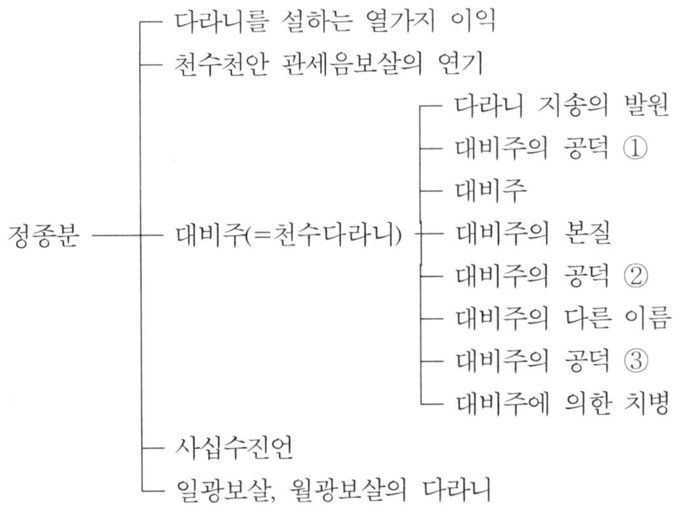

이로써 우리는 '원본『천수경』' 전체의 흐름을 이해할 수 있게
된다. 물론『천수경』은 대비주(=천수다라니)를 설하는 경전이다.
그렇지만 그러한 다라니 본문을 설하기 전에 여러 가지 이익을
말하고, 그럼으로써 독송을 요청한다. 공덕을 반복적으로 설하는
경전의 일반적 구조 역시 마찬가지다. 결과를 들어서 수행을 권
하는(擧果勸修) 형식이다. 그런데 여기서 우리가 주목하고자 하
는 바는, 광덕스님이 인용한 내용이 어떤 맥락 속에서 설해지고
있는가, 또 그것이 어떤 의미를 갖는가 하는 점이다. 첫째 단락
은 또 두 부분으로 나누어진다. "천수경에 이르시기를 천수다라
니를 수지독송하는 그 사람은 광명장(光明藏)이며 자비장(慈悲藏)

이며 내지 해탈장(解脫藏)이며 약왕장(藥王藏)이며 신통장(神通藏)이라 말씀하셨습니다.…"라는 부분은 '대비주의 공덕 ②'에서 설해진 내용이다. 어찌하여 이러한 큰 공덕을 얻는가? 이러한 물음에 대한 『천수경』 자체의 대답은, 스님이 인용한 바, "그것은 이 다라니가 평등심이며 무위심(無爲心)이며 무염착심(無染着心)이며 공관심(空觀心)이며 내지 무상보리심이기 때문"이라고 말한다. 이 내용은 전체의 과목에서 보면, '대비주의 본질'에 해당한다. 이들은 모두 대비주를 설한 뒤에, 그 대비주에 대하여 해석한 부분이라 할 수 있다.

광덕스님이 이러한 경증(經證)을 통하여 말하고 싶어한 것은 무엇일까? "천수다라니의 본 모습이 '나모라 다나다라 …' 운운이 아니라"는 이야기를 하고 싶은 것으로 나는 파악한다. 저 『반야심경』을 예로 들어보자. 광덕스님의 독창적 프로그램, 일찍이 부처님께서 설하셨지만 아무도 그것을 프로그램화하지 못했던 수행법이 바로 '마하반야바라밀 염송'인데, 마하반야바라밀이 무엇인가를 생각해 보자. 『반야심경』에서는 "반야바라밀다가 크게 신령한 주문이며, 크게 밝은 주문이고, 위없이 높은 주문이고, 가히 견줄 바 없는 주문임을 알라"고 말하고 있다. 그런데 그러한 주문이 무엇인가? 우리는 '아제 아제 바라아제 바라승아제 모지 사바하'라고 하는 '반야바라밀다주'를 그러한 대신주(大神呪)·대명주(大明呪)·무상주(無上呪)·무등등주(無等等呪)라고 알아서는 안 된다. 반야바라밀은 그것이 아니다. 반야바라밀은 "오온이 모두 공함을 비추어 보는(照見五蘊皆空)" 지혜 그 자체다. 그리고 그것은 언어 이전이다. 그런 의미에서 "아제 아제 바라아제 바라승아제 모지 사바하"는 사족(蛇足)일 수 있음이다. 그런 까닭에 광덕스님은 "아제 아제 바라아제 바라승아제 모지 사바하"가 아니라 "마하반야바라밀"을 염송하라고 일렀던 것이다.

마찬가지 논리다. '대비주(=천수다라니)'는 "나모라 다나다라 …"이기도 하지만, 동시에 "나모라 다나다라 …"가 아니다. 이것을 말하기 위해서 '원본 『천수경』'에서는 『반야심경』과는 순서가 틀리지만, 언어문자에 의한 대비주를 설한 뒤에 바로 다시 "무엇이 대비주인가?"를 묻고 있다. 그리고 그 답은 언어문자가 아니라고 말한다. 광덕스님이 축약하여 옮긴 그 부분을 내가 온전히 번역하면, 다음과 같이 된다.

크게 자비로운 마음이 이것이며, 평등한 마음이 이것이고, 함이 없는 마음이 이것이며, 염착(染着)이 없는 마음이 이것이고, 공(空)이라 관찰하는 마음이 이것이며, 공경하는 마음이 이것이고, 낮추는 마음이 이것이며, 어지럽지 않는 마음이 이것이고, 집착하지 않는 마음이 이것이며, 위없는 보리의 마음이 이것이다. 마땅히 이와 같은 마음들이 곧 다라니의 본질〔相貌〕임을 알아야 할 것이다.〔大正藏 p.20, 108)

이렇게 대비주(=천수다라니)를 언어문자가 아니라 그것 이전에 있는, 그것 너머에 있는 우리의 본래 청정한 마음으로 보게 될 때 다라니는 이미 다라니가 아니게 된다. 천수다라니를 지송하는 일은 "나모라 다나다라 …" 이전에 있는 일이 된다. 그리고 그것을 염송하는 일은, 그것을 참구하는 일은 반야바라밀이 되고 선(禪)이 된다.(「밀교 다라니의 기능에 대한 고찰」, 『인도철학』 제6집, p.193 참조)

이제 불광운동에 있어서 『천수경』을 지송하는 일은 곧 반야경을 지송하는 일과 다름이 아니고, 대비주 지송은 곧 마하반야바라밀과 다름이 아니게 된다. 비록 현실적으로 후자가 더욱 긴요한 방편이긴 했으나, 전자를 아우르고 있다는 데에서 원융가풍(圓融家風)을 우리는 확인하게 된다. 광덕스님은 이렇게 말씀하신 바 있다.

이 반야바라밀 한 법에 도달하지 않으면 잘못됩니다. 이제까지 우리는 관세음보살도 염하고, 지장보살도 염하고, 아미타불도 염했습니다만, 관세음보살을 염하다 보면 지장보살에게 소홀한 것 같고, 지장보살을 염하다 보면 아미타불에게 소홀한 것같이 느끼고 했습니다. 이런 느낌이 나는 것은 법(法)이 일체 제불의 근본이라는 생각이 없어서 그런 것입니다. 반야바라밀이 근본불이요, 세존인 것입니다.(김재영, 『광덕스님의 생애와 불광운동』, 개정판, p.140)

사실 이러한 원융의 가르침과 실천법은 이미 경전 자체가 증거하고 있는 바지만 오래도록 몰각(沒却)되어 왔다. 그러한 허물은 교판(敎判)적 사고로부터 기인하는 바 컸음을 확인하게 된다. 다시 말하면, 그같은 오류는 대장경의 분류 체계 속에서 우리가 갖혀 있기 때문에 발생하는 바 적지 않다는 것이다. 대장경의 분류 체계 속에서 『천수경』은 어디에 위치하고 있는가? 다라니를 설하는 것이 목적인 경전이므로 밀교부(密敎部) 속에 존재하게 된다. 그러한 현실적 작업을 우리는 이해할 수도 있다. 그러나 밀교 그 자체 안에서 다시 세부적으로 잡밀(雜密)과 순밀(純密)로 나누게 될 때, 『천수경』은 자신의 호적을 잡밀 속에 두게 된다. 잡밀, 잡다한 모든 것을 다 빨아들이는 '블랙홀'처럼 이것저것 다 받아들이는 밀교! 『천수경』은 오랫동안 이렇게 평가받아 왔다. 그래서 누구는 『천수경』을 기복(祈福)이라 폄칭(貶稱)하기도 했고, 누구는 『천수경』을 "읽지 말라" 감히 말하기도 했다. 나는 이러한 잘못된 평가가 억울했다. 그것은 우리 불교의 생명을 죽이는 일과 같다고 판단되었기 때문이다. 설사 독송하는 사람이 잘못할 수도 있지만 그 본질은 그것이 아니다. 그것이 아닌 본질을 살려내는 일이 중요한 것 아닐까. 그러한 불교사상사의 평가를 올바로 바로 잡은 어른이 광덕큰스님이시다. 가히 명안종사(明眼宗師)일진저!

3. 선밀겸수(禪密兼修)

논술의 순서로는 '번역하는 말'의 두 번째 단락이 갖고 있는 함의(含意)를 논해야 마땅하다. 그러나, 나는 여기서 그 이전에 앞에서 말한 바 있는 천수반야, 즉 반야바라밀로서의 대비주 염송에 대한 사적 실제를 들어보고자 한다. 왜냐하면, 다음과 같이 우리는 광덕스님 스스로 천수다라니를 지송했음을 알고 있기 때문이다. 한탑스님의 증언이다.

"그분이 폐결핵을 앓으실 때 천수다라니를 하루에 4천독을 했습니다. 천수다라니를 하루에 천 독하기도 어렵습니다. 천수다라니 4천독이라고 한다면, 이것도 기네스 북에 오를 일입니다. 천수다라니를 외시게 된 동기는 물론 당신의 병을 고치겠다는 원력도 있습니다만, 한편으로는 그 어른의 할아버지뻘 되시는 백용성 큰스님께서 파주 보광사 위에 있는 도솔암에서 천수다라니를 독송하시다가 견성을 하셨어요. 그래서 그 맥을 이으시려는 뜻도 포함되어 있습니다."(김재영, 앞의 책, p.92)

여기서 우리가 주목해야 할 바는 적지 않다. 첫째, 천수다라니를 통하여 치병하려고 했다 하는데, 이는 '원본『천수경』' 자체에서 설하는 공덕론을 보더라도 가능한 일이지만, 기도가 '부처님 생명 무량공덕 생명'을 드러내는 일임을 생각하면 더할 나위 없이 쉽게 납득할 수 있는 일이 된다. 불광법회에서 증거된 여러 치병이나 기도영험에 대한 상세한 실례는 여기서 재론할 필요가 없을 것이다.『산이 다하고 물이 다한 곳에』(불광출판부)를 참조하면 될 것이다.

둘째, 천수다라니를 하루에 4천독 하는 일이 어떻게 해서 가능할까? 송암스님에 의하면, 광덕스님은『금강경』한 번을 읽으시는데 "불과 10분이 안 되어 끝났다"[송암,『광덕스님 시봉일기2(징검다리)』, 2002, p.155]고 한다. "웅~ 하는 것 같은 소리는 들리는데 내용은 전혀 파악되지 않았다. 그 당시 내가 이해하기로는 아마도 삼매력으로 경을 읽는 것 같았다"(같은 쪽)고도 전한다. 실제 위에서 우리가 살펴본 바, 천수다라니의 핵심이 언어문자에 있는 것이 아닌 이상 언어문자를 읽는 것이 아니라 언어문자 이전의 그 자리를 읽는 것이라고 한다면 그 자체가 삼매 아님이 없을 것이다. 물론 처음에는 입으로 소리를 내는 것이겠으나 마침내 마음으로 그 실상자리를 염하게 되면 이미 거기에는 '웅~' 이상의 다른 언어가 나올 수 없게 된다. 다른 언어가 있게 되면,

그것은 알음알이/지해(知解)일 수 있는 것이다. '웅~' 이외에는 아무것도 없을 수밖에 없게 된다. 그것이 삼매다. 어찌 선이 아니겠는가. 이렇게 『천수경』을 여법(如法)하게 지송하는 그 사람은 "선정장(禪定藏)임을 알라. 모든 삼매가 언제나 현전하기 때문이다"(大正藏 20, p.109)라고 '원본 『천수경』'은 명백히 말씀하고 있다.

셋째, 여기서 다시 우리는 한탑스님이 말한 바, 광덕스님의 천수다라니 지송이 용성스님의 가풍을 잇고 있다는 점을 살펴볼 필요가 있다. 앞의 둘째에서 이야기한 바와 아울러서 '선과 밀교가 둘이 아님'의 원융가풍을 재확인할 수 있게 될 것이다. 만해(萬海)가 찬술한 「용성대선사사리탑비명」에 의하면, 용성스님의 천수다라니 지송에 대하여 다음과 같이 소개하고 있다.

19세에 가야산 해인사에 들어가서 화월(華月) 화상을 의지, 낙발(落髮)한 뒤에 의성 고운사의 수월장로(水月長老)를 참방했다. 여쭈어 가로되, "죽고 사는 일과 사대는 무상하여 신속하니, 어떻게 해야 견성할 수 있을지 의심되옵니다." 장로가 가로되, "세상이 상법(像法) 내지 말법(末法)에 속하여 법은 멀고 근기는 둔하므로 뛰어넘어서 바로 들어가기는 어렵다. 먼저 '대비주'를 외워서 업장이 스스로 소제되면 마음 빛이 몰록 발해지리라" 했다. 스님(용성 −인용자)이 이를 믿어서 스스로 '대비주'를 외우되, 입으로는 소리를 내면서 외우고 마음으로는 묵념하다가, 뒤에 양주 보광사 도솔암에 이르러 더욱더 용맹정진을 더했다. 어느 날 "삼라만상이 모두 본원(本源)이 있는 나의 이 견문각지는 어느 곳에서 나는 것일까?" 의심하여 의심하기를 열이틀이 되었다. 그러다가 일념을 깨닫기를 통밑이 빠지는 것과 같았다. 이렇게 하여

용성스님은 '제1차의 깨달음'을 얻게 된다. 그런데, 그러한 깨달음을 위해서 긴요한 수행법이 되었던 것은 천수다라니 지송이었다. 천수다라니 지송을 중심으로 용성스님과 광덕스님의 입장을 비교해 보면 다시 몇 가지 사실로 정리될 수 있다.

첫째, 선수행을 본격적으로 행하기 전에 천수다라니 지송을 한 것으로 평가된다. 물론 두 분 다 본격적인 깨침의 계기가 된 것은 참선 수행으로 보아야 할 것이다. 그러나 그 과정에서 깨침의 장애가 될 업장소제에 천수다라니 지송을 먼저 했다고 하는 점이 적지 않은 도움이 되었음은 두말할 나위 없을 것이다.

둘째, 그렇다고 해서 수월스님이 말한 것처럼, 광덕스님이 말법이니까 다라니를 하자는 태도를 용납했다고 보기는 어렵다. 그런 증거는 어디에도 보이지 않는다. 오히려 그 반대라 할 것이다. 광덕사상에서 볼 때, "언제나 정법이며 언제나 불국토(常時正法 常時佛國)"인 것이지 결코 '말법 운운'은 존재할 수 없는 것이다. 언제나 마하반야바라밀 아니던가. 이렇게 정리해 두고서, 다시 우리는 광덕사상의 실천수행론 중에서 선과 밀교, 화두와 염송이 어떻게 그 관계가 정립될 수 있는지를 살펴보기로 하자. 송암스님이 전하는 법어를 들어본다. 한 납자의 '화두 바꾸기'에 대한 지도 속에서 이렇게 말씀하신다.

천칠백 공안이 있다고 하지만 문구마다 해석을 하려고 하고 분별을 하려고 하면 도는 십만 팔천 리나 멀리 도망가려고 하는 거야. 자네가 가지고 있는 도의 그릇에 도를 통째로 들이붓는 것이 화두야. 화두는 이론이나 상황, 방법을 뛰어넘은 한계 밖의 소식인 거야. 그렇기 때문에 화두를 대하매 내가 지금까지 얻어들어서 쌓아놓았던 지식과 알음알이의 철갑 옷을 철저히 벗어 던지고, 내 몸안에 망념의 독소를 내포한 세포 하나 하나까지 몰살시켜서 없어질 때, 화두는 진정한 나와 하나되어 주체적으로 파악이 되는 거야. 그렇게 되면 눈을 들어 보이는 것, 귀를 열어 들리는 것 모두가 화두 아닌 것이 하나도 없는 거야.(송암, 앞의 책, 2001, p.520.)

이렇게 본분종사로서 명명백백 일러주고 있다. 그러나 광덕스님의 삶은 육조스님의 그것과 다르다. 앞서, 내가 사상의 맥으로 볼 때 그 체용(體用)을 같이 한다고 지적했으나 그 실천에 있어서는 다르다고 했다.(용성스님과의 거리는 많이 좁혀졌다고 보아야 할 것이다.) 그 다름의 원천은 선방에서 납자를 제접하는 것으로 시종한 선사의 삶을 선택한 것이 아니라는 점에서도 있다. 그러나 다음과 같이 '오직 화두'만을 말하고 있지 않는 데에는 그 이상의 이유가 있음이 틀림없으리라. 위에서 인용한 말씀에 이어지는 말씀이다. 그러나 화두를 받아서 제대로 공부가 되지 않는 사람을 위해서, 혹은 여건상 선방에 가지 못하는 대부분의 대중들에게 "나는 '마하반야바라밀'을 염하라고 하고 있어. 어쩌면 평생 화두를 붙잡고 씨름하다가 세월만 보내는 것보다는 좀더 쉬운 방법일지도 몰라. '마하반야바라밀'을 일심으로 염해서 지혜를 깨달아서 보살행에 이르게 하는 길 말일세."(상동)

여기서 우리는 주의해야 한다. 광덕스님의 실천수행론에 있어서 선과 밀교, 화두와 염송은 그 원리상 다를 바가 없다. 그러한 사실은 이미 우리가 확인한 바다. 양자를 회통(會通)하고 있다. 그러나, 그 회통의 전략은 여느 경우와는 다른 것으로 판단된다. 흔히 선을 주로 하면서 밀교를 종으로 하는, 화두를 주로 염송을 종으로 하는 것과는 다르다. 먼저, 화두에 대해서 말한 것은 '화두 바꾸기'를 고뇌하면서 물어온 납자에 대한 대기설법(對機說法)일 뿐이다. 오히려 광덕스님의 액센트는 후자에 있다. '마하반야바라밀' 염송을 더 권유하고 있다. '여건상 선방에 가지 못하는 대부분의 대중'들을 주된 청법 대상으로 삼아서 법을 설하고 있다는 점에서도 한 이유가 있을 것이지만, 보다 더 큰 이유는 '보살행에 이르게 하는 길'에는 화두보다 염송이 더욱 용이하다고 보기 때문이 아닌가 한다. 보현행원과의 만남을 위해서는 화두보다는 염송이 더욱 수월하다고 보신 것으로 나는 평가한다.

자, 이제 우리가 확인할 바는 이러한 논리구조에 있어서 '마하반야바라밀' 염송 자리에 '천수다라니'를 대체할 수 있는가 하는 점이다. 논리적으로는 가능한 것으로 생각하신 것 아닐까 생각되지만, 실제적으로 '마하반야바라밀' 염송을 더욱 역설한 것으로 보아서 그 효과면에서 천수다라니보다는 마하반야바라밀을 더욱 선호하신 것으로 평가된다. 그러나 그렇다고 해서 내가 섭섭할 것은 아니다. 나같은 천수행자(千手行者)에게 고마운 것은, 큰스님이 『천수경』에 의지하여 전개되어온 한국불교의 전통성을 존중하고 있다는 사실이며, 현금 한국불교의 수행과 의례 등에 있어서 『천수경』이 갖고 있는 중요성을 있는 그대로 긍정하고 드높여주고 있다는 점이다. 어차피 수행이야 제각각 그 근기에 따라서 법문을 달리할 수 있는 것 아니던가.

4. 천수화엄(千手華嚴)

이제 우리는 다시 『천수관음경』의 '번역하는 말' 둘째 단락에
나타난 광덕스님의 『천수경』 이해를 확인할 차례다. 먼저 그 부
분을 다시 읽어본다.

여기에서 우리는 우리 나라 불자 수행의 첫걸음이 천수경으로
부터 시작되는 이유를 알겠습니다. 우리는 마땅히 이 경에서 대
자비심을 배우고 무상 보리심(無上菩提心)을 배우며 보살도를 닦
아 일체 중생을 구호하는 큰 지혜와 힘을 배워야 하겠습니다.

앞의 첫 단락이 『천수경』과 반야경을 이어주는 안목이라고 한
다면, 이 단락은 『천수경』과 『보현행원품』을 이어주는 안목이라
할 수 있을 것이다. 이러한 말씀은 참으로 놀라운 선언이 아닐
수 없다. 지금까지 사람들은 '관세음보살' 기도를 하면, 관세음보
살에게 무엇인가를 해달라고 요구하는 것으로 이해하고 있다.
『천수경』에서도 관세음보살이 등장하니까, 『천수경』 역시 그런
경전으로 알고 있을 뿐이다. 만약 그렇다면, 우리가 『천수경』을
읽고 공부하는 것이 하등 대승적인 보살행의 실천과는 무관한
일이 되고 말 것이다. 이는 우리가 부처님을 위해서, 관세음보살
님을 위해서, 그리고 『천수경』을 위해서 슬퍼해야 할 일이다. 그
런데, 광덕스님의 이 짧은 말씀은 바로 『천수경』을 통하여 우리
가 배워야 할 것이 관세음보살님의 자비와 그 실천임을 가르쳐
주고 있다. 그리고 그것은 '보살도를 닦아 일체 중생을 구호하는'

일이 곧 보현행원임을 쉽게 짐작 가능하게 하는 것이다. 나는 사실『천수경』을 통하여 이점을 드러내고 싶었다. 그래서 내가 여기저기 다니면서『천수경』을 강의하던 시절, 꼭『천수경』을 강의하면서 의상(義相)스님 저술로 알려진 「백화도량발원문」을 같이 이야기했던 것이다.

과문한 탓인지 모르겠으나, 아직까지 나는 광덕스님의 저술에서 「백화도량발원문」에 대한 언급을 들은 바는 없다. 그러나 나는 광덕스님의『천수경』이해가 화엄적이라는 점에서 의상스님을 떠올리게 된다. 일찍이 해동화엄(海東華嚴)의 초조 의상스님은 「백화도량발원문」을 지은 것으로 전한다.(의상스님 진저가 아니라는 학자들도 있다.) 그것은 실로 내가 그렇게 활용했거니와,『천수경』신행의 발원문, '천수행자의 서원'이라 할 수 있으리라. 이제 그 내용 중에서『천수경』과 관련한 맥락만을 읽어보기로 한다. (전문은『해설이 있는 우리말 법요집』, pp.91~93 참조.)

오직 원하옵건대
제자는 세세생생에 관세음보살님을 염하며
스승으로 모시고자 하오니
저 보살이 아미타부처님을 정대(頂戴)하는 것과 같아지이다.(①)
제자 역시 관세음보살님을 정대하오니
십원 육향, 천수천안과 대자대비는
관세음보살님과 같아지며
몸을 버리는 이 세상과 몸을 얻는 저 세상에서
머무는 곳곳마다
그림자가 물체를 따르듯이 언제나 설법하심을
듣고 교화를 돕겠습니다.(②)

널리 온 누리의 모든 중생으로 하여금
대비주를 외우게 하며
관세음보살님의 이름을 염하게 하여
다 함께 원통삼매에 들게 하소서.(③)

　괄호 안의 원(圓) 문자는 설명의 편의를 위하여 내가 임의대로
붙인 것이다. 이 「백화도량발원문」이 『천수경』과 직접적으로 관
련되는 발원문임은 ②와 ③을 통해서 충분히 알 수 있다. ②에서
'십원육향, 천수천안', ③에서 '대비주'는 바로 『천수경』을 그 출
전으로 갖고 있기 때문이다. 그런데, 우리의 맥락에서 주목해야
할 바는 ②다. 다시 ②는 '같아지며' 이전과 그 이후 '돕겠습니
다' 이전까지의 두 부분으로 나누어서 살펴볼 수 있다. 전자는
"우리도 관세음보살님처럼 되겠다"는 발원이며, 후자는 "우리는
이제 관세음보살님을 돕겠다"는 발원이다. 이들은 모두 『화엄
경』의 관음신앙을 표방하는 것이다. 전자의 부분은 ①과도 맥락
이 연결된다. "관세음보살은 누구인가?"라는 질문에 이 부분은
"우리의 스승이다"라고 답한다. 스승과 제자의 관계는 구제자와
피구제자의 관계와는 다르다. 스승과 제자의 관계는 제자가 자
라서 마침내 스승을 뛰어넘고 스승이 되는 관계다. 결코 영원히
합동(合同)할 수 없는 관계가 아닌 것이다. 『화엄경』 입법계품의
관세음보살과 선재동자 사이의 관계는 스승과 제자의 관계다.
선재가 묻고 관세음보살이 답하기 때문이다. 묻는 자는 제자고
답하는 자가 스승이다. 선재는 마침내 물음으로써 스승이 된다.
관세음보살이 된다.
　스승이 된 제자가 할 일은 무엇일까? 바로 스승의 일을 돕는

것이다. 스승의 유업을 잇는 것이 스승을 돕는 일이 된다. 어차피 스승은 그 원력을 다 성취한 것은 아니기 때문이다. 아! 그러기에 중생계는 너무나 넓은 것이다. 이제 스승을 도와야 한다. 「백화도량발원문」은 그러한 ‘스승 돕기, 관세음보살 돕기’ 운동을 천명하고 있는 발원문이다. ②에서 “교화를 돕겠습니다”라고 서원하는 것이다. “관세음보살을 돕다니?” 지금까지 우리는 관세음보살님께 무엇인가를 구하기만 해왔는데, 이제는 우리가 관세음보살을 돕겠다고 서원하는 것이다. 어떻게? 관세음보살의 일을 도와야 할 터인데, 그분의 일은 무엇인가? 바로 “자비행”〔大悲行門〕이라고 『화엄경』에서 관세음보살은 말씀하시고 계신다. 그렇다면 관세음보살님의 자비행을 우리가 함께 해야 하는 것이다. 그것은 관음행(觀音行)이자 보현행(普賢行)이다. 그리하여 의상스님은 해동화엄 초조로서 화엄사상가지만 『천수경』 신앙을 역설하고 있으며(『투사례』에서도 의상스님은 천수관음신앙을 말하고 있으므로 의상스님이 천수행자임은 부인할 수 없다), 관음보살을 노래하고 있는 것이다. 이렇게 『천수경』과 『화엄경』을, 관세음보살과 보현보살을 멋들어지게 하나로 아우른 것은 의상스님 이후에, 저 「백화도량발원문」에 주석을 쓴 고려시대의 체원(體元)스님 같은 분이 없었던 것은 아니지만, 우리 현대불교사에 이르러서는 광덕스님이 자리하고 있는 것이다. 천수화엄의 계보는 끊어졌다 이어졌다 하지만 ‘의상→체원→광덕’의 계보를 그릴 수 있게 했음에 실로 감사하지 않을 수 없고, 찬탄하지 않을 수 없는 일이다. 그리고 그것은 우리 불교의 내일을 열 출발점이라 믿는다. 내가 애써 「백화도량발원문」에 시민권(市民權)을 찾아주고자 했던 것도, 대학교수의 직(職)을 담당하라는 부처님의 ‘보직변경’ 명령 이전에

‘백화도량’을 설립, 운영했던 것도 이 같은 뜻이 있었기 때문이었다.

5. 맺음말

교수로서, 학자로서 나의 모든 연구 업적은 ‘한국학술진흥재단’에 학술정보로서 등재되어 있다. 그러나 거기에 등재되지 못한 글이 몇 편 있다. 그중에 하나가 『어린이 천수경』(불광출판부, 1994)이다. 비록 학술진흥재단에 등재된 학술저작은 아니지만, 불교학자 이전에 불자고, 교수 이전에 한 사람의 천수행자일 수밖에 없는 나로서는 남몰래 뿌듯해 하는 책이다. 이 책을 불광출판부에서 펴내게 된 데에는 남동화 보살의 도움이 없지 않았으나, ‘광덕스님의 『천수경』 이해’를 이해하지 못하고서야 어찌 가능한 일이었으랴. 뿐만 아니다. 나는 불광교육원에서 이른바 ‘명교사 교육’, ‘바라밀교육’, 또 법륜부 교육 등을 통하여 여러 번 『천수경』 강의를 했다. 그때가 다 전임교수로 ‘보직변경’ 받기 전의 천수행자(千手行者) 시절이고 『천수경』 법사 시절의 일이었다. 한번은 큰스님께 인사를 드린 적이 있었다. 그때의 모습은 이미 송암스님이 묘사한 그대로였다.

스님이 쪼그리고 앉아있는 모습은 마치 한 마리 학과 같다. 등은 굽고 몸은 야위었고 눈은 빛나고 얼굴은 밝고 목은 유난히 길다. 불편한 온몸을 동그랗게 구부리고 앉으면 두 무릎은 어깨를 넘었다.(송암, 앞의 책, 2001, p.468)

삼배를 드리니까, 마치 학처럼 쪼그리고 앉은 그 모습으로 조용히 몇 마디 말씀을 주셨다. 송구스럽게도, 나는 그 말씀의 내용을 여기서 직접화법으로 옮기지 못한다. 다만 이 글이 내가 지금 온전히 기억하지 못하는 큰스님 말씀에 대한 나의 해석/여시아문(如是我聞)이라 할 수 있을 것이다. 과연 잘 들었는지, 잘 못 들었는지, 큰스님으로부터 어떤 염려를 들을지는 알 수 없다.

그런데 그것보다 더 송구스럽고 부끄러운 일은, 그래서 더욱 나 스스로 슬픈 일은 따로 있다. 대학에 들어온 뒤에도 불광사를 비롯하여 여러 신행단체나 사찰에서 "『천수경』 강의 좀 해주세요"라는 전화가 걸려온다. 그때마다 나는 이런저런 이유로 "못 해드립니다"라고 대답하고 있다. 아, 내 죄가 크다.

제 2 장
스님의 비밀장

人人避暑走如狂	사람들—	더위피해	미친듯이	날뛰어도
獨有禪師不出房	참선하는	스님들은	꼼짝않고	앉아있네.
不是禪房無熱到	참선하는	방이라고	안더울리	없겠지만
但能心靜卽身凉	마음이—	고요하니	몸은절로	서늘하네.

스님의 비밀장(秘密藏)

송암지원 | 도피안사 주지

1. 문수보살과 보현보살의 맞대결

대비(大悲)의 가장 적절한 표현양식은 병(病)이 아닐까 싶다. 몸과 마음이 손잡고 나타내는 뜨겁고 절실한 표현이기 때문이다. 그래서 바이샬리의 유마거사는 자칭 병객이 되어서 천하 만 생령들을 두 팔로 껴안았다. 그는 저 유명한 불이법문(不二法門)에서 스스로를 병자라고 선언했다. 지난 번 인도 불교성지 순례 길, 나는 유서 깊은 바이샬리 언덕에 서서 그날의 광경을 생각해 보았다. 가슴이 뭉클해졌다. 물론 유마거사의 크나큰 가르침을 온몸으로 받았기 때문이다. 그러나 그 어찌 나만의 느낌일까?

스님은 청년 시절부터 병(폐결핵)이 있었다. 당시에는 대단히 무서운 병이었다. 타인에게 전염도 되었고 붉은 피를 토하기도 하는, 보기만 해도 겁나는 병이고, 이야기 듣는 것만으로도 끔찍한 병이었다. 지금에 비할 수 없을 만큼 의료시설이나 약이 불충분했던 그 당시에는 이 병에 한 번 걸리기만 하면 재산 탕진하고 끝내는 죽음에 이르는 무서운 불치의 병으로 인식되었다. 그런 병에 걸린 스님은 그 병을 안고 약도 없고 의사도 없는 산속 절로 들어갔다. 희한하게도 그 병은 절에 가서야 사라졌다. 스님의 뜨거운 신심과 목숨을 건 무서운 정진력에 쫓겨 감쪽같이 병이 사라지고 말았던 것이다. 스님의 표현대로라면 인사도 없이 어느 날 훌쩍 떠나갔다.

여기서 무서운 정진력이라고 하는 것은 민간의 이야기에, 사명대사가 일본에 사신으로 갔다가 펄펄 끓는 방에서 수염에 고드름을 달고 앉아 있는가 하면 벌겋게 달구어진 쇠말을 올라타고 달려갔다는 이야기와 같은 것이다. 즉 불가능을 가능으로 만든 이야기였다고 보면 된다.

흔히 사람들은 몸에 병이 들면, 점잖고 근엄해 보이던 이들도 전혀 다른 모습이 되어서 '환자 노릇을 충실히' 하게 되는 것을 보게 된다. 바로 병 앞에 장사(壯士) 없다는 이야기와 같다. 그렇게 병을 떠받들어가며 온갖 치료를 다하더라도 운이 좋아야 병에서 벗어나지만, 대부분의 사람들은 끝내 병에 육신이 허물어진다. 물론 약간의 시간 차이는 있을 것이다.

그러나 스님은 그렇지 않았다. 스님의 주변환경이 그렇지 않았고, 스님이 살았던 시대가 그렇지 않았고, 스님의 훤출한 생각이 그렇지 않았다. 스님은 아예 병을 철저하게 무시하고 살았다. 말하자면 '병, 너는 너고 나는 나다'는 식이다. 절에 와서 수행을 하면서부터 자신의 병을 마치 남의 일처럼 무관하게 대했다. 그 무서운 병을 조금이라도 받들거나 특별히 대접하지 못했으니 결과적으로 철저하게 무시하고 살았던 셈이다. 얼마나 철저하게 무시했는지 아예 자신의 몸에 병이 없는 것으로 여겼으니 말이다. 물론 병의 입장에서는 서운할 수도 있다. 어쩌면 서운해서 온다간다 인사도 없이 슬그머니 떠났는지도 모를 일이다.

스님은 그야말로 목숨 걸고 범어사 청풍당 열반실에서 홀로 병 속에서 병 없음을 향해 나아갔다. 밤낮도 없었고 달이 가고 해가 가는지도 몰랐고 나고 죽음도 없었고 고통과 즐거움도 없었으며 자신의 생각이나 육신마저도 없는 무아지경이 되어갔다.

마침내 스님은 병 없는 곳〔無病地〕에 도달했다. 비유하자면 펄펄 끓는 더운 방에서 얼음덩이 고드름을 불러온 사명대사가 되었다는 이야기다. 그러한 정진과 용맹력은 진리에 대한 확신의 증거물이며 생사해탈의 세계에 들어가기 전, 이미 목숨을 개의치 않는 또 다른 생사해탈의 경지였다.

스님의 첫번째 병은 앞에서 이야기한 대로 폐결핵이었는데, 약으로 물리친 것이 아니라 불도를 닦아 가는 정진력으로 물리쳤다. 예나 지금이나 사람의 생명을 위협하는 병 중에서 가장 무서운 폐결핵, 치료약도 별로 없고 요양시설도 거의 없던 그 시절에는 폐결핵에 걸렸다 하면 곧 사망선고를 받는 것과 같았고, 그후부터는 멍하니 앉아서 죽을 날만 기다린다는 불치의 무서운 병, 폐결핵 말이다.

여기서 그때의 상황을 가까이서 지켜본 백운사숙의 이야기를 잠깐 들어보자.(월간 「불광」, 통권 296호에서 인용)

소천스님은 한국전쟁으로 피난 차 범어사 산내 암자인 금강암에 머물게 되었는데, 그때 금강경을 가지고 구국구세운동을 하러

176

다니셨어요. 광덕 사형님은 소천스님을 모시고 전국을 누비며 부지런히 그 운동에 앞장섰지요. 한 1년 남짓 하다가 건강이 악화되어서 다시 범어사로 돌아왔는데, 그때 조실(東山)스님께서 이제 그만 다니라고 만류하여 선방에서 정진을 했어요. 그러나 건강이 너무 안 좋아 선방에 있을 수 없어 열반당(스님들이 아프거나 임종 시에 쓰는 방)에서 머물렀어요.

조실스님은 원래 의학전문학교 출신이어서 항상 사형님의 병 걱정을 하시며 시봉하는 저에게, "고 처사 안 죽었는가 가봐라" 하고 말씀하셨어요. 나는 한달음에 달려가 열반당 방문을 열어보면 사형님은 오두마니 방석 위에 앉아서 줄곧 면벽 참선을 하고 있었어요. 그래서 "조실스님이 사형님 안 죽었는가 가보라고 해서 왔다"고 하면 빙긋이 웃으면서 "나 괜찮아, 내가 이제 육신의 껍데기를 벗을 때가 된 줄로 알고 육신에 연연하지 않기로 했어" 라고 하시는 겁니다.

스님은 인간에게 원래로 병고 없음을 이렇게 병 가운데서 말 없이 증거했고 상 없이 보여주었다. 그렇게 믿음과 정진으로 병을 뿌리치고 우뚝 일어섰기에 남들은 불은(佛恩)을 입었다고도 했으며 또 공부에 득력했다고도 말했다.

두 번째 병은 1960년대 말 대각사 시절, 평소 늘 좋지 않았던 위가 또 고장을 일으켰다. 속가 시절 폐결핵 치료 때에 독한 약을 먹어서 생긴 위(胃) 병이라고 했다. 위가 아프면 병원으로 갔으면 두 번째 병고는 겪지 않아도 되었는데 민간 처방에 의지하다가 그만 위의 삼분의 이를 잘라내는 개복절개수술을 받게 되었다. 그후부터는 평생 소식으로 일관해야 했고 자주 간식을 들지 않으면 몹시 허기를 느꼈다. 그래서 끼니와 끼니 사이에 조금씩 간식이 필요했다.

요즈음에야 절집이든 항간의 여염집이든 경제사정이 좋아져 몇십 년 전의 이야기는 마치 전설같이 들리지만 지금부터 사십 년 전만 해도 조그만 골방에 두세 명씩 생활하는 것은 너무나 당연한 일이었다. 그랬기에 대각사 조그만 골방에서 스님은 능가사숙님과 같이 방 하나를 사용하고 있었다. 위를 절개하는 개복수술을 받아 치료기간이 필요했던 스님에게 그 조그만 방에서는 도저히 치료와 간병이 용이치 않았다.

부득불 홍교사숙이 주선하여 돈암동의 이번광(당시 상업은행 지점장) 거사님이 대각사 인근에 민가의 방을 하나 얻었다. 스님은 거기에서 수술 후의 몸을 추스르게 되었다. 그때 시봉은 소문난 효상좌 종욱사형이 맡았다. 그 당시 대각사에서는 성철스님의 효상좌가 천제라면 광덕스님의 효상좌는 종욱이라는 말을 대중들이 공공연하게 했다고 한다.

당시 스님의 몸은 옆에서 보기에도 안쓰러울 정도로 쇠약했는데, 그나마 불같은 정진력으로 인정사정없이 몸을 원수처럼 학대하여, 설령 쇠붙이였다 해도 남아 남지 않았을 것이라고 한다. 그런 광경을 곁에서 보다못해, 아니 참다못해 홍교사숙은 새벽 일찍 시장에 가서 부끄러운 줄도 모르고 오직 사형인 광덕스님을 살려야겠다는 일념으로 수술한 몸에 약이 된다는 굴〔石花〕을 샀다. 젊은 나이 때는 부끄럼도 많은 법인데 홍교사숙은 어물시장을 여기저기 다니느라 화끈화끈 달아오르는 얼굴을 애써 숙이고 갓 나온 싱싱한 굴을 사다가 살며시 조카 상좌였던 종욱을 시켜 죽을 끓이게 했다. 수술 후 회복기에 좋다는 굴죽을 약으로 공양 올리기 위해서 말이다.

죽 그릇을 작은 상에 받쳐들고 스님 방에 들어가지 못하고 마루에 서서 벌벌 떠는 상좌 종욱을 대신하여 홍교사숙이 상을 받아들고 스님 방으로 들어갔다.

"스님, 일년 늦게 이 세상에 태어난 셈치고 이 약을 드십시오. 세상에 몸이 없으면 무슨 일을 하겠습니까? 그리고 스님은 건강하셔야 합니다. 종단이나 범어사에 할 일이 얼마나 많으며, 그 일을 스님이 아니면 누가 하겠습니까? 스님이 건강해야 하는 까닭은 스님 자신을 위해서가 아니라, 바로 종단이나 범어사를 위해서입니다. 죽은 사람 소원도 들어준다는데 못난 저의 소원 한 번 들어주는 셈치고 이 죽 눈 딱 감고 코 꽉 막고 단숨에 드시지요."

스님은 홍교사숙의 말을 들으면서 죽 그릇을 찬찬히 보고는 쓰다 달다 아무런 말씀 없이 사제인 홍교사숙과 문앞에 서서 벌벌 떨고 있는 상좌 종욱을 번갈아 노려보더니, 벌떡 일어나 죽사발을 마당에다 내동댕이쳐 버렸다고 했다.

나는 그 이야기를 홍교사숙께 들으면서 차마 웃을 수도 없고 울 수도 없었다. 너무나 그 상황이 심각했고 또한 충격적이었기 때문이다. 출가정신의 치열함과 인간애의 따뜻함이 공존하는 이 절박한 상황 속에서 누구의 처신이 바른지, 그리고 나는 어느 쪽에 서야 하는지, 또 내가 과연 무슨 말을 해야 할지 아득하기만 했다. 홍교사숙의 낭패한 표정도 떠올랐고 스님의 무서운 기세도 떠올랐다.

몸이 아파 끙끙 앓고 있는 사형을 병 없이 잘 모시고 싶은 따뜻한 인간애, 가족을 떠나 제각기 살아가는 출가의 홑홑한 삶 속에서 피어나는 지극한 마음이 없었다면 홍교사숙인들 굳이 마다하는 스님에게 굴죽 사발을 내밀었을까? 오직 홍교사숙의 변함없는 마음은 믿고 따르던 사형의 쾌차에 있었다. 그랬기에 병구완을 위해 스스로 몸을 낮춰 출가자로서 굴죽을 끓이는 일도 서슴지 않았던 것이리라. 꾸중듣고 퇴짜 맞을 것을 뻔히 알면서도 굴죽 상을 스님 앞에 내려놓으며 약이라고 애써 위로했을까.

그렇지만 스님도 역시 인간이다. 몸이 아픈 것도 스님이고 어서 회복해야 하는 것도 역시 스님 몫이다. 그리고 수술 후 많은 피를 흘리며 몸에 칼을 대어 살을 찢고 다시 오무려 부쳤기에 몸 안의 기가 몽땅 빠졌다는 사실을 누구보다 스님 자신이 잘 알고 있었을 것이다. 그런 때에 굴죽이라도 먹어서 회복이 빠르면 조금이라도 남의 신세를 덜게 될 것이고, 또 빨리 몸을 회복하여 일상의 삶으로 되돌아가야 한다는 수행자 본연의 임무를 스님 스스로도 너무나 잘 알고 있었을 것. 아니, 내심 간절히 바라는 일이기도 했을 것은 명약관화하다.

그러나 부처님의 법은 무엇인가? 무엇이 부처님의 법이란 말인가? 또 사문의 위의는 무엇이고, 계율은 무엇인가? 만약 이러한 덕목을 지키려는 마음이 없다면 팔만사천 부처님 법 가운데 어느 하나인들 온전할까? 이유와 핑계는 얼마든지 가능하다. 아니, 이유와 핑계를 찾기로 말하면 산처럼 바다처럼 무궁무진하다. 중생의 잘못된 습성을 과감히 무시하고 버려야 부처님 법은 존재하게 되고 지켜지게 된다. 애써서 지키려고, 간직하려고 노력했을 때 부처님 법은 사라지지 않고 오랫동안 보존되어 우리들 곁에 머문다는 것을 우리는 역사를 통해 너무나 잘 안다. 또 그것이 호법이고 전법이며 법의 상속이고 혜명(慧命)의 계승이라는 것도 또한 잘 안다.

만약 아프다는 이유로, 또는 이 핑계 저 핑계로 부처님 법을 밀어놓기 시작하면 과연 이 문중의 법은 무엇이 남을 것이며, 어디에서 찾을 것인가? 설령 작은 것이라고 해서 지키지 않아도 된다면 마침내 이 세상에서는 아무것도 지킬 것이 없게 될지도 모른다.

마치 지붕의 작은 틈에서 비가 새듯이 작은 것이라고 무시하고, 병들었다고 예외를 찾고, 이유와 핑계가 생겼다고 마냥 따라가는 일들이 비일비재하면 결국 부처님 법은 우리들 곁에서 사라지게 되리라. 영원히 사라지게 되리라. 설령 몇 가지 남아 있다손 치더라도 원형을 파손한 알아볼 수 없는 형태거나 알맹이는 쏙 빠진 껍질에 지나지 않는다는 것은 너무나 뻔하지 않은가? 세파에 어영부영 묻혀서 적당히 안주하여 살아간다면 과연 불법 중에서 지켜야 할 것은 무엇이며 또 남는 것은 무엇일까? 마침내 하나라도 지켜야 할 덕목이 남을까? 아마 불법은 영영 사라지고 말 것이라는 이런 염려를 스님은 뼈저리게 했으리라 본다.

나는 여기 두 분의 행을 통해서 두 가지 뜻을 동시에 본다. 스님은 막아서 불법을 지켰고, 홍교사숙은 열어서 보살행을 이루었다. 그래서 스님은 문수였고 홍교사숙은 보현이었다. 그래서 문수와 보현은 나눌 수 없는 동일생명이고 본지풍광 그대로의 일일 뿐이다.

아끼는 사제의 따뜻한 마음을 누구보다 잘 알았을 스님, 감수성 뛰어난 섬세한 스님은 아마도 저녁에 혼자 방에 앉아서 사제의 그 정성에 속으로 울었겠지만, 출가문중의 삼엄한 법도는 때로는 울고 싶어도 속으로만 울어야 하고 법을 지키기 위해서는

덕 높은 고승이 불한당이 되는 파렴치도 참아야 하는 것. 그것은 오직 법을 지켜야 된다는 의지의 고삐를 잠시도 늦출 수 없기 때문이라는 사실을 생각해 본다. 그러한 절박한 스님의 심정을 세속적인 촌탁으로는 알 수 없는 일이다.

언젠가 스님께서 훈도하셨다.

"예전 스님들은 몸이 아파서 곧 숨이 넘어갈 다급한 지경이 되었는데도 율장을 가져오게 해서 지어 놓은 약을 복용해도 되는지를 살펴보았다고 하는 거야. 만약 조금이라도 부처님의 뜻에 배치되면 먹지 않겠다는 결심이었겠지."

이런 가르침에 젖어 있던 나는 흥교사숙이 건네준 죽그릇을 던져버린 스님의 비화를 듣고 단박에 스님의 뜻이 가슴에 와 닿았다. 오직 부처님 법에 충실하려고 노력했던 스님. 얼마든지 피해 갈 수 있었지만 호법에 방편을 쓰지 않았던 스님. 그리고 보살도에 헌신했던 흥교사숙, 두 가지 다 간직해야 될 뜨거운 교훈이다.

2. 새벽에 종을 쳐서
　　지쳐 잠든 부처님들을 깨울 수는 없지

이미 다른 곳에서 여러 차례 얘기한 내용이지만 스님은 남다르게 고래의 불교 전통을 존중하면서도 또한 묵은 것이나 관습에 얽매이지 않는 이중성을 가지고 있었다. 이 말은 불교의 근본 정신은 충실하게 받들되 현상적인 일은 그 시대를 읽었다는 말이다. 그래서 변해야 될 것이 있다거나 바꾸어야 할 것이 있다면 오히려 남보다 한발 앞서서 행동한 과감성과 발 빠른 실천력을 가지고 있었다. 여기에서 그 사례를 한 가지 들어보겠다.

절에서는 새벽예불 때마다 도량석을 하고 종을 친다. 스님은 이런 불교의 전래 의식을 산중에 살 때는 철저하고 빈틈없이 지켰지만 사람이 많이 모여 사는 도시에서는 그렇지 않았다. 서울 잠실 벌판에 불광사가 처음 들어설 때만 해도 석촌호수 건너편인 주공5단지 쪽만 아파트가 우뚝했지, 불광사가 자리한 석촌동을 위시한 인근은 그대로 텅 빈 벌판이었다. 지금은 주택지대로 집이 빼꼭하게 들어차 있지만 당시에는 불광사만 덩그렇게 있었다. 그러니 그 지역 인근에서는 불광사가 가장 먼저 자리를 차지한 소위 터줏대감 격이었다.

불광사는 절이라는 특수성도 있지만 그것보다는 가장 먼저 집을 지은 선점의 기득권도 있어서 절에서 하는 모든 종교의식(무형문화재)을 그대로 시행한다고 해도 나중 온 사람들이 크게 시비하거나 관여할 일이 아닐 수도 있었다. 이 말은 산중 여느 절에서나 늘상 하는 것처럼 불광사에서도 새벽마다 도량석을 하거나 종을 친다 해도 이웃들은 묵묵히 감내해야 할 일이라는 것이다.

스님은 불광사가 완공된 뒤 여러 가지 포교활동을 더욱 적극적으로 펼쳐나가면서도 정작 새벽 도량석과 종송은 실행하지 않았다. 아니 처음부터 아예 종도 만들지 않았고 도량석은 없는 것으로 했다. 나는 스님의 그런 결정이 무척 의아했고, 또 새벽마다 종치면서 염불하는 종송이 누가 들으라고 하는 것보다 우선 내 자신이 좋아서 하고 싶었던 일이었기에 아쉬움을 갖고 있었다.

종송은 첫 새벽 수행자가 잠에서 일어나 중생제도를 서원하는 일이어서 그 어떤 일보다 매우 소중하게 여겼다. 자신의 가장 맑은 목소리로 부처님을 찬미하는 것도 좋았고, 또 종을 치면서 부처님의 말씀을 음미하는 것도 좋았다. 염불소리를 따라 내용을 깊이 음미하노라면 매일 똑같이 반복되는 과정이어도 그때마다 느끼고 깨닫는 것은 새로웠다. 나는 참고 망설이다가 결국 스님께 직접 여쭈었다.

"스님, 우리 불광사도 새벽예불 시간에 종송을 하는 것이 어떻겠습니까? 여기는 산중이 아니라 도시의 한 가운데인지라 새벽기도 하러 오는 신도들도 많고 주변에 사는 사람들도 점점 늘어가니 절에서 은은히 퍼져나가는 종소리와 염불소리를 듣는다면 그것으로도 인연이 되지 않겠습니까? 설령 큰 범종은 치지 못한다 해도 자그마한 법당 종이야 어떻겠습니까?"

이것저것 생각할수록 아쉬운 생각이 떠나지 않아서 결국 스님에게 청 반, 항의 반으로 내 속을 털어놓았다. 내세운 이유도 그럴 듯했고 내 표정이나 어감이 꽤나 간절했던 모양이다. 그런 내 얼굴을 가만히 건네다보던 스님이 입가에 미소를 머금은 채 말했다.

"송암 말이 맞아. 종송에 나오는 법문은 간절하고 뛰어난 내용이지. 최상승의 법문임에 틀림없어. 송암이 다른 곳에서 종송을 하면서 많은 감회가 있었나 보군 그래. 나도 그런 사실을 알고 있고 종에 대한 우리 불교의 오래된 신앙을 소홀히 하고 싶지 않은 것도 송암 생각과 같아. 송암 말처럼 큰 종은 여기서 치지 않더라도 법당 종이야 괜찮지 않을까 여러 번 생각해 봤어. 그러나 세간 사람들과 우리들 생활과는 너무나 달라. 아마 정반대지. 우리가 잠자는 시간에는 세상 사람들은 한창 활동하는 시간이고, 우리가 활동을 시작하는 시간이면 세상 사람들은 하루종일 고단한 몸을 눕혀서 편안하게 휴식하는 때가 되지.

그들의 하루 삶은 동서남북 뛰어다니며 가정을 위해, 사회를 위해, 또는 나라를 위해 쉴 틈도 없이 무엇에 쫓기다시피 노력하고 살겠지. 그런 힘겨운 하루의 삶을 마치고 지친 몸을 쉬고 있을 때 아침 쇳송을 하거나 도량석 목탁을 울려 그들의 휴식을 방해하게 된다면 당장 내일의 삶이 위축되고 가정이나 사회, 또는 국가에 손실이 초래되지 않을까? 송암, 우리 불교 격식을 지키는 것도 대단히 중요한 일이지만 저들의 삶도 중요하다는 생각을 우리는 해야 해.

부처님 말씀에 우리 이웃이 바로 모두 부처님이랬잖아. 부처
님의 제자인 우리 수행자는 마땅히 그 말씀을 따라 이웃을 부처
님으로 대하여 모시고 섬겨야 하지 않을까? 그렇지! 자기 욕심
다 차리고 남 도울 수 없듯이 자기를 비우지 않고는 진정 남을
부처님으로 볼 수 없는 법. 송암, 이제 내 말 이해가 될까. 깊이
이해해주기 바래.”

목숨 바쳐 얻은 불법, 죽기를 각오하고 열반당에서 계속했던
정진, 그렇게 소중했던 불교를 스님은 홀연히 뒤로 물려 양보했
다. 이 일은 스님의 양심이었고 부처님의 대비였다. 또한 스님만
의 독특한 불교였고, 내가 헤아리지 못하고 알지 못하는 비밀장
(秘密藏)이다.

3. 스님에게도 춘다가 있었네

부처님께 마지막 공양을 올렸던 춘다, 그 춘다의 공양으로 부처님께서는 결정적으로 열반에 드셨다. 경을 음미해 보면 그 사실을 부처님 자신도 알았고, 그때 함께 있던 대중들도 다 알고 있었다. 춘다는 누워 계시는 부처님 옆에서 슬피 울었다. 자신도 미처 생각하지 못했던 크나큰 실수로 말미암아 부처님이 열반에 들었기 때문이다. 한쪽 구석에 서서 두려움에 떨고 있던 춘다, 그 가여운 모습을 보신 부처님은 춘다를 가까이 불러 등을 어루만져주며 위로하고 축복하셨다. 그리고 대중에게 춘다의 공덕을 찬탄하셨다.

나는 '부처님 생애'를 설법하거나 강의할 때 이 대문에 이르러서는 가슴이 먹먹하고 목이 메어 한동안 허공을 바라보곤 했다. 말로 다 표현할 수 없는 인간적인 부처님의 모습이 가슴 가득 차올라서였다. 스님께서 입적하신 후에는 이 대문이 더욱더 내 가슴을 흔들어 놓았다. 스님의 마지막 모습과 너무나 흡사해서다.

일생 동안 스님과 가장 오랜 친구는 '대비의 병'이었다. 병과 스님은 잠시도 떨어져 있지 않고 매우 밀접한 관계로 평생 같이 지냈기에 나는 스님의 친구라고 불러본다. 스님은 그런 정다운(?) 친구를 멀리 떼어놓거나 귀찮아하지 않았다. 오히려 적절히 조절하고 달래고 추슬러가며, 마치 사이 좋은 관계처럼 서로 어울려 노년의 하루 하루를 잘도 넘겨갔다.

일반적으로 보면 요즘은 옛날보다 사람의 건강이나 수명이 많이 늘었다. 그것은 뭐니뭐니 해도 현대문명의 혜택이라고 해야 할 것이다. 실지로 스님의 세수 일흔셋은 요즘의 일로 보면 그다지 고령이 아니다. 주변을 둘러보면 여든이 되어도 얼굴에 화색이 돌고 자세가 단정한 노인들도 많다. 그러한 분들에게 다만 나이가 많다는 이유 하나만으로 할아버지라고 부르기가 민망스럽다.

비록 '대비의 병'과 다정한 친구(?)로 일생을 지내기는 했지만, 춘다들만 아니었다면 스님의 세수(世壽, 당시 73세) 정도로는 몇 년, 혹은 그 이상의 세월도 이 땅에 더 머물 수 있지 않았을까 생각한다.

스님 말년, 주로 산 너머 불광원에 머물 때였다. 그 당시 나는 무엇이든지 열성적으로 노력하고 정진하여 스님을 좀더 기쁘게 해 드리고 싶은 아이 같은 생각이 가득했다. 스님을 뵐 때마다, "스님, 벽을 붙들고 살아도 오래오래 이 땅에 머무셔야 합니다. 제가 잘 하는 것을 보신 뒤 입적하셔야 합니다" 하고, 큰소리로 욕심을 부렸다. 그런 생각에 사로잡혀 있었던 까닭에 나는 스님과의 영별은 꿈에도 생각지 못했다. 그러나 나의 그런 간절한 소망이 어느 한순간, 그만 물거품이 될 줄이야 차마 짐작마저 하지 못했다.

그 사연인즉 이렇다.

1998년 12월 송년을 맞으며, 불광사에서 서울 성동구 구의동에 있는 어느 공연장을 빌려 송년 음악회를 열었다. 때는 이미 12월 하순이어서 날씨가 매우 차가웠고, 그날따라 바깥 기온이 뚝 떨어져서 건강한 사람도 옷을 껴입어야 하는 매우 추운 날이었다. 밤이 되니 찬 기운은 더욱 기승을 부렸다.

이미 감기 기운이 있던 스님을, 절 책임자와 절에서 숙식을 하며 독특한 신념으로 살던 우바새, 그리고 또 별 하는 일 없이 절 주변을 맴돌던 우바새, 이렇게 셋이서 판단 착오를 일으켜 가서는 안 되는 행사장으로 스님을 억지로 모시고 갔다.

젊고 건강한 사람도 기온이 갑자기 떨어지면 외출을 자제하는데, 하물며 노쇠하고 병약한 노인에게 있어서는 더더욱 안 될 일이었다.

이런 지극히 상식적인 배려도 않은 채 환자인 스님을 겨울밤 문밖 출입을 강권하고, 강행했으니 그들의 무모한 행태를 과연 무슨 말로 해명할 수 있을까?

앞에서 말했지만 스님은 그 당시 체력이 쇠약할 대로 쇠약해 있었다. 스님이 옷을 갈아입을 때는 나는 눈길을 딴곳으로 돌렸다. 가슴의 갈비뼈가 너무나 앙상하여 마치 마른 장작을 쌓아놓은 것 같았고 부처님의 고행상을 보는 것 같아서였다. 바라보기가 민망해서 눈길을 딴곳으로 돌려야 할 만큼 쇠약해 있던 노인. 그런 분을 모시자면 극도로 주의하고 매사를 조심해야 한다. 약간의 외부 변화만 있어도 감당하기 어렵다. 그런데도 칼바람 몰아치는 섣달, 늦은 밤 시간. 스님이 참석해야 행사가 빛난다고, 병과 노약으로 이미 어린아이가 된 스님을 건장한 우바새들이 양쪽에서 부축하여 행사장으로 갔으니, 병든 노인을 추위 속으로 내몬 꼴이 되었다.

그날 낮, 스님은 행사장에 가지 않기로 미리 결정했다고 한다. 스님은 웬만한 일로는 공식적인 일에 빠지지 않았다. 그렇지만 스스로의 몸 상태를 점검해본 결과 도저히 갈 수 없다는 것을 알고 스님 자신이 판단하여 내린 결정이었다. 그 모든 정황은 당시 곁에 있던 우바이(九品華)가 잘 알고 있다. 내가 그에게 몇 차례 확인한 틀림없는 사실이다. 그러므로 스님을 모시던 우바이는 태연히 먼저 귀가할 수밖에 없었다.

그런데 공연시간이 점점 다가오자 스님 곁에 남아 있던 두 우바새가 자꾸만 가야 한다고 떼를 썼다. 워낙 집요하게 떼를 쓰자 주변에 다른 사람들이 없는 가운데 어린아이 같은 스님 혼자서는 더 어떻게 해볼 도리가 없었다고 했다. 어느 날, 그 우바이는 나에게 이렇게 말했다.

"당시 큰스님의 건강 상태로는 도저히 참석할 수 없었어요. 아니 방 밖을 나가서는 안 되는 상황이었어요. 그래서 저는 절대 가셔서는 안 된다고 말씀드렸고, 큰스님께서도 가시지 않는다고 하셨지요. 아니, 천번 만번 양보하여 설령 큰스님께서 갑자기 마음이 변하여 가시고 싶다고 해도 상식 있는 사람들이라면 감기가 걸려 찬바람을 쏘이면 안 되는 환자를 적극 말려야 하잖아요. 그럼에도 불구하고 오히려 그들이 큰스님께 가셔야 한다고 온갖 말을 다 늘어놓았으니, 참 어처구니가 없어요. 그리고 만약 그때, 조금이라도 가신다는 의향이 있었다면 제가 어찌 그냥 집으로 갈 수 있었겠어요."

우여곡절 끝에 스님은 휠체어를 탄 채 공연장에 입장하여 한 시간쯤 머물다가 귀사했다. 그렇지만 공연장 실내는 스팀의 더운 공기로 웃옷을 벗어야 할 정도로 더웠고, 바깥 공기는 겨울바람이 냉랭하여 건강한 사람도 한기를 느낄 정도였다. 스님은 더운 실내에 있다가 갑자기 바깥의 찬 공기 속에 몸을 맡기자, 바로 오한이 왔고 불과 십여 분 거리에 있는 절에 도착하자마자 연속적으로 기침을 하며 몹시 신열이 올랐다. 그날 밤 내내 잠을 자지 못하고 고통 속에서 지냈다. 이렇게 시작된 혹심한 감기 몸살은 결국 폐렴으로 발전하고 말았다.

이것이 병약하고 노쇠한 스님이 당신의 의사와는 상관없이 겨울 밤, 찬바람 속에 허약한 육신을 내맡기게 되었던 연유다. 훗날, 두 우바새가 스님을 차에 태워 모시고 가는 광경을 목도한 또 다른 우바이는 이렇게 증언했다.

"출발하기 전 큰스님의 모습을 보니까 안 갔으면 하는 기색이 너무나 역력했어요. 마치 어디론가 끌려가는 것 같은 표정으로 마지못해 차에 오르셨어요."

스님의 맑은 눈동자에 어린아이처럼 가기 싫어하는 표정이 서려 있었다는 이야기다. 그런데도 그들은 아랑곳없이 엄동설한의 차디찬 밤 기운 속으로 스님을 이끌었고, 그 결과는 한국불교의 새 물줄기의 흐름을 끊어 놓는 엄청난 일이 되었다. 그들이 오판을 했는지 아니면 또 다른 의도를 가지고 있었는지는 모르겠지만, 그 일로 말미암아 그들은 마침내 춘다가 되는 가히 역사적인 순간을 맞이했던 것이다.

스님은 혹심한 감기 몸살이 급성폐렴으로 발전되어 급기야 병원에 입원했다. 스님의 목에 고무 호스를 집어넣어 가래를 걸어내는 광경이란 문자 그대로 목불인견(目不忍見)이었다. 고무 호스를 목에 넣을 때마다 스님은 너무나 고통스러워 육신을 떨며 사지를 움츠렸다. 의료진이 여러 차례 가래를 걸어내고 좀 진정되자, 여간해서는 자신의 감정을 잘 내색하지 않던 스님의 두 눈에 눈물이 홍건히 맺혔다.(『시봉일기 1, 내일이면 늦으리』, p.296 참조)

결과적으로 춘다들은 너무나 큰 고통을 스님께 만들어주었다. 설령 스님의 세간 인연이 다하여 입적하실 때가 되었다 해도 얼마든지 조용히 세연을 거둘 수 있는 일이다. 실지로 1999년 2월 27일, 한없이 평화로운 모습으로 부촉까지 남기며 입적하셨으니 말이다.

부처님께서는 "춘다의 마지막 공양은 수자타의 처음 공양과 같다. 그는 이 공덕으로 하늘에 태어날 것이다. 그로 말미암아 여래가 열반을 성취했기 때문이다"라고, 거듭거듭 말씀하셨다. 부처님께서 짐짓 그렇게 반복하심은 과연 무엇 때문이었을까? 혹시 춘다에게 가해질지도 모를 위해를 막기 위해서가 아니었을까? 나는 스님의 입적을 통해 부처님께서 베푸신 칭량 못할 대자대비를 확실하게 깨달았다. 마지막 순간까지 베푸신 부처님의 대자대비가 무엇을 뜻하는 것인가를….

이와 같이 비록 그 일이 스님의 세간지연(世間之緣)이 끝나는 하나의 전조(前兆)가 되었다고 하더라도, 스승을 받들고 그 가르침을 신봉하는 자로서의 자세가 그래서는 안 된다는 것을 나는 말하고 싶다. 그리고 스승을 향한 몸과 마음이 잠시도 흐트러져서는 안 된다는 것을 후세의 학도자(學道者)나 시봉자(侍奉者)들에게 말하고 싶다. 그래야만 스님의 춘다들이 보인 일련의 행위가 후세에 반면교사라도 되어 저『법화경』의 데바닷다처럼 역행보살이라도 될 수 있겠기에 말이다. 역행보살, 꿈보다 해몽이 너무 좋은가? 아니면 송양지인(宋襄之仁)을 베푸는가?…

세 춘다들의 사려 깊지 못한 행위가 결과적으로 스님의 고통을 만들었고 입적을 재촉했던 원인이 되고 말았다. 그러나 알고 보면 춘다는 세 사람만이 아니었다. 스님을 이기려고 했던 사람들 모두가 춘다라는 사실을, 당사자들은 그 누구도 부인하지 못할 것이다. 물론 거기에는 나도 포함되어 있다.

『벽암록』에 금불(金佛)은 용광로를 지나지 못하고, 목불(木佛)은 불을 지나지 못하고, 토불(土佛)은 물을 지나지 못한다고 했다. 그렇지만 자기 부처는 물과 불, 아무것에도 구애됨이 없다는 사실. 즉 이 말씀은 남은 속일 수 있어도 자기 부처는 속일 수 없다는 말이리라. 이 세상에서 가장 무서운 자기 부처 말이다.

그후 스님은 딱 두 달여를 이 세상에 머물다 가셨다. 그동안 세 춘다들이 전과 같이 스님 방을 무시로 드나들었고, 그 밖의 춘다들이 지금도 대낮에 잘 나다니는 것을 보면, 아마 스님은 부처님처럼 그들에게 하늘에 태어나라고 축복해 주셨던 모양이다.

4. 홍교스님의 고백

어느 때, 홍교사숙은 스님과 함께 해인사 백련암에서 노장님(性徹 方丈)을 뵙고 큰절로 내려왔다. 스님은 해인강원에서 공부하고 있던 상좌를 보고싶다 하여 발걸음을 강원으로 향했다고 한다. 스님은 강원까지 가서 자리에 앉지도 않고 뜰에 선 채 상좌 얼굴 한 번 보고 몇 마디 전하고는 이내 돌아섰다. 상좌가 스님을 일주문까지 배행하기 위해 뒤따르자, 스님은 상좌에게 그만 들어가라고 말하면서 이렇게 한마디 덧붙였다고 했다.

"이제 강원 마치면 곧장 선방 가야지?"

상좌의 대답이 이어졌다.

"강원이고 선방이고 본분사야 다르겠습니까?"

강원공부만으로도 충분하지 굳이 선방을 가야 하느냐는 말로 들리기도 했고, 이미 다해 마쳤다는 말로도 들렸다고 했다. 이 말은 도반끼리 주고받는 법담이 아닌, 상좌가 스승에게 대답한 말로는 자못 도가 넘는 표현이다. 그것으로 스승과 상좌의 대화는 끝이었다.

제3자 입장인 홍교사숙이 옆에서 듣기에도 몹시 외람스런 대답이었고, 불손한 언사로 느껴졌다고 했다. 그런데도 스님은 별 다른 내색 없이 거기에 대해 침묵했다고 한다. 그 침묵은 해인사에서 차를 타고 대구로 오는 동안, 다시 대구역에서 기차를 타고 서울까지 오는 사이에도 줄곧 계속되었다고 했다.

홍교사숙은 '화가 나도 단단히 났나보다. 이제 서울로 돌아가면 이연(離緣, 스승과 상좌의 결별)하는 일만 남았구나' 하는 생각이 들었다고 했다. 물론 스님이 홍교사숙과 대화는 나누었지만 그 일에 대해서는 일체 침묵이었다는 말이다. 드디어 서울 대각사에 도착하여 두루마기를 벗고 손발을 씻은 뒤에서야 스님이 웃으면서 홍교사숙을 바라보며 이렇게 딱 한마디 했다고 한다.

"내 상좌가 많이 성장했어. 내가 감당할 수 없을 만큼 어느새 그렇게 컸네."

이것이 상좌의 불손한 대답에 대한 스승인 스님의 반응이었다고 했다. 2001년 3월 1일 도피안사 대웅전 법상에서 홍교사숙은 이 이야기를 마친 뒤, 이어서 이렇게 고백했다.

"나는 수행자로서 광덕스님께 많은 것을 배웠지만 그중에서 가장 크고 무겁게 배운 것은 인욕입니다. 광덕스님께서는 어디서나, 누구에게나 상대의 허물을 입으로 말씀하지 않았고 눈으로 보아도 보지 않았어요. 광덕스님을 처음 만난 이래 수십 년 동안 내가 지켜본 바로는 그 어떤 일로도 사람을 비난하거나 욕하는 것을 본 적이 없습니다. 그러나 이것은 광덕스님의 고운 양심이 아니고 높은 도덕이 아닙니다. 양심과 도덕만으로는 어림도 없는 일이지요. 그것만으로는 분명 한계가 있어요.

오로지 도를 닦아 인간의 한계를 넘어 부처님의 성품을 보았기 때문에 가능한 일이라고 저는 생각합니다. 그 큰 힘은 진리를 알지 못하고서는 안 되지요. 소위 하기 좋은 말로 인간의 힘(도

덕·양심·교양 등)으로는 도저히 불가능한 일이라고 생각합니
다.”

이 짧막한 훈도는 스님께서 입적하신 후 홍교사숙의 입을 빌
려 내게 내린 고구정녕의 또 다른 가르침이시다.

나무마하반야바라밀.

5. 한 번 도반은 영원한 도반이다

부산 선주산방에 주석하며 불화(佛畵) 그리기에 일로정진(一路精進)하시는 석정스님으로부터 들은 이야기다. 석정스님의 말씀에 의하면 스님은 타고난 천성의 자비와 어머니를 통한 각별한 가정교육, 청소년 시절부터 부단한 지성의 연마를 거쳐 세속에서도 이미 촉망받는 인물이었다고 했다. 그후, 절에 와서도 어디서나 누구에게나 친절하고 언행이 반듯하여 줄곧 타의 모범이 되었고, 비록 계를 받지 않은 처사의 신분이었지만 머리 깎고 먹물 옷 입었기에 여법한 일상수행과 용분정진의 참선으로 모르는 사람이 없을 정도였다고 한다.

스님의 그러한 오분향(五分香)이 사람을 대했을 때는 신뢰감과 친밀감으로 나타났으니 신도들에게나 도반들에게는 그지없는 의지처 역할을 했다. 그러므로 자연 스님의 교유 범위는 연령이나 지위고하를 막론하고, 또는 교육의 유무, 성품의 완급이나 취미의 이동(異同)을 초월하여 광범위하게 이루어졌다.

스님의 청장년 시절, 당대 기라성 같은 젊은 공부꾼들의 모임인 청맥회 회원들과도 친소의 구분이나 아무런 차별 없이 잘 지냈으며, 또 어느 절에 살든 사내의 대중들과도 그야말로 격의 없이 잘 지냈다는 이야기를 듣고 보면, 마치 물과 물이 합한 듯이 어느 곳에서나 누구와도 잘 어울리는 인간성의 소유자였다는 생각이 든다. 그런 스님의 여러 지인(知人)과 우인(友人), 아니 도반들 중에서 특히 호산, 덕윤, 혜원, 보봉 등의 스님들과는 더더욱 두터운 친분을 나누었다.

석정스님이 생각하기에 그 스님들은 성정이 질박하고 생김생김이 우락부락하여 겉모양은 다소 거칠게도 보였고, 투박하게 느낄 정도로 소탈하여 잘 다듬어진 세련된 인물들은 아니었는데도 이상스러울 정도로 스님과 친한 것을 보고 넌지시 물어보았다고 했다. 스님은 수줍어하는 듯한 그 특유의 미소를 지어 보이면서 한동안 입을 다물고 대답을 안 할 것처럼 가만히 있더니,

"이 세상이 나를 버리더라도 그분들은 나를 버리지 않을 사람들이요"라고, 아주 간단하게 말하더라는 것이다. 이 짧은 말에서 석정스님은 '광덕스님은 사람을 사귀는데 인간의 여러 덕목 중에서 신의를 가장 우선하는구나' 생각하고, 다시 스님을 보게 되었다고 했다. 사실 내가 알기에도 스님은 신의를 지키고 가꾸기 위해서 무척 노력했고 때로는 그것 때문에 비난이나 욕을 듣는 것도 감수하곤 했다.

내가 스님 회하에 있을 때도 그분들의 일 때문에 여러 번 곤란한 처지에 빠진 것을 알고 있다. 스님이 그러했기에 도반들도 스님의 일이라고 하면 물불을 가리지 않았고, 또 무서워하거나 망설이거나 이유와 핑계를 만들어서 자기 계산을 하지 않았다. 거의 절대적이라고 말할 정도로 깊은 신뢰와 우정을 주고받았다. 그런 점은 내가 그분들을 직접 만나 뵐 수 있었고 스님과의 우정을 고백하는 것을 들었기에 따로 확인할 필요도 없는 사항이다.

그분들의 성품이 본래로 순직하고 꾸밈없이 자연스러웠다고 해도 사람의 교류는 감동이 있어야 시작도 있고 오랫동안 유지되기도 하는 것이라고 본다면 스님의 마음가짐이 어떠했나는 것은 더 설명이 필요없을 것 같다.

이러한 점을 생각해 본다면 스님 자신이 신의를 중요하게 내세웠고, 그것을 지키려고 부단히 노력했기에 불이법문(不二法門)을 현실세계에 그대로 구현할 수 있었다고 본다. 사실 이 모두가 스님에게는 반야바라밀이다. 진리의 모습, 반야바라밀의 구현이 스님의 인생에서 남김없이 드러나고 세상에 표현된 것이다.

말하자면 밥을 먹을 때나 친구를 사귈 때나 무슨 일을 하더라도 거기서 한 걸음도 벗어나지 않았고, 어긋나지도 않았다. 그래서 스님의 삶을 되짚어 보면 모두가 공부였던 것은 바로 반야바라밀 생명으로 살았기 때문이 아닐까 한다. 그래서 나는 공부를 따로 두지 않고 무슨 새로운 일이 있을 때마다 스님이라면 이런 경우 어떻게 하셨을까 생각해 본다. 그러면 십중팔구 답이 떠오르고 지혜가 생긴다. 부처님 제자들이 밤낮으로 부처님 말씀을 외우고 체험하여 부처님을 닮아갔듯이 나도 스님의 일상 가르침을 잘 간직하면 어느 때나 지혜가 샘솟고 용기가 솟아 나온다는 것을 믿고 산다. 시봉일기 작업은 바로 이런 나의 입장 때문에 시작된 나만의 수행정진이다. 스님의 모든 것을 글로 기록하여 잘 보존하는 것, 그것은 또 하나의 지혜의 창고를 짓는 일이며 불광 만세를 도모하는 길이라고 생각한다.

6. 소천스님 상좌가 되지 않고
  동산스님 상좌가 되었네

어느 날, 석정스님이 매우 의미 심장한 이야기를 하나 꺼내 놓
았다. 이 이야기는 내가 알 수 없는 과거지사였고, 또 아무나 아
는 이야기도, 아무에게나 물어서 알 수 있는 흔한 일도 아닌 석
정스님만 간직할 수 있는 그런 독특한 내용이다.

사실 이 부문은 그동안 나에게도 매우 중요한 관심사였다. 스
님의 상좌가 된 이후 줄곧 이점에 대해 속으로 궁금해했다. 그렇
지만 상좌인 입장에서 스님께 직접 여쭤볼 수도 없고, 내심 궁금
했지만 그냥 가슴에 묻어 놓고 무던히 지낼 수밖에 없었는데 석
정스님으로 말미암아 해답을 얻게 되었다.

스님이 출가하여 수행하는 모든 과정을 곁에서 증인처럼 지켜
본 몇 분이 있는데, 그중에 한 분이 석정스님이시다. 때로는 함
께 생활했고 때로는 떨어져 있어도 늘상 교류는 있었다. 서로 방
문하거나 인편에 안부를 주고받거나 또는 서신의 교환을 통해서
끊이지 않고 관계를 지속했다. 그래서 스님과 석정스님은 서로
모르는 일이 거의 없을 정도다. 아무튼 석정스님은 스님의 일생
을 따뜻한 마음으로 지켜 본 오랜 도반이자 이제는 증인이 된 셈

이다.

　말하자면 석정스님이 한평생 스님과 절친한 도반으로서 스님의 행이나 여러 일들을 곁에서 보기도 하고, 혼자 생각하기도 하고, 그래도 이해가 되지 않으면 직접 묻기도 하여 거의 막힘 없이 지냈던 것은 사실이다. 그런 막역한 관계를 가졌던 석정스님의 이야기가 나에게는 스님의 친설이나 다름없고, 또 어떤 것은 훨씬 객관성을 가지고 있기도 한 좋은 자료가 된다.

　그런 스님의 평생 도반, 석정스님이 곁에서 보기에 스님은 범어사로 출가하여 수행자의 길을 걸으면서 큰 스승 두 분을 만났는데, 바로 동산스님과 소천스님이었다. 당시 범어사 조실이면서 은사이기도 한 동산스님으로부터는 전통적인 수행자 상을 확립하게 되었고, 소천스님으로부터는 사상적으로 큰 영향을 받았다. 실지로 소천스님으로부터 받은 반야사상에 대해서는 석정스님이 미처 그 내막을 다 알지 못할 정도로 깊었다.

　이것은 석정스님만 아는 비밀스러운 내용이 아니고, 그 당시 범어사 대중이라면 누구나 알고 있었던 사실이다. 그래서 석정스님은 속으로 '고 처사가 나중에 계를 받게 되면 틀림없이 소천스님을 은사로 모실 것'이라는 생각을 했다는 것이다.

　석정스님이 경남 진주 의곡사 주지를 맡고 있을 때, 소식이 전해 오기를 '고 처사가 드디어 계를 받고 스님이 되었는데 동산스님을 은사로 모셨다'는 것이다. 그 순간 석정스님은 무척 의아한 느낌이 들었다고 했다. 생각 밖이었기 때문이었다. 후일 스님을 조용히 만날 기회가 있어서 그 이야기를 슬며시 꺼내 물어 보았더니만, 그때 스님의 대답이 어찌나 명쾌하고 씩씩한지 조금도 거리낌이 없었고 주저하는 빛이 없었다고 했다.

"내가 전쟁 초기에 쌀 서 말을 들고 범어사에 와서 노장님께 보살핌을 받고 사랑을 받았으며 부처님을 알게 된 태산같은 은혜를 입었는데, 어찌 그 은혜를 저버리는 일을 할 수 있겠어요? 출가 산문에 처음 인연을 만들어준 분의 제자가 되는 것이 당연하지 않아요?"

그때 석정스님은 스님의 이야기를 듣는 순간, 가슴에 뭉클한 충격을 받았다고 나에게 고백했다. 그동안 소천스님을 모시고 전국을 돌며 금강경 운동을 하고, 부산 시내에서 매주 법회를 하며, 소천스님이 어디를 가든 마치 그림자처럼 따라다니며 배우고 익히기를 한 몸의 손발처럼 했던 고 처사가 아니었던가? 그런데도 결정적인 순간에는 처음 은혜를 생각하고, 그 은혜를 앞세우고, 그 은혜를 소중히 할 줄 아는 고 처사. 아니, 광덕스님을 대하여 다시금 도반의 고결한 인품을 생각하는 계기가 되었다고 하며, 그때를 회상하는지 '허허' 웃어 보였다.

석정스님은 스님과는 정말 흉허물없는 절친한 도반이지만 그 말을 듣게 되니 더욱 존경하는 마음이 들었노라고 했다. 재미있는 이야기를 할 때나 과거지사를 회상할 때는 석정스님 특유의 봉안(鳳眼)을 더욱 가늘게 뜨고 미소와 유머가 가득한 음성으로 시간 가는 줄 모르고 이야기를 하신다. 그날도 오랜 시간 지난날의 삶을 시간 가는 줄 모르고 토로했다.

법을 떠나서 불교를 떠나서 한사람의 인간으로서 스님에게 이와 같은 점이 있었다는 것을 나는 들었기에 이렇게 기록할 수밖에 없다.

7. 없던 일로 합시다

석정스님은 스님에 대해서 그 누구도 줄 수 없는 희귀한 자료(이야기)를 나에게 많이 제공해 주었다. 이 이야기의 제공 역시 석정스님이시다.

그 당시 부산 동래 사직동의 산 중턱에 천태암이라는 조그만 암자가 있었다. 요즘은 많이 달라졌지만 몇십 년 전만 해도 조용하고 아담하여 말없이 공부하기가 안성맞춤인 토굴(절)이었다. 젊은 시절 석정스님은 그 절에서 조용히 공부만 했으면 하는 생각이 들어 범어사로 스님을 찾아가 의논했다고 한다. 그때 스님은 부산권의 본사인 범어사에서 소임을 보고 있을 때라 아마도 마음만 먹으면 천태암 주지를 석정스님에게 맡기기란 그리 어려운 일이 아니었던 것 같았다.

석정스님이 조용한 천태암에서 오로지 공부만 하고 싶다는 이야기를 다 듣고 난 스님은 흔쾌히 동의하며 무척 좋아했다고 한다. 아마 가난한 절, 천태암이 도반 공부 처소로 필요하다는데 더 이상 말이 필요없었는지도 모를 일이다. 어린아이 같이 솔직하고 순수했던 스님이 좋아하는 도반이 공부하고 싶다는 이야기에 오히려 더 서둘렀지 않았을까 하는 생각이 든다.

　그런데 막상 주지직을 맡게 된 석정스님은 절 살림살이하는 데는 서툴기도 하지만 오직 공부만 할 생각에 평소 알고 지내던 장(張) 수좌라는 스님에게 천태암 살림을 맡기려고 장 수좌와 의논을 정한 뒤 약조를 받았다. 장 수좌는 뜻밖에 천태암 절 살림을 자기에게 맡겨주니 좋아서 얼씨구나 한 것 같았다. 자랑삼아 여기저기 다니면서 말한 것이 급기야 스님 귀에까지 들어가게 되었다. 스님은 그 이야기를 전해 듣고 석정스님에게 사실을 확인한 뒤, 장 수좌는 절대로 안 된다면서 평소의 스님 모습과는 판이할 정도로 무척 단호한 태도를 취했다. 급기야 석정스님의 천태암 주지 자리는 없던 일로 되고 말았다 한다.

　당사자인 석정스님은 장 수좌에 대해서 아무것도 모르고 그저 호의적으로만 생각하고 있었는데, 스님이 갑자기 왜 저러나 하면서 무척 의아해했을 것은 불문가지의 일이다. 한동안 시간이 지난 훗날, 과연 장 수좌는 석정스님의 기대와 믿음에 어긋나는 일을 여러 차례 저질렀고, 그때서야 스님의 결정이 옳았구나 하는 것을 느꼈다고 석정스님은 털어놓았다.

　도반이었던 석정스님을 보호하고자 했던 스님의 단호함. 그 당시에는 일일이 설명이 다 되지 않았을 것이다. 그러므로 석정스님은 스님의 단호함에 처음에는 무척 섭섭했겠지만 나에게 그런 심정을 말하지는 않았다. 어쩌면 그 일로 인해 두 분은 한동안 서먹한 관계로 지냈을지도 모를 일이다.

　스님은 좀처럼 어떤 사람에 대해 예단하지도 않았고 소문을 가지고 평가하지도 않았다. 아마도 스님 자신에 관계된 일이었다면 '과격'으로 느껴질 정도의 그런 행동은 없었을 것이다. 순직하고 세상 물정 모르는 도반을 보호하기 위하여 스님은 냉정하고 단호해졌을 뿐이다. 당사자가 깜짝 놀랄 정도로 말이다.

부처님에 대한 신심이 깊기 때문에 사람을 믿음으로 대하는 힘도 넓고 크기만 했던 스님. 대개의 사람들은 자칫 신앙심 깊은 것과 일상과는 유리되기 십상이다. 그렇지만 스님은 언제나 신심으로 항심(恒心)을 삼았고 일상을 삼았다. 거기서 인간생활에 필요한 온갖 미덕을 다 퍼내고 이루어냈다. 스님의 삶이 순수하게 진리로 향했기에 수많은 인생이 의지할 수 있었으며, 믿고 따를 수 있었다고 본다.

8. 스님이 쓴 시(詩)

내 노트에 1990년 2월 6일 오후 3시 20분이라고 씌어 있다.

그 무렵 나는 불광출판부의 '불서(佛書) 읽기' 운동을 한창 벌이고 있었다. 그러니까 매월 주제를 바꿔가며 불서 읽기 계몽운동을 하고 있었다. 매달 바뀌는 불서읽기 운동의 주제가 스님의 뜻에 맞아야 하기 때문에 스님의 동의와 허락이 가장 중요했다. 일차적으로 출판부 회의에서 그 달의 주제가 채택되면 나는 지체없이 스님의 허락을 얻기 위해 법주실로 향했다.

그날도 새로 채택한 불서 읽기 주제를 손에 들고 법주실로 들어가자 스님은 혼자 천장을 쳐다보며 가만히 누워 있었다. 나는 우선 스님의 안색을 살펴 건강 상태를 가늠해 본 뒤 업무 보고를 했다. 스님은 오른손을 아래턱에 살짝 갖다 댄 채 턱을 조금씩 움직여가며 잠잠히 내 보고를 들었다. 스님의 편안한 자세와 아래턱을 조금씩 움직이는 일정한 모습이 마치 내 보고에 대한 이해나 허락을 대신하는 것처럼 느껴졌다. 덧붙인 몇 가지 이야기마저 다 끝난 것을 알아채고는 누운 채 가만히 나를 올려다보았다. 순간 스님의 명경(明鏡) 같은 눈빛에 내 모습이 환히 드러났고, 나는 따뜻한 햇살아래 선 것처럼 행복했다. 뭔가 좋아서 약간 몸을 움찔하는 듯한 나를 올려다보면서 입을 열었다.

"송암, 내가 젊었을 때 엉뚱한 일을 한 적이 있었어. 아마 그때가 1969년도쯤이었을 거야. 석정스님의 상좌인 무용(無用) 수좌의 반야심경 전각 병풍을 전시장에서 보고 느낌이 하도 좋아서 시를 한 편 썼지. 썼을 뿐만 아니라, 그 당시 「불교신문」(대한불교)에 투고까지 하지 않았겠어? 정말 한창 때였다고나 할까. 아니면 철없던 때였다고나 할까. 아무튼 미숙했지만 그 시절에는 정열이 있었으니 꿈도 있었고 의욕도 대단했던 인생의 황금기야.

아참, 시 이야기가 나오니까, 기억나는 일이 또 있군. 해인사 백련암의 종정스님께서 아무도 몰래 필명을 도우(道雨)라고 해서 독자 투고를 했다는 거야. 내가 언젠가 백련암에 갔을 때, 종정스님께서 아무도 모르는 비밀이라고 입에 손을 갖다대면서 건넛방에 있는 상좌들 듣지 못하도록 작은 목소리로 내게 말씀하셨어. 그리고는 천진하게 '허허' 하고 한참 웃으셨지."

나는 직감적으로 매우 중요한 이야기라는 것을 깨닫고 그 내용을 부지런히 적었다. 그러나 거기에 대한 질문 하나 할 생각은 못한 채, 그 내용을 옮겨 적는 일에만 몰두했다. 마치 옮겨 적는 것이 내 운명이나 되는 것처럼 노트를 넘겨가며 빼곡히 적어갔다. 스님은 나에게 적는 시간을 주기 위해서인지 한동안 아무런 말없이 여전히 누운 채 다리를 오므렸다 폈다를 반복했다.

"그때 대은스님이 영험록을 「대한불교」에 연재했는데 그 내용이 범어사 명학동지에 관한 것이었어. 대은스님이 신라시대라고 한 것을 내가 조선시대라고 정확하게 규명하여 알려드리기도 했지. 어쩌면 그때 나는 무척 부지런했다고 할까. 아니면 온갖 간섭을 다할 정도로 의욕적이었다고나 할까."

그로부터 먼 훗날, 나는 이 글을 쓰기 위해 스님이 머무셨던 내원에 앉아 그 당시 적어 놓은 기록장을 하나 하나 넘겨가며 스님의 말씀을 찾아 나갔다. 먼지 낀 노트를 연신 뒤적이고 있다가 드디어 내가 써 놓은 이 대목을 발견했다. 나는 스님이 일러준 대로 자료실에서 「불교신문」 영인본을 가져다가 샅샅이 찾아보니 아닌 게 아니라 정확하게 스님의 시와 종정스님의 시가 실려 있었다. 스님의 말씀이 모두 사실이었다. 연도나 내용도 거의 일치했다. 스님이 내게 이야기한 것은 1990년 초였고 시를 쓴 것은 1969년 6월경이었으니 무려 이십여 년의 세월이 지난 뒤였는데도 기억이 정확하기 이를 데 없었다. 나는 금광업자가 굵은 금맥을 발견한 것처럼 황홀함을 느꼈다. 그리고 젊은 시절 스님의 모습이 다시 떠올랐다.

나는 이런 일련의 작업을 줄곧 하면서 또 한번 스님의 밝은 모습을 떠올리지 않을 수 없었다. 그리고 새삼 복받치는 그리움이 나를 사정없이 흔들어 놓았다. 나는 영인 축쇄본인 그때의 「불교신문」에서 스님의 시를 발견한 순간 주체할 수 없는 감흥으로 한동안 방안을 돌며 심호흡을 해야 했다. 나는 찾던 시를 발견하고도 그 자리에서 바로 옮겨 적지 못하고 우선 갈피를 끼워 표시만 해두었다. 솟구치는 감흥 때문에 미처 감당이 서지 않았기 때문이다. 그러기를 한 일주일쯤 지난 뒤, 흥분이 다소 진정된 다음에서야 스님의 시를 음미해 가며 이렇게 글로 쓰는 것이다.

상(相) 내기를 싫어했던 스님이 자신의 이름으로 신문사에 시를 투고하는 일은 극히 이례적인 일이다. 그러한 일은 그 전이나 그후나 한번도 없었다. 내가 스님에 대한 기록을 찾기 위해 「불교신문」 1호부터 샅샅이 뒤졌기에 자신 있게 말할 수 있는 일이다. 스님의 시와 당시 신문사 편집자의 설명까지 함께 여기에 옮겨 신는다.

무용(無用) 스님이 刀한 篆刻

「반야바라밀다심경」을 여기에 소개한다. 도장 하나 하나에 글자가 들어 있고 그 모양 또한 제각기 다르게 하여 심경 전문을 수록한 것이다. 하나의 훌륭한 예술품이라고 할 수 있는 전각을 보고 광덕스님이 讚하는 글을 보내왔기에 같이 소개한다.(편집자)

－讚 無用 刀 心經－

우뢰 印

　　　　　　　　　　光德

……………

태초

빛

말

空寂

그 너머에서

우렁차게 울리고

거리

구름

산

시냇물에

장엄 펼치고

……………

잡으니

해와 달, 빛을 잃고
놓으니
六月 하늘
사뭇 신기하다.

1969. 6. 4
(「대한불교」 1969년 6월 8일(일요일) 불교와 문화면)

9. 성철스님, 시를 투고하다

스님과 해인사 백련암 노장님(性徹)과는 매우 각별한 사이였음을 나나 그쪽 집안에서나 이미 여러 차례 언급했다. 사실 두 분 사이에 따로 숨겨 둔 비밀이 있는 것도 아니고 말못할 사연이 있는 것도 아니다. 괜히 주먹을 쥐어 궁금증을 만들 필요가 없을 만큼 친숙했다. 그런 두 분이 만나면 곁에 있는 상좌들이나 주위의 측근들에게도 할 수 없던 내밀한 이야기마저 툭 터놓고 스스럼없이 주고받았던 것은 서로 속을 활짝 열어놓는 사이였음을 반증하는 셈이 된다고 할 것이다.

이와 같이 허심탄회한 두 분의 관계가 실지로 어느 정도였는지 구체적으로 알게 된 또 하나의 계기가 바로 이 이야기다. 앞에서 잠깐 말한 종정스님의 시 말이다. 이 한 편의 이야기를 따로 쓰기 위해 앞에서는 슬쩍 지나쳤다. 이제 그 전모를 제대로 써야겠다.

스님이 이 이야기를 내게 말씀하실 당시 스님은 대비수고의 병으로 몹시 앓고 있을 때였다. 그래서 병석에 누우신 채 이야기의 서두를 이렇게 뗐다.

"백련암 노장님이 내게 하신 말씀을 보면 전부가 사실 그대로야. 무엇 하나 다른 것이 없었어. 지금부터 내가 하는 말을 송암이 잘 듣고 나 대신 노장님의 말씀을 확인해 줘."

이렇게 말씀하시고는 누운 채 한동안 천장만 바라보았다. 아마 그 당시를 회상하거나, 아니면 그때의 일을 정리하는 것 같았다. 그러다가 나를 한 번 쳐다본 뒤 차근차근 이야기를 풀어나갔다.

"그러니까 꽤 오래 전 내가 백련암에 문안 갔을 때 노장님으로부터 들었던 이야기야. 당신이 직접 시를 번역하여 「대한불교」(불교신문)에 다른 사람의 이름을 빌려서 투고했다는 말씀이셨어. 노장님께서 장난기 어린 아이 같은 표정으로 말씀을 하셨는데 재미도 있고 궁금하기도 했지. 서울 가면 바로 확인해 봐야지 했는데 막상 서울로 돌아와서는 그만 차일피일 하다가 결국 이렇게 십수 년의 세월이 지나고 말았어. 이제는 내 몸뚱이가 병이 들어 직접 확인하기도 어렵게 되었으니 부득불 송암에게 부탁할 수밖에 없게 되었네.

나는 노장님의 성품을 잘 알고 있었기에 왜 그런 시를 번역하여 아무도 모르게 신문에 투고하셨을까? 또 어떤 내용의 시일까? 여러 가지로 궁금했지만 직접 묻지는 않았어. 그 글을 찾아보면 자연 알게 되겠지 하는 속생각만 했던 거지. 그런데 그만…"

이 말씀을 하실 때는 종정스님께서 해인사 백련암에 머물고 계실 때였다. 종정스님과 스님은 사형제간이지만 연령 차이도 있었고, 존경심도 깊었기에 마치 스승을 대하는 느낌이 들었다. 숨결을 조절하며 이야기를 조금씩 이어 나갔다.

"그 시를 투고한 시기는 아마 노장님께서 문경 김용사에 계실 때 일 같고, 투고하실 때 당신 이름으로 내지 않고 빌린 이름이 이도우(李道雨)라 하셨지."

그때 나는 스님의 말씀을 노트에 부지런히 적었다. 나 역시 적어놓기만 하고 마냥 세월을 보냈다. 스님 말씀이긴 해도 별로 중요한 것 같지도 않았기에 바쁘다는 핑계로 차일피일 했던 것이다. 그로부터 얼마 지나지 않아 그마저 새까맣게 잊어버리고 말았다.

훌쩍, 이렇게 십수 년이 지난 뒤 시봉일기 작업을 하면서 그 기록을 다시 발견하게 되었다. 노트에 적힌 날짜를 보니 스님으로부터 그 말씀을 들은 지 어언 열두 해가 지나갔다. 참 어이없는 일이다. 노장님도 가시고 스님도 가신 뒤, 이제서야 그날의 말씀을 다시 찾고 있다니…. 만약 시봉일기 작업을 하지 않았다면 영영 묻혀 버릴 뻔한 일이다.

나는 보던 자료에서 눈을 떼고 허리를 곧추 펴고 앉아서 심호흡을 했다. 그때 스님께서 하신 말씀이 너무나 역력하게 떠올랐다. 스님께서 병석에 누워서 나를 간간이 바라보며 말씀하신 정경이 바로 눈앞의 일로 떠올랐던 것이다. 그순간 나는 말할 수 없는 죄의식을 느꼈다. 도저히 더 머뭇거릴 수 없어서 용수철처럼 튕겨 도서실로 달려갔다.

도서실 서가 위에 쌓아 놓은 「불교신문」 축쇄본을 모두 안고 나왔다. 그리고는 제일 앞장부터 차례차례 살펴 내려갔다. 그야말로 축쇄 영인본이어서 보는 데 많은 공력이 들었다.

나는 꽤 여러 날 동안 거의 다른 일은 하지 않고 오로지 「불교신문」만 한 장 한 장 넘겨갔다. 그러던 어느 날, 마침내 이도우라는 이름을 발견했다. 그순간 반갑기도 했고 놀랍기도 했다. 또

한편으로는 어른들께 무척 송구스러웠다. 그리고 한없는 아쉬움
도 밀려왔다.

스님이 계셨더라면 노안(老眼)으로도 잘 볼 수 있도록 글씨를
크게 써서 보여드렸을 텐데, 아니 죄다 읽어드렸을 터인데 하고
생각하니 말이다. 내 생각이 여기에 미치자 돌연 인생무상을 절
감하는 기분에 사로잡혔다. 아, 이 일을 어쩌겠는가. 빈 가슴에
아쉬움의 바람만 휭 ― 지나갔다. 이제는 아무리 기쁜 일이 있어
도 달려갈 곳마저 없게 되었으니….

사실 이렇게 몇 마디 말로 간단하게 표현하지만 일은 말과 같
지 않았다. 나는 마음을 차분하게 가라앉힌 뒤, 마치 노인이 양
지쪽에 앉아서 이 잡듯 신문 구석구석을 샅샅이 살펴 나갔다. 워
낙 오래된 신문을 축약, 영인한 것이어서 활자가 뭉개지고 밀려
서 서로 엉겨 붙은 곳도 있고 아예 지워져 버린 곳도 많았다. 그
렇지만 모셨던 어른들의 분부를 다시 받든다는 심정으로 한 줄
또 한 줄, 눈으로 손끝으로 살펴 나갔다.

그래도 도저히 식별되지 않는 글자 때문에 급기야는 커다란
볼록 렌즈를 구해 손에 들고 '올렸다 내렸다'를 반복하며 한 면
한 면 살폈다. 나는 이 일을 하면서 어쩔 수 없이 괴로운 사실 한
가지를 인정해야 했다. 그것은 나도 어언 나이가 꽤 들었다는 것
과 지병인 당뇨로 말미암아 시력이 제 기능을 발휘하지 못한다
는 것이다.

이런 연속적인 일련의 작업이 나에게는 고역이었지만 스님의
분부를 차일피일한 죄송함 때문에 쉬지도 않고 중단하지도 않았
다. 그리고 나 아니면 누가 이 일을 '감당하랴'는 어린아이 같은
사명감도 일었다. 왜냐하면 그 말씀을 들은 사람이 나뿐이었으

214

니까.

이 일(시봉일기를 포함)을 하는데 얼마간의 어려움도 있었지만 그래도 힘이 되었던 것은 나 특유의 저돌적이고 완강한 고집이었다. 일찍이 스님이 나를 황소로 인가(?)하셨듯이 나 스스로 생각해봐도 나에게는 그런 뚝심이 있는 것 같다. 오직 그 힘으로 줄곧 일에 매달릴 수 있었기에 말이다.

나는 방 가득히 신문철을 펼쳐놓고 들며나며 신문을 한 장씩 넘겨갔고 노트 갈피 속에서 수많은 자료를 찾아낼 수 있었다. 뿐만 아니다. 사람들을 찾아다니며 증언을 녹취했고 다시 풀어서 글로 만든 것도 많았다.

아무튼 그로부터 며칠 뒤, 정확히 말하면 2001년 6월 20일, 사시기도를 마치고 점심공양 후 다시 신문뭉치 앞에 앉아서 두어 장 넘겨 가는데 언뜻 이도우(李道雨)라는 이름이 눈에 스쳤다. 순간, 눈을 비비고 다시 들여다보았다. 스님이 말씀한 그대로였다. 그래도 미심쩍어 곁에 놓여있는 돋보기를 집어들었다. 돋보기로 눈과 초점을 맞추어 자세히 들여다보았지만 분명 사실이었다.

아마 그때 내 곁에 누가 있었다면 훌쩍 밀쳤거나, 주먹으로 쥐어박았거나, 그도 아니면 얼싸안았을지도 모르겠다. 나는 쭈그리고 앉은 자세에서 벌떡 일어나 좁은 방안을 빙빙 돌았다. 마치 벌에 쏘인 사람처럼 안절부절 서성거렸다. 그렇게 한동안 시간이 지나고서야 어느 정도 흥분이 가라앉으며 마음이 차분해지는 것을 느꼈다.

다시 정신을 가다듬어 신문을 자세히 살펴보니 시의 분량은 꽤 많았다. 모두 다섯 번에 걸쳐 연재했는데, 전체 큰 제목은 동안상찰(洞安常察) 선사의 「십현시(十玄詩)」였다. 소제목으로 나누면 전부 10수였다.

먼저 원문(漢文)이 있고 그 다음 번역이 옆에 실려 있었다. 그런데 다섯째 소제목은 영 보이지 않았다. 그리고 도저히 알아볼 수 없는 글자도 여러 자가 되었다. 거기다가 오자(誤字)도 있는 것 같고 탈자(脫字)도 있었다. 원문과 번역문을 대조해 가며 읽어가니 뜻과 원문이 맞지 않는 부분이 여러 곳 발견되기도 했다. 아마 인쇄과정에서 누락되고 오기된 것 같았다. 그래서 도서출판 장경각의 김대우 실장에게 도움을 받기도 하고,『경덕전등록(景德傳燈錄)』의 내용과도 대조해 보았다. 마침 대한불교진흥원에서「불교와 문화」편집을 담당하고 있는 고영인 불자가「중편조동오위(重編曹洞五位)」를 보내주어 거기에 있는 매월당과 만해의 글도 읽어가며 원문과 번역을 자세히 살폈다.

신문에서 빠지거나 글자가 밀린 원문은 어느 정도 확인하여 바로잡았지만 번역문은 신문에 있는 그대로 두었다. 어른의 것을 함부로 손대는 것은 잘못이라는 생각과 지금 백련암에서도 노장님의 일을 잘하고 있기에 이 사실만 알게 되면 당연히 그들이 새롭게 하리라는 믿음 때문이다. 노장님이 번역하신 글과 다른 역문을 비교해 읽어가니 노장님만의 독특한 법의 세계가 느껴져 감회가 더욱 깊었다.

나는 당시 신문의 글을 여기에 전재(全載)하면서 관심 있는 독자들이 직접 신문 원문을 확인할 수 있도록 매 회마다 신문 호수와 연도를 포함한 날짜를 정확하게 기록했다. 그리고 번역문의 (   )에 든 몇 자는 읽는 사람의 이해를 위한 나의 부연임을 밝혀둔다.

心印

問君心印이 作何顔고

心印을 誰人이 敢授傳이리요

歷劫에 坦然無異色이어늘

呼爲心印早虛言이로다

須知本自靈空性을

將喻紅爐火裏蓮이라

莫謂無心云是道하라

無心도 猶隔一重關이로다

그대에게 묻노니 마음인이 (어떤) 낯을 했던고

마음인을 어떤 사람이 감히 주고 전하리요

많은 겁에 탄연하여 다른 빛이 없거늘

불러 심인이라 하니 벌써 거짓말이로다

모름지기 알거라 본래 스스로 신령하고 빈 성품을

장차 붉은 화로 속 연꽃에 비함이라

무심으로써 도라 이르지 마라

무심도 오히려 한 거듭 관이 가리었도다.

祖意

祖意如空不是空이라

眞機爭墮有無功가

三賢이 尙未明斯旨어니

十聖이 那能達此宗이리요

透網金鱗猶滯水하고

回途石馬出沙籠이로다

慇懃爲說西來意하노니

莫問西來及與東하리

조사의 뜻은 빈 것 같으나 빈 것이 아닌지라
참 기틀이 어찌 있고 없는 공에 떨어질까
삼현이 오히려 이 뜻을 밝히지 못했거니
십성이 어찌 능히 이 종에 달했으리오
그물을 벗어난 금빛고기는 오히려 물에 걸려 있고
길을 돌아오는 돌말은 사롱을 벗어났음이로다
은근히 위하여 서에서 온 뜻을 말하노니
서에서 옴과 동녘을 말하지 말라.
(1966년 11월 6일 「대한불교」 169호 4면)

玄機
迢迢空劫勿能收하노니
豈爲塵機作繫留아
妙體本來無處所라
通身何更問蹤由리요
靈然一句超群象하여
逈出三乘不假修로다
撒手那邊千聖外하니
廻程堪作火中牛로다

멀고 먼 공겁에 능히 거두지 못하노니
어찌 티끌 기틀에 매여 머무름이 되리요
묘한 체 본래 처소 없는지라
온몸을 통하여 어찌 다시 자취를 물으리요
신령한 한 구절 뭇 모양을 뛰어나서

멀리 삼승을 벗어나 거짓 닦지 않음이로다
저곳 천성의 밖에 손을 대니
길을 돌아와 불 속 소가 되었도다.

塵異

濁者自濁淸者淸하니
菩提煩惱等空平이라
誰言卞璧無人鑑고
我道驪珠到處晶이로다
萬法泯時에 全體現하고
三乘分處假安名이라
丈夫自有衝天氣하여
不向如來行處行이로다

탁한 자 스스로 탁하고 맑은 자 맑으니
보리와 번뇌 같아서 비어 평평함이라
누가 말하여 변씨옥을 알아볼 사람이 없다 하던고
나는 말하되 용의 구슬 이르는 곳마다 빛난다 함이로다
만법이 민열할 때에 전체 나타나고
삼승이 나누이는 곳에 거짓 이름을 지음이니라
장부 스스로 하늘을 찌르는 기운이 있어
여래의 행하는 곳에 행하지 않음이로다.

(1966년 11월 13일 「대한불교」 170호 4면)

演教

三乘次第로 演金言하니
三世如來亦共宣이라

初說有空에　人盡執커늘
後非空有衆皆損이로다
龍宮滿藏은　醫方義오
鶴樹終談도　理未玄이라
眞淨界中면　纔一念이여
閻浮早已八千年이로다

삼승을 차제로 부처님이 연설하시니
삼세의 여래가 또한 같이 베풂이라
처음 유와 공을 설함에 사람이 다 집착하거늘
뒤에 공과 유가 아니라 함에 대중이 다 버림이로다
용궁의 만장은 약방문의 뜻이요
학수의 종말 말씀도 이치 현묘치 못함이라
진실로 깨끗한 곳에 한 생각 남이여
염부에서는 벌써 팔천 년이로다.

還鄕曲

勿於中路에　事空王하고
策杖還須達本鄕하라
雲水隔時에　君莫住어다
雲山深處我非忙호라
堪嗟去日엔　顔如玉
却歎廻來에　鬢似霜이로다
撒手到家人不識하니
更無一物獻尊堂이로다

중로에 부처 섬기지 말고
지팡이를 채찍하여 모름지기 본 고향에 이르라

구름과 물이 지음질 때에 그대 머물지 말지어다
운산 깊은 곳 내 바빠(허둥대지)하지 않노라
슬프다 떠나는 날에는 낯이 옥 같으니(옥 같던 얼굴이)
돌아옴에 귀밑 털 서리 같음을 도리어 탄식함이로다
손을 놓고 집에 이름에 사람이 아지 못하니
다시 한 물건도 존당에 바칠 것 없음이로다.

(1966년 11월 20일 「대한불교」 171호 4면)

破還鄕曲
返本還源事亦差하니
本來無住不名家라
萬年松徑雪深覆하고
一帶峰巒雲更遮로다
賓主穆時에 純是妄이오
君臣合處도 正中邪라
還鄕曲調를 如何唱고
明月堂前에 枯木華로다

반본환원한 일이 또한 어긋났나니
본래에 머묾이 없음에 집이라 이름 못하니라
만년의 솔 길에 눈이 깊이 덮혔고
일대의 봉만에는 구름이 또한 막았도다
손과 주인이 화목할 때도 순전히 이 망이요
군과 신이 합하는 곳도 정 가운데 사라
고향에 돌아온 노래를 어떻게 부를까
밝은 달 집 앞 마른나무에 꽃이로다.

廻機

涅槃城裏尙猶危하고

陌路相逢도 沒定期로다

權掛垢衣云是佛이나

却裝珍御復名誰오

木人은 夜半에 穿靴去하고

石女는 天明에 戴帽歸로다

萬古碧潭空界月을

再三撈摝始應知로다

열반성 속 오히려 위태롭고

문득 길에서 서로 만나도 정한 기약이 없노라

부러 더러운 옷을 걸어놓고 부처라 하나

도리어 보배옷으로 장엄하고는 다시 누구라 이름할꼬

목인은 야반에 신을 신고 떠나가고

석녀는 새벽에 모자를 쓰고 돌아오는도다

만고의 푸른 못 허공의 달을

두세 번 노록하니 비로소 빽빽이 앎이로다.

(1966년 12월 4일 「대한불교」 173호 4면)

轉位歸

披毛戴角入塵來하니

優鉢羅花火裏開로다

煩惱海中에 爲雨露하고

無明山上에 作雲雷

鑊湯爐炭은 吹敎滅하고

劍樹刀山喝使摧로다

金鎖玄關에 留不住일세
行於異路且輪廻로다

털을 입고 뿔을 이고 저자에 들어오니
우발라화 불 속에 피었도다
번뇌바다 속에 비와 이슬이 되고
무명산 위에 구름과 우레가 되었도다
가마의 불과 화로의 숯은 불어 멸하고
칼나무 칼산 소리쳐 하여금 무너뜨림이로다
금쇄실 현묘한 관에 유하여 머무지 않을세
딴 길에 행하여 또한 윤회하는도다.

正位前
枯木岩前에 差路多하니
行人이 到此盡蹉跎로다
鷺鸞立雪非同色이요
明月蘆花不似他라
了了了時無所了하고
玄玄玄外亦須訶로다
殷勤爲唱玄中曲하오니
空裏蟾光은 撮得麼아

마른나무 바위 앞에 어긋난 길 많으니
행하는 사람이 이에 이르러 다 미끄러짐이로다
해오리 눈 위에 서니 같은 빛이 아니오
밝은 달과 갈대꽃이 그와 같지 않음이라
마침을 마쳐 마친 때에 마친바 없고
현묘함이 현묘하여 현묘한 곳도 모름지기 꾸짖는도다

은근히 위하여 현묘한 속 노래를 부르노니
허공 속 달빛을 잡을 수 있을까.

(1966년 12월 11일 「대한불교」 174호 4면)

　나는 스님의 훈도를 내 평생 잊지 않아야 하겠다는 다짐과 각오로, 또한 스님의 숭고한 사업이 오래도록 전해져야 한다는 사명감으로 이런 일련의 일들을 하고 있다. 따라서 스님의 인간미나 일상에서의 생활, 교우관계 등을 본 대로 들은 대로 기록하고 있다. 훗날 스님을 직접 본 사람들이 이 세상에서 다 사라졌을 때, 혹시 스님을 연구하거나 자료를 확인하는 사람들에게 조금이나마 보탬이 되었으면 하는 생각에서고, 그것은 역시 만세 불광을 바라는 염원에서다. 여기 성철대종사의 글(詩)도 그러한 의도의 하나로 이루어진 것임을 고백한다.

　아무튼 성철 종정스님께서 무슨 뜻으로 본인이 번역한 시를 아무도 몰래 신문에 투고하셨는지 나로서는 전혀 짐작조차 할 수 없는 일이다. 다만 고인의 뜻을 후학인 내가 헤아려 보고 가까이 다가가 본 것만으로도 느끼는 바가 많고 즐거운 일이었다. 평소 스님으로부터 들었던 종정스님에 대한 느낌과 이해, 믿음이 각별했던 터라 나는 늘상 종정스님의 전적을 가까이 두고 지낸다.

　나는 이 일을 하기에 앞서, 종정스님께 무엇을 다짐한 일이 있다. 그러니까 불기 2542(1998)년 12월 17일(목요일)이다. 그때 나는 백일기도를 하면서 스님과 종정스님의 저술과 생애를 찬찬히 살펴가고 있었다. 그 무렵 이웃 이천에 살고 있는 조각가 강대철 불자가 종정스님의 흉상을 나에게 기증했다. 평생 모시고 살아

224

야겠다는 각오가 들었다. 그렇지 않아도 종정스님의 저술을 읽으며 무척 고무되어 있었는데 흉상까지 모시게 되었으니 내 어찌 감회가 없겠는가. 그때의 감회가 내 방 종정스님의 흉상 앞에 놓여 있기에 여기 옮겨 이 글의 말미로 삼는다.

대장부　　살림살이　　다시 대하니
내 가슴　　뭉클뭉클　　용기 더해라
지금도　　늦지 않네　　새로운 발심
백일에　　생사대사　　뛰어넘을까
대종사　　자비가호　　이 몸 이끄네.

제3장

미륵의 몸으로

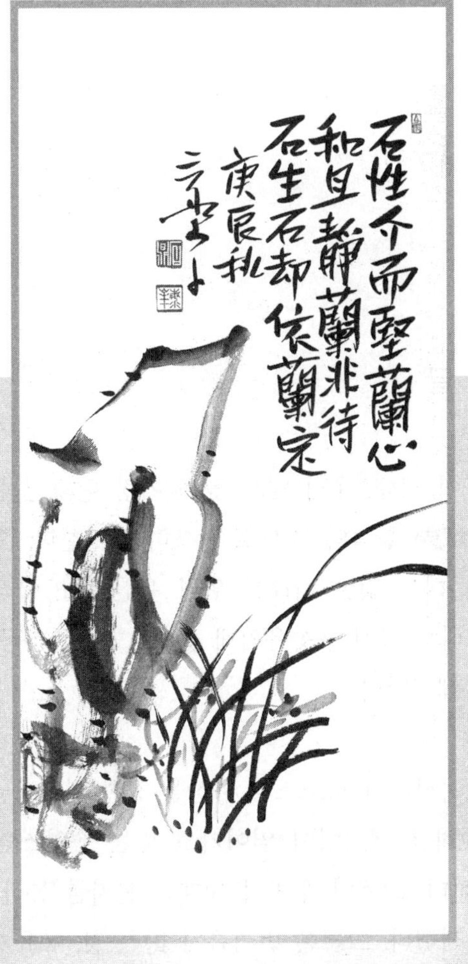

石性介而堅	석성은	깨끗하고	또한굳세며
蘭心和且靜	난심은	화합하며	다시정하다.
蘭非待石生	난초는	돌의지해	난것아닌데
石却依蘭定	돌은-	난의지해	정해졌구나.

미륵의 몸 여래의 몸

-이 글은 광덕 큰스님을 기리기 위한 시임-

진관(眞寬) | 불교인권위원회 대표

들어가는 글

나는 지금 이 시대, 우리 역사 앞에 가장 위대한 한 출가자의 행적을 담시(譚詩) 형식의 장시로 기록하려고 한다. 오늘의 불교 역사를 기록한다는 것은 미래를 위한 유산〔歷史〕이라는 생각이 어느 한순간 나를 크게 용솟음치게 했다. 그것은 다름 아닌 아래와 같은 이유에서였다.

나는 저 고려시대의 보조스님 사상을 전한 혜심스님같이 스승이 보여준 교화를 빠짐없이 엮어가고 있는 송암스님의 정신과 노력을 찬탄한다. 그동안 우리 불교계는 문자를 통한 역사 기록에 너무나 인색했다. 그것은 번거롭지 않은 것, 유유자적을 미덕으로 여겨온 탓도 있을 것이다. 그러나 오늘에 와서는 그런 흐름이 차츰 바뀌어 가고 있다. 그 실례가 바로 송암스님이 쓴 '시봉일기' 시리즈다. 그런 까닭에 내 어찌 가만히 있을 수 있으며, 이 불사에 대한 찬탄을 아끼겠는가. 내가 용솟음치는 뜨거운 느낌을 받았던 것은 매우 당연한 일이라고 생각한다. 왜냐하면 이런 생각은 나만의 생각이 아니고 이 책을 보는 사람이면 누구나 기록의 중요성을 느낄 수 있으리라고 보기 때문이다. 무척 다행한 일이 아닐 수 없다.

고려시대 대각국사가 중국 송에 유학 가서 원효스님의 저서와 사상을 보고 크게 감동하여 귀국한 뒤 바로 분황사를 참배하고 눈물로 결사했던 기록을 본 적이 있다. 나는 그 기록을 보면서 대각국사의 선학(先學)에 대한 마음가짐과 그 노력이 참으로 뜻 깊고 중요한 일[歷史]이라고 여겼다.

마찬가지로 송암스님이 스승이신 광덕 큰스님의 사상을 후대에 전하고자 하는 일이, 마치 원효스님의 사상을 고려의 대각국사가 후대에 전하려 했던 모습을 다시 보는 듯했다. 또 혜심스님이 스승인 보조스님의 사상을 길이 전하기 위해 온갖 노력을 기울이는 모습을 오늘 다시 보는 것 같은 숭엄한 생각이 들었다.

참으로 송암스님이 벌이고 있는 이 일은 시공을 초월하여 고인과 뜻을 함께 하는 만세의 참된 도리로 생각한다. 내 마음에 기쁨이 넘쳤으며, 글을 쓰고 싶은 용기가 샘솟았다. 진실로 그는 스승의 이야기를 통해 오늘의 불교사[歷史]를 만들고 있다는 생각이 들었기 때문이다.

이처럼 오늘의 불교역사를 찬찬히 기록하고 있는 송암스님은 그만이 알고 있고 느끼고 있는 것에 대한 책임감과 사명감으로 묵묵히 자료를 엮어가고 있다고 본다. 멀리서나마 그런 그의 모습을 바라보면 숙연한 생각마저 든다. 이는 송암스님 개인이 가지고 있는 효심에서 비롯된 진실하고 순수한 인간적인 면모의 발로가 아닐까.

어쩌면 내 말이 그를 너무 두둔하는 것처럼 들릴지 모르겠지만, 그러나 요즘처럼 각박한 세상에 이미 돌아가신 스승을 위해 누가 그러한 일을 하겠는가를 되물어 본다면, 결코 내 말이 지나친 두둔만이 아니라는 사실은 자명해지리라.

솔직히 말해 아직까지 그에게 둘러쳐진 여러 가지 악조건이 무척 많다는 생각이 든다. 그리고 가까운 주위 사람들의 격려나 응원이 있는 것도 아니라는 이야기를 얼핏 들은 바도 있다. 그는 서울에서 상당히 떨어진 안성의 산속에 홀로 웅크리고 있다. 혈혈단신, 제 그림자와 벗하며 혼자서 시봉일기를 한 권씩 차곡차곡 만들어 가고 있다. 나는 송암스님의 그 황소 같은 억척 고집(?)을 바라보노라면 떠오르는 생각이 많다. 범인(凡人)이 가질 수 없는 그 고집〔願力〕과 끈기〔精進〕에 감화되어 나의 이 담시는 완성되었다고 해도 과언이 아니다.

사실 처음에는 이렇게 긴 글이 될 줄 몰랐다. 수행자로서 부끄러운 고백이지만 나는 매일매일 시간에 쫓기며 살고 있다. 사회에 뛰어들어 여기저기 관계하는 일이 많아서 그렇다. 그런 까닭에 처음에는 간략한 글을 구상했다. 그러나 막상 필을 들고 광덕 큰스님의 업적, 아니 이 시대의 한 모범적인 수행자의 삶을 따라가다 보니 나도 몰래 이야기가 술술 풀려 나왔다. 정말 끝도 없이 이어졌다. 처음 쓴 것에 비하면 많이 줄였는데도 이 정도로 장시가 되었다. 그러나 이 글은 따로 꾸미고 다듬지 않았다. 나의 흉금에서 쏟아지고 뿜어진 그대로다. 큰스님에 대한 나의 모든 느낌, 있는 그대로를 써서 큰스님과 큰스님을 존경하는 많은 분들에게 고스란히 바치고 싶었다.

그러나 나의 마음과는 달리 큰스님께 누를 끼치지 않을까 두려움이 앞서기도 한다. 큰스님을 존경하는 모든 분들께 나의 서투른 표현에 관용의 자비를 구하고자 한다.

나무마하반야바라밀

나무보현보살마하살.

불기 2545(2001)년 6월 24일
광주 무등산방에서 진관 謹書

미륵의 몸 여래의 몸
-광덕 큰스님의 행장-

1.

광덕 큰스님은 미륵의 화신
여래의 몸이었네
하늘에서 내려오신 별
그 별은 빛으로 오셨네

빛이 있어야 한다고
빛을 창조하러 오신
빛 스님, 광덕 큰스님

태어난다는 것은 이별
죽음으로 간다는 것은 새로 태어나는 일
그래도 우리는 광덕 큰스님을 부르며
내일의 국토에 꽃을 가꾸리라

꽃밭에 꽃이 피는 날의 아름다움
우리들의 삶에 꽃이 될 광덕 큰스님

미륵의 옷을 입고 오신 날
우리 모두는 미륵의 옷을 입고
광덕 큰스님을 받들어 모시리

사막에서 솟아오르는 물줄기
황토밭에서 황금빛 열매가 굴러다니는 땅
그런 날을 이 땅에 장엄하려고 오신 날

도솔천 내원에서 빙그레 미소하시리
그곳에 태어날 인연을 맺으시고
언젠가는 돌아간다는 것을 보이시고

태어난 인연의 땅
태어난 인연의 빛

도솔천 문이 열리는 날을 기다려
진흙탕 물속에 피어 있는 연꽃
연꽃으로 세상을 밝히리

이것은 분명히 자주의 몸
이것은 분명히 자유의 몸
이것은 분명히 해탈의 몸

법화삼매의 사자후, 외침소리
하늘땅을 가르는 우렛소리

지금도 그 우렛소리 들려오고 있네

왕사성 기사굴산에서 만난 아라한들같이
도솔천 내원궁에서 만난 수행자들같이
천상의 기상을 전해온 목소리
끝없는 하늘분수로 솟아오르는 물줄기 타고
광덕 큰스님 꽃가마 타고 천유(天遊)하시네

꽃가마 타고 놀고 있는 곳에는
온갖 꽃들이 피어 있어
하늘미소를 내보이고
그날에는 오직 한 마음
편안함뿐이었네

우리는 더 슬퍼해야 할 일 아니고
더 이상 괴로워해야 할 사연 아니지

진리의 대나무로
지상에 내려가는 날에는 헌신의 몸을 서원했네
어떠한 즐거움도 모두 버리고
고행의 문을 열고 들어가려는 서원

이렇게 서원을 세워
몇천만 년 동안 서원을 세워
마침내 지상에 내려가는 인연이 되었네

도솔천에서 오신 왕자님
그런 수승한 인연으로
태어나면서 왕자의 몸이었네
하늘마저 다스리고 살 인연이었지

하늘 인연이 다 되어
지상으로 내려갈 곳을 찾았지
안락과 화려함을 찾지 않았네
중생의 업보에 의한 인연의 밭
그날의 인연을 이루려는 서원
중생들의 고통을 한 몸에 안고 사는 곳
그러한 인연을 찾았네

인간 세상에 태어날 인연의 밭을 향해
법화경에 나오는 약왕보살의 원력처럼
중생 마을에 온갖 부처님 꽃을 피우는 인연
그래서 아름다운 산천에 꽃 가득 핀 마을

그날의 서원을 기억해야지
미래에 오시는 자씨(慈氏)처럼
인간들의 병든 마음을 치유하는 그날의 서원

어느 날 홀연히 얻은 인간의 업신(業身)
약으로 치유할 수 없는 병든 육신(肉身)
그 인간의 몸을 혀로써 닦아주던 알 수 없는 마음

도솔천 그 세상에서 그런 행을 했던 숙달된 인연
죽어가고 있는 인간의 육신을
벌레가 우글거리는 인간의 육신을
입으로 닦아주었던 숙달된 인연
그 인연을 어찌 다 알 수 있겠나

몇 년 동안 몇천 년 동안 병들어 있는 몸들
그리 쉽게 치유할 수 없는 몸·몸들
그래도 하늘땅 다스릴 왕자님이
그러한 행을 했다는 것
중생을 불쌍히 여기는
대서원의 원력을 지니신 몸, 아 무변신!

땅으로 내려가 모든 중생 구하려는 일을
하늘사람들과 서원했네
땅으로 내려갈 때라고 스스로 결정했으니
천인들 다투어 땅으로 내려가려고 했네

병든 중생들 치유할 왕자님
인간의 병든 몸을 치유할 인연
지상으로 내려오게 되었네

중생들의 온몸에 난 상처를 치유할 인연
그러한 인연을 맺은 사연
병든 인간의 온몸을

입으로 닦은 인연

그날의 서원으로
인간의 육신을
억만 년 동안 치유할 인연
약왕보살의 원력으로
그렇게 자비심을 베풀었네

왕자님 땅으로 내려가는 날
눈물로 하소연했네

아직도 신심이 부족한데
아직도 자비심이 부족한데
제일로 신심이 있어야 하는데

미륵부처님이시여 힘과 용기를 주소서
어느 곳, 어느 시에도 그러한 인연을 베푸소서
오로지 신심과 원력을 주소서

기도하는 마음으로
기도하는 육신으로

하늘에서 하루는
지상에서 몇억 년이니
수미산에 돌사자가 포효하듯이

수미산 꼭대기에 걸린 하늘북이 저절로 울리듯
항하사 모래처럼 수많은 중생들에게
이제야 내려갈 인연되어
지상으로 내려가는 날
이렇게 서원을 세우고 나니
병든 중생들 이미 병이 다 나았네

나라에는 경사가 났지
하늘에서는 축복의 꽃비를 뿌렸지
하늘에서 서원을 세운 인연
오로지 인간세상에서도 이루어지려니
수많은 중생들을 제도할 인연이라고

도솔천에서 지상으로 내려갈 인연
그러한 인연으로 하늘문 열고
땅을 내려다보았지

분명히 인연이 있는 마을
평안한 땅 초가집이 보였다
그날 하늘에는 잔치가 열렸네
그렇지, 지상으로 내려가는 잔칫날

지금 때입니다
지금 이 순간입니다
하늘은 걱정하지 마시고

돌아오는 날까지 잘 지키고 있으려니
왕자님이 오시는 날까지 잘 지키려니
인간 세상에 내려가 병든 중생들 위하시기를
미륵님 부촉했네 이렇게 부촉했네

하늘사람 모두 모여 합창하네
장엄한 목소리로 합창하여
땅으로 내려가는 인연을 축하했네
북 울리고 노래불러 서원의 장정을 기렸네

잔칫날
온갖 꽃 다투어 봉오리 열고
부처님 꽃밭에 앉으신 인연
인연의 터

마침내 하늘문 소리 없이 열리고
빛이 쏟아져 들어왔네
그 빛을 타고서 내려오셨네

마하반야바라밀
마하반야바라밀
마하반야바라밀

귀의불
귀의법

귀의승

이름 광덕
전생 인연
전생에 맺은 인연꽃
자비 몸으로 나투었네
아름다운 사랑의 몸이었네.

2.

광덕스님 오신 큰 뜻
맺은 인연들
도솔천 문 열듯
꽃밭에 이슬 구르듯
하늘땅을 안고 도네

세상 길을 걷기 위해 태어남을 선언하고
잃어버린 산천 길 다시 찾으려고
연꽃송이 그 가운데 외로이 앉아
맑은 자태 보이셨네

인연 있는 중생들 제도하기 위하여
태어나기 전 서원 세워
정토세상 이루려고
금강경 읽고 행원품 읽어

다시 보살 몸 이루었네

인간 세상에
아름다운 몸 나투시니
꽃이 춤추고
새 노래했네

학은 푸른 하늘에서 춤추었고
온갖 새들 나뭇가지에서 노래 불렀네
자비심 보여주려 사랑으로 미소할 때
모든 사람 함께 모여 일심으로 합장하고
아, 중생 위해 온몸 던진 큰사랑이어라

호수가 아닌 바다겠네
바다처럼 넓은 마음이겠네
태어나면서 지혜 자비 보이시니
결정코 빛이리라, 결정코 빛이리라

어린아이 몸으로도
일체 중생 위하는 마음
이슬 먹고사는 학처럼 고와라
충만한 사랑의 눈빛이여

반야삼매 드신 아기보살
자라도 자람 없고

배워도 배움 없었네
일대사 인연이 아니면
그 무엇으로 설명하리
아기보살님의 자비심을

어머니의 젖을 먹을 적에도
잠을 잘 때도
보살의 모습이었지
길을 걸을 때도
여래처럼 걸었네
세상 천지 모든 것을 다 안고

인간으로 태어나 할 일이 무엇인가
이 땅에 고통 당하고 있는 중생을 위하여
온몸으로 나툰 인연 아니었나

길을 향해 가는 몸
온몸으로 나툰 여래의 몸
서원을 먹고 자란 몸
자비의 토양에서 세운 몸

고통에 처해 있는 중생을 위하여
부처님 말씀을 전하는 일
오직 한 가지 그 일을 위하여
대나무 마디가 뻗어가듯 자라고 자랐네

아기보살님 눈에 보인 첫 세상
보이는 것 다 무상하여라
생각하는 것 다 무상하여라

인간의 존재란
인간의 모습이란
인간이란 무엇인가
인간의 삶이란 무엇인가

생각한다
생각은 갈대다
갈대 같은 몸이다

빛
생명의 존재
아, 온통 의심덩어리다.
세상 모든 것이
의심덩어리다

의심덩어리
인간의 존재

인간의 몸
인간의 길
이러한 모든 것이

인연의 몸이다

유년시절에 이미 이런 경지를 체험했다
나무 아래 앉은 미륵
그 화신으로 앉은 아기 미륵

무량 삼매에 드시어
몸과 마음 동(動)하지 않고
만다라 꽃으로 장엄한 언덕
비 오듯 꽃 쏟아지는 언덕
마치 부처님이 나무 아래 앉으신 듯

빛을 받으신 큰 뜻
집을 나섰네
출가를 결심했네
부처님의 가르침을 실천하려는 큰 사랑
부처님의 법을 실천하려는 큰 뜻
부처님의 법문을 펴려는 서원 내었네

이 세상에 큰 서원
비구가 되는 일
비구니가 되는 일
우바새
우바이
모두 수행하는 모습

출가 수행자의 또 다른 모습이라네

수행자
득도자
이러한 몸으로
이러한 육신으로
나투기를 간절히 발원했네

세속의 인연
세상의 인연 불끈 솟구쳐서
보살도의 몸으로
보현의 몸으로
나투기를 발원하고 발원했네

미륵보살의 몸으로
미륵보살의 모습으로
부처님 말씀을 좇는 뜻
마른나무 가지에 꽃 피고
바위가 태평가를 부르는 인연

미륵의 서원
미륵의 만남
미륵의 국토

출가를 이루니 기쁨이었고

출가를 세우니 허공이 꽃을 뿌렸네
비로소 미륵의 서원을 함께 했다네

수많은 중생들 위해
고통받고 있는 이들 위해
출가의 숭고함을 실천해야지
바로 빛이 아닌가

인연의 꽃
인간 세상에는
인연이 없으면
이루어지는 것이란 없다네.

3.

미륵이시여
서원을 들어주소서
출가할 인연을 주옵소서

부처님의 가르침은 일체 중생을 위함
법이 아니면 중생들 구제할 수 없네
부처님 바른 가르침 전할 수 있는 인연을 주옵소서
큰 가르침 펼칠 수 있도록 허락해 주옵소서

출가는 오로지 중생을 감싸안는 것

선한 인연 이어주고 잘못 감긴 인연 풀어주기에
인연은 아름다움이어라
꽃동산의 꽃들 같은 아름다움이어라

세상은 빛이다
세상은 빛으로 장엄하고 있다

분명히 부처님은
인간 존엄성을
다시 세울 수 있다는
그의 신념을 보았으리라
진리를 구하는 일과
중생을 구하는 일 다르지 않기에

인간 세상을 위하여
태어남과 죽음이 있다네
병든 몸을
치유할 수 있는 비결
선악의 업
이 모든 것을 정법으로 구원한다고
그래서 서원을 세우고
출가의 서원을 세우고

그렇지
인간 세상에는 부처님 법만이 인간을 구원할 수 있지

인간 세상은 부처님 가르침으로만 완성할 수 있지
그래서 오직 부처님같이 서원을 세워야 해

언제나 출가를 찬송하며
선지식을 찾아 나선 선재동자가
마침내 오십삼 선지식을 참문하듯이
세상을 두루 살피시었네

가는 곳마다
부처님의 가르침
사막의 모래밭에 솟아오른 물줄기같이
인간의 생명에 인간의 몸에
감로수를 뿌렸네
불타는 몸을 구했네
환희의 하늘북은 저절로 울리었네

가는 곳 만나는 이들
부처님으로 충만하고
어두운 곳 광명 이듯
고난 고통 늙고 병듦—그 위에 한줄기 빛 내렸네
인연 있는 자 부처님을 공양했네

인연 있는 자
부처님 법 알게 되고
복 있는 자

출가 수행자의 몸 된다

참으로 복이 있어야 출가한다네
출가한다는 것은 최고의 이상을 향해 가는 것
출가하여 수행자가 된다는 것
인간에게 최고의 가치인 진리를 얻는 것
출가자는 인간의 몸으로
인간의 몸이 아닌 것

머물 곳은 항하 모래처럼 많은 사람들 곁
그들이 맺은 인연을 일일이 이어주는 일
그것이 출가가 가지는 뜻

부처님 같이 숲속에 나아가 정좌하고
오늘의 이 순간을 위하여
부처님의 말씀을 들으며 살자
부처님의 말씀을 읽으며 살자
나도 부처님같이 행하리라
부처님같이 살리라

부처님은 중생들에게 한량없는 비유로
감로법을 설하셨네
부처님 그 말씀 듣게 하여
고통받고 있는 사람들 구해내는 출가이어라
마군 타파하여 인간 세상에 진리를 성취하네

부처님 말씀으로
하늘문 열리고
우담발화 피어났네
아 고통은 사라졌네

고통에 빠져 있는 중생들을 구해내고자
온몸으로 자비를 나투었네
출가는 그렇게 시작되는 일
부처님도 그와 같이 하셨으니

부처님 말씀하신 가르침 따라
오직 진리의 몸이 되어야 한다

숲이 우거진 곳에 고요히 앉아
일심으로 산란심을 여의고
도솔천 그 인연을 다시 살피니
일찍이 출가 인연 성만했네
마땅히 부처님 말씀 따르오리
마땅히 부처님 길 따르오리

출가의 서원을 다시 찾으니
진실로 기쁜 마음 끝이 없구나
출가로 위없는 영광 삼으리라
인간이 신성한 존재임을 오로지 나투리라
원력을 세운 인연 꽃처럼 곱고 진리로 참되도다

참뜻을 펴려고
가는 곳마다
인간 존재의 불생불멸을 노래했네
아, 비로소 참모습 삼계의 주인공
부처님 도량에 온갖 꽃 활짝 피어 있네
인간의 진실 면모 아름다워라

출가한 몸에는 기쁨 따르네
그림자가 형체를 따르듯이

가자, 저 바다에 홀로 서 있는
섬
가자 저 깊은 산 바위 밑
토굴
황톳물 넘치는 그곳으로 가자
출가의 문마저 없는 그곳
오오, 아름다운 산천 눈에 가득하여라

날아갈 듯 학이 되었네
날자
날자
힘차게 날자
자유를 얻었네
해탈을 얻었네

대자유를 얻었네
출가의 몸
출가자의 몸

미륵의 몸 바위로 서 있듯
미륵암 미륵암
고당재 미륵암
금정산 고당재 미륵암

보았네
도솔천에서 보았네
출가의 고향

금정산 밤하늘 별은
도솔천 내원궁 뜰에 핀 연꽃
언제나 내 마음 그리움이네

기장 앞바다
죽도
토굴
바다 위에 열린 해인삼매
금강경 굴러가는 소리

동산 대종사 문하에
출가 수행자의 몸이 되었네

부처님께 받은 이름 광덕
광덕이란 불명으로.

4.

광덕스님은 하늘꽃으로 수행자의 길 걸었네
중생을 위하는 그 일에 온몸 던졌고
가는 곳 어디에서나 새 물줄기 이루었네

간다, 중생이 있는 곳으로
간다, 고통이 있는 곳으로

부처님 말씀 펴기 위해
저 고구려 백제 신라의 조상님들처럼
어두운 밤 밝히는 제등행렬 앞장섰네

광덕스님
중생들 위하는 마음
어두운 대지에 맑은 빛이었네

부처님 오신 날 등불 공양 인연
오늘 날 새삼 만든 일 아니구나
역사의 몸이 되어
부처님 세상, 도피안, 극락세계, 도솔천 내원

광덕스님은 유마힐이었고 부루나존자였고
용수보살 육조의 몸이 된 듯하네
염불결사 이룬 혜원·도안 같은 몸

여산은
혜원스님이 수행한 성지
수많은 중생들을 위하여 결사를 이뤘네
백련결사라고 이름했다지

광덕스님은 결사 세워 혜원스님과 한 줄 되었고
이 나라 이 세상 구했네
이름하여 구국구세라고 했다네
언제나 위법망구 용맹정진 가장 가까운 친구였네

아, 그렇구나
동진 혜원스님의 결사정신
나무아미타불

아, 그렇구나
대한민국 광덕스님의 결사정신
나무마하반야바라밀

혜원스님·광덕스님
출가하여 계율 가지고
경학 연찬하고

삼매 얻었네

나무아미타불
나무마하반야바라밀

혜원스님 광덕스님의 만남
시공을 떠났네
나무아미타불
나무마하반야바라밀

광덕스님은 언제나 부처님 말씀으로
잠을 자고 밥을 먹고 사람을 만났다
언제나 부처님 말씀으로 살려는 태도
이것이 바로 진리의 몸이었고
이것이 바로 실천의 문이었다

일찍이 금정산에 들어가
선을 닦고
경을 읽고
계율을 간직한 몸

아득한 저때부터 조사의 길 걷고
이제 홀로 조사의 몸 되었으니

위로는 부처님

부루나 존자

용수보살

역대조사

혜원조사의 백련결사

천태조사의 천태결사

고구려의 담징스님

백제의 겸익스님

신라의 원효스님

고려의 보조스님

혜심스님

요세스님

대각스님

조선의 함허스님

서산스님

사명스님

영규스님

백파스님

일본 강점시

용성스님

만해스님

해방 후

동산스님

효봉스님

부처님 길 걸으니

만나는 이들마다 기쁨 일고
환희 깃발 높이 드니 만방이 정토로세

동진 혜원스님의 백련결사
신라 원효스님의 아미타불
고려 보조스님의 정혜결사
　　　요세스님의 백련결사

이렇게 새 물줄기의 결사운동
한 몸으로 안고
수행의 길 걸으시니

수행자의 길은 아름다운 길
수행자의 길은 진리의 길
수행자의 길은 영광의 길

조국 강산은 국토생명으로 약동하고
인민은 나라의 바른 정치를 염원하네
이 모두는 부처님 말씀을 따르는 것
그것이 호법의 길임을 이미 알았네

조계종의 몸
조계종의 길
조계종이 있어야 불교가 산다고
조계종이 일어서야 불교가 일어선다고

조계종단의 기틀을 바로 세웠다네

조계종의 법령을
조계종의 기틀을
조계종의 합법성을

조계종을 몸으로 삼고
부처님 말씀으로 양식 삼았네
위법망구는 새 길 열었고
경전들 역출했네

대학생 불자 만들어
그들을 지도하고
대학생연합회 만들어
나라의 동량 키웠고 불국의 역군 길렀네

부처님 말씀 전하지 않으면
여래 종자 잃고 나라 잃고 평화 잃고
평화통일 세계평화 멀리 가네 멀리 가네.

5.

광덕스님 한국불교 중흥 위해 대사일번 했네
통합종단 이루려 위법망구했네
동국학원 빼앗기지 않으려 한 몸 던졌네

봉은사 되찾으려 분신을 서원했네

아, 종단을 위해 오신 보살
광덕스님은
결정코 종단을 수호했네

조계종단의 위상은 역사 속에서
이루어가야 하네
이미 기초가 튼튼하고 초석이 반듯하니
나머지 몫은 누구의 일일까

광덕스님이 살았던 시절은 격동의 시대
일제의 강점
한국전쟁 발발
이승만 친미독재
박정희 개발독재
전두환 군부독재
1980년 불교 법난의 노태우
야합한 김영삼
정말로 험난한 시대를 살면서 조계종을 지켰으니
이것을 그냥 미륵의 하생이라고만 말하자

이승만은 수많은 불교재산을 강제로 탈취했지
이것을 지금 우리가 다시 찾아야 한다
조계종 이름으로

광덕스님은 힘을 다해 일어났지
조계종을 지키기 위하여 일어났지
그리고 종단의 역사를 다시 창조했지

보현행원품
백팔 참회문
선관책진
법보단경

경
율
논
선
주력
염불

이러한 수행의 길은 조계종이고
광덕스님 모습이다

어린 시절부터
책을 가까이 하여
학문을 좋아했으니
몇 수레의 책을 읽었을까
그렇지 다섯 수레는 읽었다고 전해지지

홍안의 소년시절부터 학문의 기초를 튼튼하게 다졌으니
훗날 그것이 바로 불교를 지킨 일이 되었다지

어느 날
나는
사회운동가 계훈재 선생에게 들었는데
당신의 후배 중에 고승이 있는데
광덕스님이라고
잘 아느냐고 하기에

조계종의 기틀을 세운 큰스님이라고 했더니
당신이 대학 4학년 시절에 1학년이었다고
즐겁게 하는 말 부천 성가병원 문병 가서 들었네

조계종 큰스님
광덕스님

계훈재 선생의 후배
그런 말 들으니
가슴이 두근거리고
가슴이 뛰기 시작했고
정말로 기분 좋았다

계훈재 선생이 우리의 광덕 큰스님을 안다니
그날부터 나는 광덕 큰스님의 학문이 깊다는 것을 알았다

나는 그날부터 무지무지 좋아하게 되었다

조계종 스님들 중에
학문이 깊다는 것은
별로 문제삼지 않는다

학문이 있으면
수행의 길 걷지 못한다고
그리하여 학문하는 수행자들 비하하고
학문하는 수행자들은 힘이 없다고
이렇게 말하는 많은 수행자들
그 틈에 외로운 그림자

그래도 학문하는 수행자들이 많이 나와야 한다고
광덕스님은 큰소리로 말했네
그림자와 둘이서 실천에 옮기었네

1970년 범어사 있을 적
어린 나이에 출가한 사미들을 위하여
만난을 무릅쓰고 학교에 입학시킨 분이 누구시던가
아, 그 얼마나 고마우신 일인가

나의 박복으로 그 혜택을 받지 못했지만
지금도 그날을 생각하면
군에 강제로 끌려간 것을

죽고 싶을 정도로 후회한다
광덕 큰스님이 베풀어주신
큰사랑을 받지 못함 때문이로다

군에 끌려가지만 않았어도
열어주신 배움의 길을 무던히 갔으련만
그리고 무식하다는 소리를 평생 듣지 않아도 되었을 텐데

수행자들도 학문을 해야 한다고
그렇게 말씀하신 뒤에
어린 무학 수행자들에게
눈을 틔워주신 은혜 잊지 말거라

그것은 종단 이래 최초의 학문보시라고 생각한다
그 당시 주인공들은 세월에 관계없이
그 일을 잊지 않으리라 본다
배움의 길 열어준 그 일에 대해
마땅히 고마워해야 하리라
감사해야 하리라

그때 학교를 가지 않았다면
지금도 무학자 아니었을까
의당 혜택을 받은 이들 중에
박사가 되고
교수가 되고

일등 주지들이 되고

그렇게 마음 낸
광덕 큰스님을 받들어 모시라
지금도 우리 무학 수행자들은
간곡히 말하고 있지 않은가

종단에 무학자들이 있어서는 아니 된다고
정녕코 있어서는 안 된다고
그리하면 종단을 새롭게 할 수 없다고
종단의 내일이 어두워진다고

모든 출가 수행자들은 교육받아야지
그들의 바탕을 가꾸어야지
배움의 문으로 들어가게 해야지

조계종 수행자들 중 1950년대 입산을 보면 알아
조계종 수행자들 중 1960년대 입산을 보면 알아
조계종 수행자들 중 1970년대 입산을 보면 알아
조계종 수행자들 중 1980년대 입산을 보면 알아
조계종 수행자들 중 1990년대 입산을 보면 알아
조계종 수행자들 중 2000년대 입산을 보면 알아

조계종 기틀이 서지 않은 시대
50년대 출가한 이들

60년대 출가한 이들
교육은 어떻게 되었지

광덕 큰스님은 대비심을 내어
어린 수행자들을 배움의 길로
중등학교
고등학교
대학교로 보냈지
마구 보냈지

대단한 용기
아니 용맹정진 아닌가
나는 그 당시
군에서 그 소식 들었지
중앙승가대학교 총장을 역임한 송산당 무근스님에게 들었지
낱낱이 들었지

하필 군에까지 그러한 소식이 들려왔으니
나는 얼마나 부러워했는지 모른다네
군에만 가지 않았다면
배움의 길로 갔을 건데
성큼성큼 큰 걸음으로 갔을 텐데
억울하다
억울해
하루에도 몇 번씩

막대기로 땅을 두들겨 팼지

이것도 인연이지
인연이 있어야지
그 당시 나는 인연에 대해서 알았지
인연이 없으면 될 듯하면서도 아니 된다는 것을
그러기에 인연을 맺는다는 것은 아름다움이지

그로부터 언제나 이러한 큰 인연을 생각하게 해준
광덕 큰스님을 사모하게 되었지
열렬한 그리움도 갖게 되었지

광덕 큰스님은 영원히
우리 무학자들은
어린 무학자들은
잊지 못하지, 아주 잊지 못하지

광덕 큰스님은 총명한 지혜로
스승을 받들어 섬기셨지
광덕 큰스님은 뜨거운 자비로
스승을 받들어 금정산을 드높였지
부처님 조사님을 받드는 마음으로

오늘날 상좌 송암지원이
그렇게 하는 모습을 보니

분명 집안 내력 대물림이 아닐런가
사자굴에 다른 짐승 없듯
효자 가문 효자 있음은
해가 동쪽에서 뜨는 일과 같다네

일본 땅 일련상인 진영 앞에
절하며 받들고 섬기는 제자들 보고
나도 몰래 입 벌려
일련종 수행자들 칭찬했네

우리 나라 대한민국에도
광덕 큰스님 받드는 송암지원 있음을 알게 되었네
그 무엇도 일본에는 지고 싶지 않았는데
금하문중 가풍이 나의 자존심 세워 주었지

지금도 눈감으면
잊지 못하는 일
영원히 영생으로
잊지 않으리.

6.

광덕 큰스님은 바라밀 관법을 세웠고
염송 염불선의 실천행자셨네
우리 중생들에게 큰 희망과 큰 용기를 주시네

언제나 쉬지 않은 정진의 모습이었네

나무아미타불
나무아미타불
나무아미타불

이렇게 30년간을 여산에서 나오지 않고
홀로 외친 동진의 혜원스님
그 정신 똑같았던
바야흐로 대한민국 광덕스님이라네
홀로 우뚝했지 암 홀로 우뚝하고 말고

염불한다는 것은
염불을 행한다는 것은
진리를 깨닫는 일
진리의 몸이 되는 일

조사님의 정신을 이어가기 위하여
큰스님은 육신을 조복 받았네
역사의 문앞에 당당히 나서서
참선하고 염불하고 주력하고 보살행 하고
이런 모든 염불관법을 한마디로 총섭하여
바라밀수행이라고 말하려네

나무마하반야바라밀

나무마하반야바라밀
나무마하반야바라밀

바라밀운동
바라밀운동
30년간 혜원스님이 행하던
염불결사운동

염불선을 행한다는 것
그것이 바로 대근기지
대근기가 아니면
염불선을 행할 수 없어

원효스님의 염불선
민중들에게 가르침 주고
온갖 꽃을 피우신 꽃 중의 꽃
세계일화
염불선은 어디서나 할 수 있지
앉아있는 것만이
선이 아니지

염불을 행하지 않으면 부처님을 만날 수 없지
부처님을 섬기는 정신 똑발라야
부처님을 친견할 수 있지

염불을 통해서만이
인간의 심성을 알 수 있지
깨어나야지
일어나야지
염불선을 통해서

조계종 스님들은 염불을 거부하고
문 닫고 앉아서 고개 숙인 채
줄곧 앉아있는 일만 하고 있다지

앉아 있는 일
앉아서 행하는 일
그것만을 낙으로 삼고 있는 이들

아무것도 모르고 앉아서
문자를 모조리 버린다고
불립문자라고 했지
아, 어두운 불립문자시대

조계종 발전은 불립문자 시대를 부수는 일
그런 일을 깨부수는 일이지
일하지 않는 자여 먹지도 말라
일하지 않는 자여 먹지도 말자
이런 말이 실감이 나지

조계종 수행자들은
염불하지 않아도 된다지
염불한다는 것은 오로지 하근기나 하는 못난 짓이라고 했으니
하근기
하근기
하근기

50년대 출가자들이 외는 염불
60년대 출가자들이 읊조리는 염불

정화의 이름 속에 싸여 출가한 자들도 있다지
그들은 과정도 무시하고 교육도 무시하고
오직 완력 하나로
머리 깎고
절에 들어왔지
오래지 않아
주지되었지

어느 본사 주지는 부처님 가르침 따른다고
명산고찰 높은 누각에 앉았다가
불현듯 벌떡 일어나서
천년 고목 후딱 베어버린 일도 있고
또 어느 본사 주지는 무려 30년간이나 주지직을 놓지 못하고
아, 출가 수행자의 본분은 오직 부처님을 받드는 것인데도

일제시대 출가자는 유학 가고
유학 간 그들은 배움도 튼튼했다지
오늘날 신문에 자주 등장하는 젊은 수행자들
그들은 어느 골방에서 촛불 심지 돋우나
역사를 망각하고 있는 수행자는 분명 아닐테지

광덕 큰스님처럼
역사를 알고
염불선을 행하는 몸

염불선은 근기가 있어야 할 수 있다
근기가 없으면 염불선을 할 수 없다
염불선

나무마하반야바라밀
나무마하반야바라밀
나무마하반야바라밀

범어사 큰 법당 안에서 꽃을 보았고
물결치는 부산 앞바다에서 새를 보았네
자, 이제 가자 동백꽃이 만발한 섬으로 가자

이렇게 마음을 내어
바닷가로 갔다
바닷가에는

온갖 물새들이 노래부르고
동백꽃이 핀 바다
파도야 부서져라
부서지는 파도 타고 솟아오른 태양이여

광덕 큰스님은 바닷가에서 동백꽃을 보고
염불선 이치를 알았으리

설산에서 수행하신 부처님
광덕 큰스님은
설산에서도 수행하시고
바다의 파도 위에 앉아서도 수행하시고

파도를 몰고 온 바람
바람이 되었다가
바닷바람이 되었다가
또 다시 파도로 돌아가네

바다여, 그대는 무엇 하려고
물결을 일으키고 있느냐
저문 날 길섶에 내려앉는 노을
길게 내려오는 낙조
금빛 파도

동백꽃처럼 붉게 살다 간

갈매기
언제나 붉은 가슴을 열고
내 삶의 뒤안길에서
미래를 향해 달려간다
염불선을 노래하며 달려간다

미래 세상에는 누가 살고 있기에
부처님 가르침 따르고 있는 이들
날마다 자유를 향해
발길을 옮기나

자유가 있느냐고
이 길을 향해 오르는 길
오직 길을 향해 달려간다

염불선을 행하고 있는 수행자
바닷가에 앉아서 바라본 바다
최초의 물결소리 듣는다

모래알처럼
많은 중생들
모두가 염불선을 행하고 있네

여산 혜원스님이 행하던 염불선
여산에서 금정산, 도솔산까지

대를 이어 큰 뜻 행하는 불사
이것은 분명히 보현행이지
보현보살의 뜨거운 행이고 말고
염불선을 행하는 마음
오로지 마음청정 세계평화

염불을 행하는 뜻 이제야 알았으니
진심으로 용서를 빌고자 하는데
불러도 대답 없는 허공 속의 연꽃.

   7.

조계종단은 선법의 전래를 말할 적에는
중국을 상전 모시듯하네
중국불교의 추종자들이라고 말할 수 있지

중국불교 추종자들
그들은 분명히 권력 앞에
절 논밭 다 내주고
남은 박토엔 잡초 우거졌을 거네

그래도 부처님과 함께 산다면
부처님을 받들고 산다면
무수한 방편으로 수용하지

방편으로 조계종이라고
그래 좋다, 부처님을 섬기는 종단이라고
부처님을 받들고 있는 종단이라고

중생이 있는 곳
만물이 하나인데
만물의 근본을 아는 일
이것을 수행이라고 한다

고려시대 보조국사·보우국사
이러한 논쟁을 하고 있는 조계종
누구든지
보조국사냐 보우국사냐
시시비비 가릴 것 하나도 없네
오로지 부처님 정법을 전하는 일
그것이 최상의 수행방편 아닐까

그러나 분명한 것은
조계종의 권세자리 꿈꾸고 말하는 이들
그들은 그것을 수행이라고 말하며
수행하지 않으면서도 수행한다고
온갖 말을 다하고 있다지

고구려불교
백제불교

신라불교
고려불교
조선불교
일제강점 불교
분단불교

고구려불교는 광활한 조국생명의 수호자
을지문덕이 바로 재가승이었다
부처님을 모시고 땅에 입 맞추는
재가승들
그들은 언제나 조국생명의 찬가를 불렀다지
을지문덕은
힘으로 보나 지혜로 보나
수나라를 물리친 불법수호의 신장
고구려 수호한
만주 벌판 우뚝 솟은 백두산의 산신령

백제불교
참신하고 독창적인 예술
모두가 불교에서 왔다지
겸익스님이
신율을 들여왔듯이
백성들이
미륵사를 지었듯이

신라불교
청소년불교 화랑불교
그래서 희망이 컸을 테지
화랑 수행자들은 자주적이고 진취적이었지
유학을 포기한 원효도 그 무리였고
유학을 다녀온 의상도 한 무리였다네
그것이 신라였다네
기상을 앞세우고 서원을 앞세우고
원효는 부처님 말씀 두 어깨에 짊어지고
중생 속으로 들어갔네
나무아미타불 불러보게 하는 일
평생의 팔자로 여겨 마을로 들어갔네

신라 백제 고구려 당
피 흘린 살생 원혼 원통해 울부짖고 있었지
그것을 치유하기 위하여 민중 속으로
민중 속으로 원효는 뛰어들어갔네

대한민국시대
광덕도 역사를 모르는 바 아니네
우리 불교 역사를 안고
조계종단의 산 같은 무게를 지고
염불하며
원효처럼 역사를 창조했네

일본 마수들이 만든 교단
쓸어서 동해에 쏟아버리고
다시 찾은 우리 불교
아, 불교 목숨 비로소 살아났네

그로 말미암아
전국 방방곡곡 불지촌 아닌 곳 없고
사람들 삶의 소리 부처님 법문 아님이 없네
누워버린 우리 역사 일으켜 세워
백성의 얼을 되찾은 불교

불세출의 용상이여
용성 만해 나타났네
임제종을 만들자고 외친 그들
이래서 역사는 분명히 사필귀정이다

친중파
친일파
갈라진 불교
조계종을 세우자고
고고성을 터뜨린 수행자들

돌아보면
근세 조선 세종을 성군이라고 하지만
우리 불교에는 폭군이었지

하루 아침 강제로
선교 양종 두 이름만 두었네
나머지 절간 모조리 헐고
부처님을 녹여 농기구 만든 세종
사상을 강제하고 탄압한 폭군

사상을 탄압하고
정신을 말살한 지도자를
과연 성군이라 말할 수 있을까
석보상절 지었다고 그 과보 없어질까
내원당 열었다고 없던 일로 끝날까

우리 알자 이 사실을
범성은 모두 정신에서 나온다는 것을 말일세
그것도 모른 그를 성군이라 말할 수 있을까

이런 역사 알고 있었네
오직 조선불교 바로 세우려는 일
용성의 크나큰 소원이었지
그 소원 이루는 길
광덕의 새 물줄기.

8.

부산 범어사 대웅전 부처님 앞에 서서

맨 처음 출가하여 그 부처님 앞에 서서

이제 떠나는 길
고백해야 한다고
침묵 보이신
광덕 큰스님

그동안 하 많은 사연 남기시고 떠나가는 길
가는 곳이 어디인지 알 수 없지만
임께서는 알고 계시리

도솔천 내원 가시거든
우리 부처님 뵈옵고
분단의 남쪽에서 왔다고
고백해 주시옵소서

우리를 지켜 주시고
오늘의 모습이 아닌
내일의 좋은 모습 이루도록
미륵님 가호해 주시기를
간절히 기도해 주소서

맨 처음 눈물 흘리신 곳
범어사 대웅전 앞마당
출가하는 기쁨을

새 삶의 만남을
온몸으로 기록했던 곳

대나무 숲에서 새들이 노래 부르고
소나무 가지에서 학들이 춤추었네
멀리서 들려오는 소리
도솔천 미륵님의 목소리였네

수많은 스님들의 기도 염원
수많은 신도들의 눈물 흐르는 소리

가는 길 멀다 해도 가야 할 길이기에
중생에게 가는 걸음 보이신 여래같이
우리 곁을 떠나가는 길
연꽃 피는 연화대

그리움이 되어
아쉬움이 되어
금정산을 떠나간다
처음 출가한 그 모습으로
우리 곁을 아주 떠나간다

가는 길이 멀어도
발자국 옮길 적마다
연꽃이 피어나듯

길 위에 꽃 쏟아지는
연화대 오르는 걸음
중생들에게 미소를 보이신다

잘들 있게나
잘들 머물러 있게나
이렇게 말하고 있는데
중생들은 알지 못하지

부처님 말씀을 실천하게
부처님 가르침대로 살게
부처님의 뜻대로 살게

이렇게 설법하듯이
광덕 큰스님 가는 길에
하얀 옷을 입고
하늘이 내려와 앉아 있네

하늘이 내려와서
하늘이 내려와서
광덕 큰스님을 모시고
그렇게 갈 것이니
중생들을 위해 미소짓고 있네

쉬지 말고 부처님 법 전해라

쉬지 말고 부처님 가르침을 펼쳐라
그래야 시은을 갚을 수 있는 일이거니

광덕 큰스님이 보이신 역사
우리는 당당히 기록해야지
기록해야지

살아 있는 우리가
탑처럼 올려 세우고
불 사리처럼 섬겨 모시리
길이 모시리

불꽃이 되었다
타는 불꽃 바다
지
수
화
풍
우리의 육신도
바다가 되었지 마침내 그렇게 되지

무상한 몸
우리 곁을 떠난 것 같지만
오늘 밤 별이 되어 하늘을 수놓았네
온 우주를 감싸는 빛이 되시었네

머나먼 도솔천궁 별이 되어도
사바에 빛 주시려는 뜨거운 서원
광대한 우주 속에 반짝이는 별빛을 청법가로
미묘한 웃음으로 설법하시리

그 이름 부르는 우리
눈물 거두니
반짝이는 별빛
뒤뜰에 가득하네

뜰 앞에 잣나무
아득한 밤에 손 내밀고
돌탑을 보이시네

오늘밤 꽃이 되어 나투려 하는 온몸
꽃송이 피어나 서러움 달래려니
언덕을 넘어가는 길
연꽃이 만발했네.

끝말

광덕 큰스님 떠나갔으니
제자들
눈물 흘리고 있네

하늘이 무너짐이
이런 일이런가

그러나 이제는
광덕 큰스님의 가르침을
실천하는 일이지

내 이제 광덕 큰스님의 정신을 이어
장문의 시를 지어 역사의 몸이 되게 하려 하니
아니 시를 지어 후세에 길이 전하려 하니
누가 이런 시를
읽어주겠나

한 편의 시를 읽지 않는 불자라면
한 편의 시를 읽지 않는 불교라면
정말로 한심한 일이지

이제 큰스님들의 설법도
글을 써가며 해야지
중구난방의 말로
잡담하듯 해서는 아니 되리

선사들의 설법을 들으면
그 옛날 중국 스님들이 하던 말
거기 문자 해석에 매달려 있구나

그런 설법은 설법이 아니라
읊조리는 앵무시지
선사들이 불렀던
나무아미타불은 만세의 애창곡이었는데도
어찌 그 소리는 듣지 못한단 말인가

원효스님같이
중생들 가운데 들어가서
중생들과 함께 살아야지

광덕스님이 보인 가르침
나무마하반야바라밀
반야바라밀 운동에 몸 바친 것을 보노라면
부처님 당시 설법제일 부루나존자와 같네
아니, 부루나존자의 외침이었네

중국 혜원스님
고구려 담징스님
백제 관륵스님
신라 원효스님
고려 대각국사
조선 함허스님 서산스님 사명스님 백파스님

용성스님의 사상을
만해스님의 충절을

동산스님의 정신을
광덕스님이 실현했네

광덕 큰스님
나무마하반야바라밀
나무마하반야바라밀
나무마하반야바라밀

광덕 큰스님 빛으로 다시 오시기를
두 손 모아 기도하는 마음을
아시려나 아시려나

서울 복판 불광사 세운 인연
역사 위에 찬란히 빛이 되려니
뜰 앞에 잣나무 열매 맺혀 있으리

금빛 노을 속
구름 되어
떠가는 모습

금빛 노을 속
나의 등을
밀고 밀어라

일본 땅 일연의 제자들

대를 이어 가는 그들처럼

일심으로
일심으로
헌신으로 온몸을 던져

이제 광덕 큰스님의 제자들
여래 사도들처럼
뒤를 이어서 가려는 듯
광덕 큰스님의 말씀을 전할 송암
역사의 길을 걸어가는 길 앞에 빛을

연꽃이 피어 있는 흙탕물
가리지 말고
분별하여 취사선택 하지말고
아아, 발걸음 옮길 적마다 피어나는 연꽃이 되어라

지난 세월 잊으려는가 밤길에 핀 밤꽃처럼
세상 길 저문 밤을 눈물로 닦을 밤길
천상에 별이 되는 듯 나무뿌리 되려네

저문 밤길
저문 밤
연꽃이 피는 연못

작은 연꽃
피는 언덕
바람이 되어
구름이 되어

산을 들어올리는 바위 턱을 오르려는 듯
절벽에 피어 있는 꽃이라고 말하니
저문 밤길
바위 되어 굴러가네.

장시, 미륵의 몸 여래의 몸을 끝내며

이 시는 광덕 큰스님의 사상과 크신 서원을 기리기 위해 천학
비재인 불초(不肖)가 감히 서사시 형식으로 쓰게 되었다. 송암스
님의 청탁은 원래 큰스님과의 인연담, 즉 이야기를 써 달라는 것
이었는데 나는 문득 시를 쓰고 싶었다. 별 준비 없이 책상에 앉
아서 무던히 쓰기 시작한 것이 이렇게 장편이 되었다.
큰스님을 생각하고 그 위업을 되돌아보노라니 그야말로 저절
로 글이 술술 나오는 것이었다. 그런 경우를 어떻게 표현해야 할
지 잘 모르겠다. 그동안 여러 편의 글을 썼지만 이번 경우는 좀
특별했다. 분명히 글은 내가 썼지만 내가 쓴 글이 아닌 느낌이
들었기 때문이다. 나는 이 긴 글을 쓰면서 시 형식을 빌린 역사
기록을 후대에 남기고 싶었다. 시로 쓰는 불교사 말이다. 그러나

과한 욕심인지도 모르겠다. 수행과 공부가 부족하고 시적인 재능도 없는 주제에 넘볼 수 없는 곳을 넘본 외람이 느껴져서 말이다.

행여 불초의 글로 말미암아 큰스님께 누가 되지나 않을까, 걱정이 앞선다

아무튼 송암스님이 큰스님을 받들어 모시는 모습이 마치 일본 일련상인의 제자들처럼 보인다. 참으로 장하고 진실로 고마운 일이다. 그의 꿋꿋한 신념에 경의를 표해마지 않는다.

이처럼 스승의 교화를 후세에 길이 전하기 위해 탑을 세우고 절을 세우고 문자를 남기는 것이 어찌 작은 일이리요. 마땅히 특별한 서원이 있어야 하고 오랜 인연이 있어야 하리라.

이 글을 맺으면서 간절한 마음으로 기도한다.

"하루 속히 큰스님께서 사바에 다시 오시어 보살대업을 원만하시옵소서."

나무마하반야바라밀

나무대행보현보살마하살

불기 2545년 6월 27일

不肖小衲 眞寬 焚香敬拜

부록

가정제례의식의 제정

가정제례의식의 제정

　스님 재세시 불광사의 가장 두드러진 특징 중에 하나는 우바새(남자신도)들이 많다는 것이다. 불광사 우바새들의 법회 참석과 수행에 대한 이해와 실천은 여타의 법회나 절과는 비교가 안 될 정도였다.

　그들은 전통문화에 대한 자부심도 있고, 그때그때 일어나는 여러 가지 사회현상에 대한 날카로운 비판도 했다. 그런 바탕에서 불교의 발전이나 민족문화의 계승을 생각했다. 무조건적인 자부심만 갖고 판단하는 것이 아니었기에 올바른 방법, 즉 창조적인 계승을 이룰 수 있는 것이다.

　그들은 무조건 우리 것이라 해서 다 긍정하는 것도 아니었고, 오래 되었다고 마냥 따르는 것도 아니었다. 보다 합리적인 생각으로 계승 발전시켜야 할 것과 개선해야 할 점에 대해서 분명한 판단을 가지고 있었다. 불광사 우바새들이 평소 이러한 생각을 가지고 있었기에 전반적으로 새로운 것에 대한 미래의 밝은 분위기를 형성하고 있었던 것이다.

이런 선상에서 우리 생활의 일부분이라고 해야 할 관혼상제의 모든 의례도 현대 생활에 맞게 개선된 불교의식으로 치르고 싶어했다. 어쩌면 그것은 불자로서 매우 당연한 요구일 것이다. 그리고 이것은 전법에 보다 큰 책임이 있는 스님들이 시대의 요구에 미리 대처하지 못한 대표적인 한 사례라고 본다.

아무튼 일상에서 맞이하는 의례 중에서는 결혼의례, 장의의례, 제사의례가 가장 밀접하게 우리 생활 가운데 자리하고 있다. 그 중에서 결혼의례나 장의의례는 이미 스님이 현대화된 불교의식을 만들어 그대로 시행하고 있었기에, 마지막 남은 것은 바로 집에서 모시는 조상님들의 기일에 대한 제사의례였다.

지금까지 대부분의 사람들은 제사에 대한 정확한 의미도 모른 채 조상님의 기일만 되면 거의 세습적이고 관습적으로 제사를 지내는 형편이었다. 그러나 뜻을 잃은 의식은 결코 오래 갈 수 없다. 이 사실은 누구나 잘 아는 것이기에 더더욱 불교식 제례의 등장이 절실하게 필요했다.

지금까지 민간에서 행하고 있는 제사의례에 대해 뜻을 모르고 무조건 따랐기 때문에 여러 의문을 가진 적도 많다. 그러한 자기 자신의 의문은 제사의례를 한갓 형식으로 볼 수 있었기에 조상님들에 대한 불경과도 같은 것이 된다. 그러나 다만 오랫동안 그렇게 해왔다는 것, 뜻을 잃은 맹목적인 세습, 그 한 가지 사실 때문에 자자손손 묵묵히 이어왔을지도 모른다.

당시 불광사는 모든 신도들에게 목탁을 가르치고 연화의식을 필두로 한 여러 가지 수행의식을 알려주고 있었다. 그렇게 되자

자연스레 가정에서도 불교식으로 조상님들의 기제를 지내야겠
다고 하는 생각이 신도들, 특히 우바새들에게 우러난 것이다. 우
바새들은 적극적으로 불교식 제사의례의 요청을 교육담당인 내
게 해왔다. 나는 그 이야기가 충분히 일리가 있고 필요하다는 판
단이 들었다. 곧바로 스님께 내 의견을 덧붙여서 여쭈었다. 내
말을 다 들으신 스님께서도 잔잔한 미소를 띠면서 이내 고개를
끄덕이셨다.

그로부터 얼마 후, 이른바 '불광 가정제례의식'이 출현했다. 스
님은 가정제례의식 초본을 펼쳐 놓고 나를 불러서 소리내어 직
접 해보도록 했다. 스님 스스로도 들으면서 자구를 조정하고 다
시 가다듬었다. 그리고 구절마다 담긴 의미와 전반적인 내용을
자세히 설명해 주었다.

나는 노트에 메모를 하며 충분한 이해가 될 때까지 스님께 여
쭈어서 의심이나 모르는 부분이 없도록 숙지했다. 스님께서는
이미 나에게 설명까지 마친 일이었지만 다시 며칠동안 재검토를
한 뒤 최종본을 나에게 건네주었다.

나는 최종본을 인쇄하기 전에 주(註)를 달 듯, 자세한 설명을
붙였다. 스님이 넘겨준 원고에 내가 주를 달았기에 그대로 넘길
수 없어서 다시 스님께 설명 붙인 부문을 보여드려 허락을 얻었
다. 이렇게 해서 출현한 것이 '불광 가정제례의식문'이다.

이것은 한국불교 전래 이래 초유의 일로 생각한다. 제례의식
의 등장은 우리들 인생의 의례 가운데 불교의 가르침이 다시 녹
아들기 시작한 것이다.

스님으로 말미암아 우리의 세간살이에서 매우 중요한 '결혼의

례’·‘장의의례’·‘제사의례’가 불교식으로 완성되었다. 그때의
본을 여기에 고스란히 옮겨서 스님의 뜻과 불광 불자들의 신심
과 열정을 우러르고 기린다.

가정제례의식

(명절차례 · 기제사)

광덕 편저

순서(順序)

위패를 모시고 제물을 진설한 뒤 일주향을 올리고 참석자
들 모두 꿇어앉은 상태에서 방문을 열어 놓고 인례는 자리
에서 일어나 집전한다. 가능하면 목탁에 맞추어 진행하면
더욱 좋다.

【입정(入定)】 ―인례는 '먼저 입정하시겠습니다'라고 말한다.
※ 참석자는 다같이 꿇어앉아서 입정

【십념(十念)】 ―인례는 '다같이 합장하시고 십념하시겠습니다.'
※ 다함께 꿇어앉아시 게송낭독 형식으로

청정법신 비로자나불　　　(淸淨法身毘盧蔗那佛)

원만보신 노사나불　　　　(圓滿報身盧舍那佛)

천백억화신 석가모니불　　(千百億化身釋迦牟尼佛)

구품도사 아미타불　　　　(九品導師阿彌陀佛)
당래하생 미륵존불　　　　(當來下生彌勒尊佛)
시방삼세 일체제불　　　　(十方三世一切諸佛)
시방삼세 일체존법　　　　(十方三世一切尊法)
대성 문수사리보살　　　　(大聖文殊師利菩薩)
대행 보현보살　　　　　　(大行普賢菩薩)
대비 관세음보살　　　　　(大悲觀世音菩薩)
대원본존 지장보살　　　　(大願本尊地藏菩薩)
제존보살 마하살　　　　　(諸尊菩薩摩訶薩)
마하반야바라밀　　　　　　(摩訶般若波羅蜜) (반배)

【봉향찬(奉香讚)】 —인례가 낭송함(대중은 무릎 꿇고 합장함.)

일심지성　기울여－　향을사르니
향－구름　걸림없이　널리퍼지매
거룩하온　덕성은－　밝게빛나고
부처님의　크신은덕　넘치시나니
이르는－　곳곳마다　상서일어라. (반배)

저희이제　지성바쳐　공양하오며
거룩하온　미묘경전　굴리옵나니
자비하신　부처님의　위신력입어
금일영가　대보리를　이뤄지이다. (반배)

※ 여기까지 참석자는 꿇어앉음

【정례(頂禮)】 ─인례는 '다같이 일어나서 삼배 올리겠습니다.'

※ 다같이 일어섬

나무 향운개 보살 마하살(南無 香雲蓋 菩薩 摩訶薩)

─인례의 창에 따라 대중은 3배함. 3배 후 인례는 '다시 꿇어앉으시겠습니다.'

일심정례 성덕묘고 대원적주(一心頂禮 聖德妙高 大圓寂主)
망(부·모) ○○후인(유인) ○公(氏) ○○영가 (3청)

─인례는 '다같이 일어나서 두 번 절한 뒤, 다시 꿇어앉아서 함께 염불하시
겠습니다.'

정구업진언(淨口業眞言) ─여기서부터 다함께 염불
수리수리 마하수리 수수리 사바하 (3)

정신업진언(淨身業眞言)
옴 수다리 수다리 수마리 수마리 사바하 (3)

오방내외안위제신진언(五方內外安慰諸神眞言)
나무 사만다 못다남 옴 도로도로 지미 사바하 (3)

개경게(開經偈)
위─없이 심히깊은 미묘법이여
백─천─ 만겁인들 어찌만나리
내─이제 보고듣고 받아지니니

부처님의 진실한뜻 알아지이다.

개법장진언(開法藏眞言)
옴 아라남 아라다 (3)

【반야심경(般若心經)】

마하반야바라밀다심경(摩訶般若波羅蜜多心經)
관자재보살 깊은 반야바라밀다 할 적 오온 공함 비춰봐 일체 고액 건너라. 사리자여, 색이 공과 다르지 않고, 공이 색과 다르지 않아 색 곧 공이요 공 곧 색이니, 수·상·행·식 역시 이럴러라. 사리자여, 이 모든 법 공한 상은 나지도 않고, 멸하지도 않고, 더럽지도 않고 깨끗하지도 않고, 늘지도 않고, 줄지도 않나니 이 까닭에 공 가운데 색 없어, 수·상·행·식 없고 안·이·비·설·신·의 없어 색·성·향·미·촉·법 없되 안계 없고, 의식계까지 없다. 무명 없되 무명 다 됨 역시 없으며, 노사까지도 없되 노사 다 됨 역시 없고, 고·집·멸·도 없으며 슬기 없어 얻음 없나니, 얻을 바 없으므로 보리살타가 반야바라밀다 의지하는 까닭에 마음 걸림 없고, 걸림 없는 까닭에 두려움 없어, 휘둘린 생각 멀리 떠나 구경열반이며, 삼세제불도 반야바라밀다 의지한 까닭에 아뇩다라삼먁삼보리 얻었나니, 이 까닭에 반야바라밀다는 이 큰 신기로운 주며, 이 큰 밝은 주며, 이 위없는 주며, 이 등에 등 없는 주임을 알라.
능히 일체고액을 없애고 진실하여 헛되지 않기에 짐짓 반야바라밀다주를 설하노니 이르되,

「아제아제 바라아제 바라승아제 모제사바하」(3번)

※ 경전을 더 읽고자 하면 이어서 계속 독경함.

【헌다게(獻茶偈)】 —인례가 게송낭독 형식으로 창하고 대중은 무릎 꿇고
합장함.

향기로운　백초림—　신선한맛을
조주스님　몇천번을　권했던가—
돌솥에—　강심수—　고이달여서
영가님—　앞앞마다　드리옵나니
작은정성　거두시어　받아드시고
밝은마음　가득하여　안락하소서.

※ 영반 뚜껑을 열어 숟가락을 꽂고 수저는 진수에 건 뒤, 제주가
먼저 잔 올리고 절하면 차례로 잔 올리고 절함(절은 큰절 두 번 함.)
(영가님 전에 절할 때는 합장하고 부처님께 절하는 방법으로 하면 좋음.)

【권공소(勸供疏)】 —인례·대중이 다함께 권공소와 가지소까지 독경식
으로 염불함.
※ 다같이 무릎 꿇고 염불함.

제가이제　비밀한말　베푸옵나니
부처님의　미묘법문　위신력받아
몸과마음　윤택하고　모든업쉬어
모든고통　벗어나서　해탈하소서.

변식진언(變食眞言)

나막 살바다타아다 바로기제 옴 삼바라 삼바라 훔 (3)

시감로수진언(施甘露水眞言)

나무 소로바야 다타 아다야 다냐타

옴 소로소로 바라소로 바라소로 사바하 (3)

보공양진언(普供養眞言)

옴 아아나 삼바바 바아라 훔 (3)

시귀식진언(施鬼食眞言)

옴 미기미기 야야미기 사바하 (3)

【가지소(加持疏)】

바라건대   법다운-   이공양이여
시방국토   두루두루   넘칠지어라
영가님들   고루고루   반겨드시고
아미타-   극락세계   태어나소서. (반배)

※ 국(羹)을 물리고 숭늉을 올린 다음 숭늉에 밥을 세 번 떠서 부
드럽게 말아 정성껏 권하여 다시 올린다. 진수(珍羞)에 놓여 있던
수저를 다른 진수에 수저의 끝을 가지런히 맞추어 옮긴 뒤, 제주
혼자 분향, 헌작한 뒤 절을 하면 다함께 따라서 모두 큰절 두 번
씩 함.

【축원문(祝願文)】 ―인례가 낭송하고 대중은 꿇어앉아서 합장함.

저희들   우러러―   일심기울여
대원적   ○○님   생각하올때
천품이   어지시고   밝으시옵고
성인의   크신뜻을   받드셨어라
덕성은   온이웃에   널리떨쳤고
정행은   불보살을   본받으시니
온천지가   받드는―   덕본이시라
세간의   인연이 ―   다하시오매
무상이   소리없이   찾아드니―
번뇌몸   집착없이   시원히벗고
극락국   구품연대   이르셨어라
저희들   ○○들은   눈물삼키고
크신은덕   새기며   감격하여서
자용을   우러러   망극합니다
저희들이   불보살님   크신성호를 ,
일심지성   기울여서   봉송하오며
미성다한   진수다과   올리옵나니
해탈식   법식으로   거둬주시사
대보리   연화좌에   자재하소서.

【염불(念佛)】 ―인례와 대중이 함께 염불함.

나무 삼세불모 성취만법 무애위덕 마하반야바라밀… (21편)

저희들이   지은바-   이-공덕이
일체의-   중생들의   공덕이되어
모든중생   빠짐없이   성불하옵고
위-없는   불국토를   이뤄지이다.

-인례는 '모두 자리에서 일어나 봉송인사로 다함께 큰절 2번 하시겠습니다.'

※ 다함께 큰절 두 번(봉송하직 예)

【봉송(奉送)】 -인례가 낭송하고 대중은 일어서서 합장함

상래에-   초청하온   영가이시여
부처님의   법력빌어   내림하여서
법다운-   공양받고   법문들으니
이제--   극락국에   이르옵소서. (반배)

고혼이여   망령이여   영가들이여
삼도의-   유정이여   잘들가시라
다른날에   다시또한   청하오리니
본래서원   잊지말고   다시오시라. (반배)

※ 제사 끝남

상품상생진언(上品上生眞言) ―인례가 혼자 밖에서 위패를 사르며

옴 마리다리 훔훔 바탁 사바하(3)

※ 음복하며 고인의 유덕을 기림.

※ 참고 : 위패 쓰는 방법

예) 홍길동 집안

① 아버지인 경우

　亡嚴父 南陽後人 洪公 萬重 靈駕

② 어머니인 경우

　亡慈母 慶州儒人 崔氏 末子 靈駕

③ 할아버지인 경우

　亡祖父 南陽後人 洪公 判書 靈駕

④ 할머니인 경우

　亡祖母 安東儒人 金氏 慶子 靈駕

⑤ 형인 경우

　亡舍兄 南陽後人 洪公 喆童 靈駕

⑥ 누이인 경우

　亡舍妹 南陽儒人 洪氏 達子 靈駕

■ 이렇게 스님이 작성한 가정제례의식을 작은 책자로 만들어 신도들에게 나누어주고 말 뜻을 잘 모르거나 의식에 혼란이 오는 경우를 생각해서 몇 번이나 강독회를 거쳤다. 실지로 제삿상을 차

려 예행을 하기까지 했다. 그리고 이 의식문은 해인사 백련암 성철 종정께서 지으신 용성조사의 기제문을 참고하여 지으셨다는 말씀이 있었다.

그동안 영문도 모르고 단지 조상님이 대대로 그렇게 했다는 이유 하나만으로 무조건 제사를 지내다가 불교식으로 뜻과 격식이 훌륭한 의식을 갖게 되니 모두들 흐뭇한 심정을 감추지 못했다.

金河堂 光德大禪師 年譜

作成, 2001년 2월 1일
1차 수정·보완, 2001년 10월 16일
2차 수정·보완, 2002년 12월 1일

연도	연령	연　　　　　보
1864	甲子	후일, 翁師가 되신 새 佛敎運動 大覺敎의 開創祖 龍城震鐘 祖師 誕生(朝鮮 高宗 1年).
1886	丙戌	龍城祖師, 경북 선산 모례원에서 勇猛精進 結社로 悟道(당년 23세).
1890	庚寅	후일, 恩師가 되신 淨化佛事의 大功德主 東山慧日 大宗師 誕生(용성조사, 27세).
1897	丁酉	후일, 法師가 되신 韶天大禪師 誕生.
1905		제2차 韓日協約(을사보호조약) 체결.
1910		① 3월, 안중근 義士, 여순 감옥에서 순국(死刑). ② 8월 22일 韓日合邦條約 調印.
1912		① 東山慧日 大宗師 出家(당년 23세). ② 후일, 拈華知音의 師兄이 되신 淨化佛事의 完成者이며 禪佛敎의 思想家 退翁性徹 大宗師 誕生.
1919		① 光武帝의 國葬을 계기로 전국 각지, 방방곡곡에서 기미년 독립운동(3.1운동)이 요원의 불길로 勃發. ② 龍城祖師 독립운동으로 수감(상좌인 東山 대종사 3년간 옥바라지).

1919		③ 上海 임시정부 수립. ④ 詔天禪師 3.1 독립운동 참가 후, 김좌진 장군 휘하에 入隊(당년 23세).
1921		龍城祖師 大覺敎 創立.
1927 (丁卯)	1	① 東山 大宗師 金泉 直指寺에서 悟道(당년 38세). ② 4월 4일(음 3.3), 경기도 화성군 오산읍 내리에서 아버지 高公 準學, 어머니 金氏 東娘의 2男3女 중 넷째로 출생. 본관 제주, 본명 秉完.
1935	9	退翁性徹 大宗師 東山 門下로 出家(당년 24세). (당시 東山 大宗師 46세, 海印寺 白蓮庵 住錫).
1939	13	兄, 秉烈 死亡.
1940	14	4월 1일(음 2.24) 龍城祖師 入寂(世壽 77세, 法臘 61세).
1941	15	아버지, 高公 準學 別世.
1945	19	日帝 强占에서 解放.
1946	20	어머니, 金氏 東娘 別世.
1947	21	① 韓國大學(현 서경대학의 前身)에 進學, 폐결핵 感染. ② 둘째 누이 死亡.
1950	24	① 韓國戰爭 勃發, 가을 釜山 梵魚寺 入山. ② 東山선사와의 만남을 통해 인생관, 세계관의 일대 전환을 맞이하여 범어사 선방(청풍당), 관음전, 지장전, 미륵암, 금강암, 송도, 죽도, 삼천포, 함안 장춘사 등에서 발분 정진.
1951	25	칠월칠석(양 8.9), 東山 大宗師를 戒師로 沙彌十戒 수계식 도중, 受 十戒를 受 五戒로 복창하고 스스로 거사의 신분으로 낮추어 겸허하게 수행함.

1953	27	韶天大禪師의 覺運動과 그 思想에 깊이 契合한바 '金剛經讀誦救國願力隊'에 참여 전국 순회.
1954	28	① 釜山 東萊 온천장 金井寺에서 悟道. ② 부산 범일동에서 최초의 法燈家族 특별법회 시작(1년간 매주 실시). ③ 한국불교 淨化佛事 시작됨.
1956	30	대각회 창립, 초대회장에 취임(9.16).
1959	33	가을, 범어사 禪院에서 性昊·眞常·日陀 등 선사들과 現代禪學硏究會를 결성하고 취지문을 작성, 발표한 뒤 『벽암록』 및 여러 禪典을 현토함.
1960	34	① 범어사 보살계 때(음 3.15) 東山大宗師를 恩師와 戒師로 受戒 ② 4.19 혁명 ③ 大韓佛敎譯經院을 설립하여 『벽암록』·『선문촬요』·『선문염송』·『선관책진』·『선문단련설』 등 출판(현토).
1961	35	① 佛國寺에서 現代禪學硏究會 주최, 雪峰 師, 초청, 『벽암록』 최초 강의. ② 5.16 군사정변
1962	36	①『벽암록』(성호 현토본) 간행(편집·현대선학연구회, 발행·대한불교역경원). ② 曹溪宗 서무국장으로 宗憲·宗法 제정과 불교재산관리법을 주도적으로 成案하고 기타 종단 法令 마련으로 종단의 법률적 틀을 만듦.
1963	37	한국대학생불교연합회 창립(9.22, 초대 지도법사 취임).
1965	39	① 恩師, 東山大宗師 入寂(음 3.23, 양 4.24. 오후 6시 무렵 世壽 76세, 法臘 53세). ② 서울 奉恩寺 結社(주지취임)로 대학생 수도원 설립(9.12).

1965	39	③『보현행원품』(프린트본) - 한국대학생불교연합회 교본으로 발행(6.5). ④ 학교법인 대동학원 이사 취임(8.18 ～ 1974.2.6).
1966	40	학교법인 원효학원 이사 취임(～ 1979.3.4).
1967	41	『선관책진』 간행(진수당, 10.15).
1968	42	『보현행원품』 간행(해인사판, 성철스님 서문).
1971	45	① 조계종 총무부장 취임(～ 1973.1.25). ② 조계종 총무원장 직무대행(청담스님 입적시, 11.25).
1972	46	① 自號 運海 사용(진리의 태양을 좋아하고 추종한다는 뜻의 高運海). ② 10월 維新 政治 쿠테타 敢行.
1974	48	① 財團法人 大覺會 理事長 就任(3.25 ～ 1976.6.29). ② ‘한마음헌장’ 선포(4.2), 월간「불광」 창간호에 게재. ③ 大覺寺에서 佛光會 創立(9.1). ④『반야심경 강의』 완성 - 禪智와 般若眼의 究極을 밝힌 佛光敎典. ⑤ 月刊「佛光」 創刊, 發行人 登錄(11.1, 불광회를 모체로 함). ⑥ 순수불교 선언(월간「불광」 창간호 - 새불교결사운동).
1975	49	① 대각사에서 佛光法會 創立(10.16, 불광회를 모체로 함). ②『法寶壇經』 刊行(대각출판부).
1976	50	사리불법등(대학생법회) 창등(2.5).
1977	51	① 普賢行者의 誓願 발표. ② 救國救世의 보살을 양성하기 위해『菩薩聖典』 간행(10.30). ③ 學校法人 東國學園 理事 就任(11.23 ～ 1993.11.13).

1978	52	① 法師 韶天大禪師 入寂(4.15, 세수 82세). ② 禪智와 般若眼의 寶庫『禪門要典』간행(10.9).
1979	53	① 파라미타 합창단 창단(3.29). ② 연꽃마을 이야기 출간(5.30). ③ 佛光出版部 開設(10.10), 發行人 登錄. ④ 12.12 新軍部 쿠데타 敢行.
1980	54	① 신달법등(중고등학생법회) 창등(9월). ② 新軍部 政權의 10.27法難 恣行.
1982	56	① 잠실 벌판에 佛光寺 竣工 奉獻(10.24.) - 불광 제2기 잠실시대 개막. ② 마하보디 합창단 창단(11월).
1983	57	① 活功救國救世運動을 위한 正法護持 發願(8월 3일 호법발원) 시작. ② 불광의식집『불광법회요전』발간(3.10).
1984	58	대웅전(후불탱화) 금판 금강경 주조 봉안(2.11).
1986	60	① 佛光幼稚園 設立(10.19). ② 佛光布敎院 設立(10.19).
1987	61	① 回甲記念 불교 시론집『빛의 목소리』간행(3.20). ② '판소리 불타전' 공연 - 상수불학운동(5.5). ③ 6.29 시민항쟁 승리선언.
1991	65	월간「불광」200호 발행(6.1).
1992	66	① 創作 國樂交聲曲 '普賢行願頌' 발표 공연으로 새불교 운동을 거듭 제창함과 아울러 불교음악의 새로운 지평을 여는 계기가 되었음(4.2, 세종문화회관 대강당). ② 財團法人 大覺會 理事長 就任(5.12～1999.9.10).

1992	66	③ 圖書出版 한강수 開設(10.27), 發行人 登錄. ④ 佛光敎育院 設立(10.26, 석촌동 160-2의 건물 매입).
1993	67	① 財團法人 普德學會 理事 就任(3.30~1996.3.30). ② 分坐知音 退翁性徹 大宗師 入寂(11.4, 海印寺 堆雪堂에서 世壽 82세, 法臘 59세).
1996	70	창작 국악 교성곡 '父母恩重頌' 발표공연(5.11, 국립중앙극장).
1998	72	週報(일요정기 법회용) 제1,000호 발행(8.9).
1999	73	① 佛光寺 法主室에서 2월 27일(음 1.12) 오후 2시 무렵, 大圓寂 般若寂光三昧에 듦(爲法忘軀의 大慈大悲가 化歸本空 함). ② 入寂 100일(6.6) 추모재(도피안사) 奉行. ③『광덕스님 시봉일기 1』(내일이면 늦으리) 출판(6.6). ④ 광덕스님 속환발원기도 - 티베트 수미산 순례단 출발(7.8).
2000		광덕스님 속환발원 - 1,000일기도 입재(2.27) 資 송암 奉行精進(도피안사).
2001		①『광덕스님 시봉일기 2』(징검다리) 출판(2.27, 대원적 2주기). ② 범어사에 行蹟碑와 부도 제막(10.21). ③『광덕스님 시봉일기 3』(구국구세의 횃불) 출판(12.30).
2002		①『광덕스님 시봉일기 7』(사부대중의 구세송) 출판(7.1). ② 입적 3주년 및 도솔산 개산 10주년 '환생' 전시회 개최(11.22, 서울 불일미술관), 도록『환생』 발간.

門人 松庵至元 錄

스승을 이기려고 했던…

　우리는 살면서 '사람은 철이 들어야 된다'는 말도 쓰고 또 상식을 벗어난 어처구니없는 언행을 볼 때는 '철이 없다'는 말도 한다.

　나는 지난 날 스님 슬하에서 살 때, 무척이나 철이 없었다. 이제 나이를 조금씩 들고 보니 비로소 철없던 일을 느끼기도 하고 깨닫기도 한다. 그중에서도 스님 앞에서 고집을 부리거나 내 주장을 강하게 한 것, 심지어는 스님이 들어주지 않을 때는 얼굴을 붉힌 때도 있었고 대답을 불손하게 한 적도 있다. 참으로 민망한 일이 아닐 수 없다. 때늦게 다시 깨닫고 보니 어디 숨을 곳이 있으면 감쪽같이 숨고 싶은 심정이다. 그런데 이 세상 어디를 둘러보아도 내가 숨을 곳은 보이지 않는다.

　그러나 이러한 것도 내 마음에 떠오른 몇 가지 일에 지나지 않으니, 떠오르지 않는 것은 또 얼마나 많을까? 아마 빙산의 일각과도 같을 것이다. 참으로 지난날을 돌아볼수록 안타깝고 애석하기 그지없다. 요즘 나는 아침저녁 예불시간마다 개산조 전에 무릎 꿇고 엎드려 있는 시간이 길다. 때로는 이마를 바닥에 짓찧으며 반성하고 다짐한다. 아마도 뉘우치고 또 뉘우치고 다짐하고 또 다짐하기를 내 평생 해야 될지도 모르겠다. 아니 평생이라기보다 수십 생을 계속해야 할지도 모를 일이다. 만약 이와 같은 나의 참회가 끝이 나려면 내 마음바다에 아무것도 떠오르는 일이 없어야 한다. 대관절 그때가 언제일지?

이렇게 뉘우치며 살다 보니 스승을 받들어야 한다는 것이 나도 모르는 사이 견고한 신념이 되었다. 혹시 어떤 상좌가 그 스승을 이기려고 한다는 이야기를 전해 듣기만 해도 나는 화가 잔뜩 치밀어 올라 얼굴이 상기되곤 한다. 소위 나는 그런 짓을 했으면서도 다른 사람은 안 된다는 이 심사는 또 무엇인가? 비록 나는 어리석어 그런 못난이 짓을 했지만 다른 사람은 그런 일이 없었으면 하는 바람과 안타까움 때문일까! 물론 그런 점도 있다. 그래서 나의 일, 스님의 일을 가감 없이 여기에 기록해 나간다. 감추고 싶은 우리 문중의 흉마저도 그것이 세상에 경종이 되었으면 하는 것과, 현재나 미래의 모든 출가자들에게 반면 교사가 되었으면 하는 바람 때문이다.

노골적으로 말해서 우리 스님을 이기려고 했던 사람들이 많다. 그들에게도 나의 절망어린 분노는 예외가 아니다. 누구를 막론하고 스님에게 조금이라도 불손한 언행을 한 사람이라면 우선 내가 참을 수 없고, 용납할 수 없는 심정이다. 설령 그가 아무리 대외적으로 처신을 잘하고 언행이 매끄러워 남들에게 존경받고 있다 해도, 또는 수많은 불사를 지어 그 능력이 인구에 회자되어도, 역시 그는 스승을 거역한 사람이 아닌가 하는 생각이 먼저 떠오른다. 스승을 저버린 근본을 망각한 사람이 감히….

그들이 스님 입적 후 언필칭 스승 운운하는 것은 그들의 본색이 아니다. 감추고 덮고 사는 것에 불과하다. 그렇지만 나는 그들에게 희망을 버리지 않는다. 왜냐하면 그들도 이제 스님을 이기려고 했던 본색이 바뀔 때가 되어서다. 즉 그들에게도 상좌가 있고 철들 나이가 되었기에.

거듭 말하거니와 이미 입적하시어 이 세상에 계시지 않는 스승이지만 지극한 참회로 스승을 공경하는 것이 본색이 될 수 있도록 새로 태어나야 한다. 그런 후라야 스승의 유업을 맡을 수 있고, 맡은 불사를 한층 빛낼 수 있기 때문이다. 지극한 마음을 갖지 않으면 어떠한 힘도 나올 수 없다는 엄연한 사실을 간과해서는 안 된다. 그런 까닭에 발로참회가 하루 빨리 있어야 한다. 그것도 금생 몸이 무너지기 전에….

아아, 세상에 어디 이길 데가 없어서 스승을 이기려고 한단 말인가? 도의 문중에서는 있을 수 없는 일이고 있어서도 안 되는 패역이다. 왜냐하면 스승은 '도' 그 자체기에.

나는 수행자의 한 사람으로서 내 자신과 주변들에게 다시 엄중히 묻는다. "아무리 교묘한 위장을 한다 해도 정녕 자기를 속일 수 있겠는가?"라고. 믿지 못하겠다면 고경(古鏡)을 펼쳐보자.

『벽암록(碧巖錄)』 제96칙 설두스님 송고에 '흙부처는 물을 지나지 못하고, 금부처는 용광로를 지나지 못하며, 나무부처는 불을 지나지 못한다'고 했다. 과연 무엇을 말하기 위해 설두스님은 이런 말을 거론했을까? 바로 자기 마음부처를 일러주기 위함이 아닐까! 그렇다면 다른 부처는 다 속일 수 있어도 자기 마음부처는 속일 수 없다는 엄숙한 사실을 이 구절에서 즉각 눈치채야 한다.

남들이 모르거나 속는다고 해도 자기부처는 속지 않는다는 것을 옛 사람은 이미 알고 있었다. 이것이 만고의 법도다. 그 누구도 이 법도를 어길 수 없고 피해갈 수 없다.

자, 이제 스승을 이기려고 했던 과거의 출가자나 현재의 출가자, 모두 스승 앞에 지극히 참회하자. 도를 구하기 위해 저 혜가 대사처럼 팔을 끊지는 못한다 해도 하물며 스승을 이기려고 해서야 될 일이 아니지 않은가! 그래서 오는 세상 미래의 출가자를 위해 부서지지 않는 새로운 수행 청규를 만들어야 한다.

나무마하반야바라밀.

불기 2547(2003)년 하안거 중에
도피안사 묘향대에서 송암 謹識